LES MÉTAMORPHOSES DE L'ART DE GOUVERNER

DANS LA MÊME COLLECTION

Jean-Baptiste Fournier, *Du son à l'espace. Les limites du sens externe*, 2025.

Jocelyn Benoist, *Sans anesthésie. La réalité des apparences*, 2024.

Anne-Claire Désesquelles, *L'Absence*, 2024.

Franck Fischbach, *Pour la Théorie critique. Raison, nature et société*, 2024.

Laurent Cournarie, *L'art dans la culture*, 2023.

Alain Cambier, *Le dépli du sens. Généalogie de la vie phénoménale*, 2023.

Monique Castillo et Romain Leroy-Castillo, *La raison d'agir*, 2023.

Bernard Andrieu, *Au contact du vivant. Émersiologie 3*, 2023.

Michel Meyer, *Principia Politica. Histoire, économie et société*, 2022.

Sandra Laugier, *Wittgenstein. Politique de l'ordinaire*, 2021.

Robert Muller, *Puissance de la musique*, 2021.

Markus Gabriel, *Propos réalistes*, 2020.

Roger Pouivet, *L'éthique intellectuelle. Une épistémologie des vertus*, 2020.

Franck Fischbach, *Après la production. Travail, nature et capital*, 2019.

Bernard Andrieu, *La langue du corps vivant. Émersiologie 2*, 2018.

Michel Meyer, *Qu'est-ce que la philosophie ?*, 2018.

Gilbert Hottois, *Le signe et la technique. La philosophie à l'épreuve de la technique*, 2018.

Bernard Bourgeois, *Sept questions politiques du jour*, 2017.

Jocelyn Benoist, *L'adresse du réel*, 2017.

Bernard Andrieu, *Sentir son corps vivant. Émersiologie 1*, 2016.

Monique Castillo, *Faire renaissance. Une éthique publique pour demain*, 2016.

Jean-François Suratteau est Professeur de philosophie honoraire en khâgne au Lycée Henri-IV (Paris).

MOMENTS PHILOSOPHIQUES

Jean-François SURATTEAU

LES MÉTAMORPHOSES DE L'ART DE GOUVERNER

Michel Foucault au Collège de France

PARIS
LIBRAIRIE PHILOSOPHIQUE J. VRIN
6 place de la Sorbonne, V[e]
2025

Imprimé en France
ISSN 0249-7980
ISBN 978-2-7116-3235-0
www.vrin.fr

« Plus d'un, comme moi sans doute, écrivent pour n'avoir plus de visage. Ne me demandez pas qui je suis et ne me dites pas de rester le même : c'est une morale d'état-civil ; elle régit nos papiers. Qu'elle nous laisse libres quand il s'agit d'écrire »[1]. Refuser de se présenter muni de sa carte d'identité, c'est revendiquer le droit au bouleversement novateur, également disqualifier la notion d'auteur : ne pas se porter le garant de ce qui est écrit. Aussi ne cherchera-t-on pas à peindre un portrait qu'authentifierait sa fidélité au modèle. On essaiera plutôt de suivre Michel Foucault à la trace là où son travail est spécialement inventif, dans l'enseignement qu'il a professé au Collège de France, de 1970 à 1984. Ce travail, Foucault le représente comme le tracé de déplacements. « Mon problème ou la seule possibilité de travail théorique que je me sente, ce serait de laisser, selon le dessin le plus intelligible possible, la trace des mouvements par lesquels je ne suis plus à la place où j'étais tout à l'heure »[2]. Progresser en marquant les passages comme des points sur une courbe que le cheminement modifie. On cherchera à tracer des relevés dans le réseau des avancées.

1. M. Foucault, *L'archéologie du savoir* (1969), Paris, Tel-Gallimard, 2008, p. 29.

2. M. Foucault, *Du gouvernement des vivants*, Leçon du 30 janvier 1980, Paris, Éditions de l'EHESS-Gallimard-Seuil, 2012, p. 74-75.

« Je suis comme l'écrevisse, je me déplace latéralement »[1]. De la figure animale (écrevisse ou crabe?), on a retenu une leçon en forme d'hypothèse : sont pertinents les rapports que Foucault construit, déplace, transforme avec un écrit, un concept, une pratique, un *êthos* qu'il capte, s'approprie ou tient à distance. D'où l'examen de la lecture de *Qu'est-ce que les Lumières?*, du statut conféré à la figure de Socrate, de la place qu'il accorde aux sophistes, de la différence marquée avec la pragmatique du discours, de l'interrogation de la cure psychanalytique. D'où, aussi, la confrontation de la généalogie de la pratique punitive avec la perspective nietzschéenne. Dans tous ces cas, et s'agissant des concepts auxquels Foucault confère un statut opératoire, les concepts de pouvoir, stratégie, gouvernementalité, subjectivation, véridiction, la visée n'est pas d'exposer une œuvre, mais de suivre un travail à l'œuvre.

C'est comme si nous participions à la fabrique des objets, comme si nous pénétrions dans le laboratoire des concepts, comme si nous assistions à des expériences, poursuivies ou abandonnées, couronnées de succès ou sans lendemain. Un laboratoire singulier : l'expérimentateur n'est pas seulement écrevisse, également cachalot et écureuil, maniant des concepts-araignées. Que dit la métamorphose de l'expérimentateur? Qu'est-ce qui est pris dans la toile des concepts?

Suivre le travail à l'œuvre, c'est envisager la lecture en termes d'exercice : chercher à s'approprier le cheminement et affronter les difficultés que la progression rencontre, sans supposer l'unité d'un projet

1. M. Foucault, *Naissance de la biopolitique*, Leçon du 31 janvier 1979, Paris, Éditions de l'EHESS-Gallimard-Seuil, 2004, p. 80.

continûment développé ni l'homogénéité du traitement des objets que l'examen prend en charge. Poser un rapport interrogatif et « batailleur » avec ce qui est devenu un texte fragmenté, penser que vaut pour le rapport du lecteur et de ce qu'il lit ce que Foucault déclare en 1972 du discours, qu'il est « à la fois bataille et arme, stratégie et choc, lutte et trophée ou blessure, conjecture et vestiges, rencontre irrégulière et scène répétable »[1]. L'exercice de la lecture est une expérience, au sens où le lecteur met à l'épreuve la cohérence, les instruments et les résultats de l'investigation, au sens également où il est mis à l'épreuve en étant porté à ses « limites » par ce qu'il apprend du travail d'un autre. La volonté d'établir un rapport direct et attentif avec les cours, de rencontrer les événements qui s'y jouent, d'être sensible aux chocs qu'ils affrontent et qu'ils provoquent, quitte à en être blessé, conduit à l'adoption des « tactiques » suivantes : se dispenser de l'exposition liminaire du point où est parvenu Foucault au moment d'entamer l'enseignement, *a fortiori* neutraliser la présentation générale de son œuvre et la convocation des commentaires qu'elle a suscités, se tenir au plus près des objets et des concepts en fonction de leur articulation au sein de la construction singulière qu'est le parcours du Collège de France. Un rapport direct, attentif et batailleur mais aussi confiant, en pensant qu'est noué entre celui dont la voix est éteinte et celles et ceux qui s'en remettent à ce qui est écrit un « pacte » par lequel est transmis à l'écoute le souci d'interroger le « dire-vrai ».

1. M. Foucault, *Histoire de la folie à l'âge classique*, Préface, Paris, Tel-Gallimard, 1976 [1972], p. 8.

CHAPITRE PREMIER

« JE SUIS RADICALEMENT DU CÔTÉ DES SOPHISTES »

Stratégies de discours et pratiques de pouvoirs

La Leçon inaugurale au Collège de France débute par le face-à-face du « désir » et de « l'institution », le désir de ne pas avoir à prendre la parole, de poursuivre un discours déjà entamé, de « se loger dans les interstices de la phrase », et l'institution qui sollicite ce qu'a d'inaugural la prise de la parole, l'authentifie par la solennité du rituel, l'entoure d'un « cercle d'attention et de silence ». Or, par-delà la dette qu'il reconnaît à la fin de la Leçon à l'égard de Jean Hyppolite – c'est sa voix qui a précédé et porte ou inspire le discours et qu'évidemment il ne pourra entendre –, Michel Foucault réunit le désir de ne pas commencer à parler et l'institution, qui honore le discours en le désarmant par la loi qu'elle impose, par une commune inquiétude, « inquiétude à l'égard de ce qu'est le discours dans sa réalité matérielle de chose prononcée ou écrite », inquiétude également à l'égard de ce qu'a d'événementiel et d'incontrôlable le discours, « cette existence transitoire vouée à s'effacer sans doute, mais selon une durée qui ne nous appartient pas », inquiétude encore à l'égard de ce qui se joue ou s'exerce par et dans le discours, « inquiétude à soupçonner des luttes, des victoires, des blessures, des dominations, des servitudes »[1]. D'où l'hypothèse générale du travail qui va être exposé au public : « Je suppose que dans toute société la production du discours est à la fois contrôlée, sélectionnée, organisée et redistribuée par un certain nombre de procédures qui ont pour rôle d'en conjurer les pouvoirs et les dangers, d'en maîtriser l'événement aléatoire, d'en esquiver la lourde, la redoutable matérialité »[2]. Pour fixer des points de repère au projet qui n'est pas encore un programme de travail, Foucault nomme, au titre des contraintes qui limitent les pouvoirs du discours, l'interdit, le partage de la raison et de la folie, le partage du vrai et du faux; au titre des contraintes qui maîtrisent le caractère aléatoire de l'apparition du discours, les principes constitués par le commentaire, l'auteur, la discipline; et au titre des contraintes qui pèsent sur les sujets, les rituels de parole, les sociétés de discours, ainsi que les groupes doctrinaux. Triple contrainte : des systèmes d'exclusion, des procédures internes, des mécanismes d'assujettissement.

Que veut dire que le partage du vrai et du faux constitue un système d'exclusion ? Que, dans une société, des interdits entravent et contrôlent l'émission des discours, la chose n'est pas douteuse : chacun sait qu'on ne peut tout dire, parler de n'importe quoi dans n'importe quelle circonstance. Que les discours proférés par ceux

1. M. Foucault, *L'ordre du discours*, Leçon inaugurale au Collège de France prononcée le 2 décembre 1970, Paris, Gallimard, 1971, p. 10.

2. *Ibid.*, p. 10-11.

qui sont qualifiés de « fous » soient déconsidérés, la chose n'est pas non plus douteuse : certains individus ne peuvent authentifier un contrat ni témoigner en justice. Mais le partage du vrai et du faux n'est-il pas opéré selon des procédures partageables d'établissement, de contrôle et de rectification, à l'abri de l'arbitraire et de la contingence affectant ce qui est considéré comme interdit et ceux qui sont déconsidérés comme fous ? Est en cause, non pas la vérité d'une proposition au sein d'un discours qui garantit ou disqualifie cette prétention, mais « un partage historiquement constitué », plaçant en deçà Hésiode et au-delà Platon, plaçant d'un côté « le discours vrai pour lequel on avait respect et terreur, celui auquel il fallait bien se soumettre, parce qu'il régnait, [...] le discours qui disait la justice et attribuait à chacun sa part, [...] le discours qui prophétisait l'avenir, non seulement annonçait ce qui allait se passer, mais contribuait à sa réalisation, emportait avec soi l'adhésion des hommes et se tramait ainsi avec le désir », et de l'autre côté le discours dont la vérité ne réside pas « dans ce qu'il est » ni « dans ce qu'il fait », mais « dans ce qu'il dit » : « La vérité s'est déplacée de l'acte ritualisé, efficace, et juste, d'énonciation, vers l'énoncé lui-même : vers son sens, sa forme, son objet, son rapport à sa référence »[1]. C'est au-delà de cette rupture historique qu'est établi le partage séparant le discours vrai et le discours faux, le critère du partage étant, non pas immanent au discours, mais à chercher dans le rapport entre le discours et ce qu'il dit. Quelle est la sanction de l'instauration du partage du discours vrai et du discours faux ? « Désormais le discours vrai n'est plus le discours précieux et désirable,

1. *Ibid.*, p. 17.

puisque ce n'est plus le discours lié à l'exercice du pouvoir. Le sophiste est chassé »[1]. Faut-il comprendre que « le sophiste » est le contemporain d'une époque du discours qui ignore la distinction du vrai et du faux parce que, valant par ce qu'il est et par ce qu'il fait, il a partie liée avec le désir et le pouvoir ? Ou faut-il comprendre que, contemporain de Platon, le sophiste est « chassé » parce qu'il constitue une menace pour l'avènement du discours qui, valant pour ce qu'il dit, instaure le partage du vrai et du faux en dénouant les liens du discours, du désir et du pouvoir ? « Le sophiste » est un nom, une figure non pas historiquement identifiable, mais dont l'expulsion est le signe d'un avènement historique.

Qu'est-ce qui est en cause dans l'avènement du partage du vrai et du faux ? La « volonté de vérité », que Foucault considère non pas en ce qu'elle commande l'avènement du partage mais, inversement, en ce que « ce partage historique a sans doute donné sa forme générale à notre volonté de savoir »[2]. Mais, si Foucault met en rapport les « mutations » du savoir avec des modifications affectant la volonté de vérité, c'est pour être reconduit vers l'avènement du partage. Pourquoi ? Parce que le discours qui a procédé au partage du vrai et du faux n'a pas rompu les liens du discours, du désir et du pouvoir. Foucault ne s'attarde pas sur la mutation opérée au tournant du XVIe et du XVIIe siècle, posant que les altérations visant le découpage des objets à connaître et les modes de leur connaissance sont en rapport avec une modification de la volonté de vérité. Foucault est un peu plus disert sur « une sorte de pression et comme un

1. M. Foucault, *L'ordre du discours*, *op. cit.*, p. 17-18.
2. *Ibid.*, p. 18.

pouvoir de contrainte » exercé par le discours de vérité sur la codification des pratiques économiques depuis le XVIe siècle, sur la justification et la pratique du système pénal depuis le XIXe siècle, pour porter le soupçon sur l'émancipation de la volonté de vérité à l'égard des jeux du discours, du désir et du pouvoir.

> […] Si le discours vrai n'est plus, en effet, depuis les Grecs, celui qui répond au désir ou celui qui exerce le pouvoir, dans la volonté de vérité, dans la volonté de le dire, ce discours vrai, qu'est-ce donc qui est en jeu, sinon le désir et le pouvoir ? Le discours vrai, que la nécessité de sa forme affranchit du désir et libère du pouvoir, ne peut pas reconnaître la volonté de vérité qui le traverse ; et la volonté de vérité, celle qui s'est imposée à nous depuis bien longtemps, est telle que la vérité qu'elle veut ne peut pas ne pas la masquer[1].

L'hypothèse générale est désormais formulée, celle de « la volonté de vérité comme prodigieuse machinerie destinée à exclure »[2]. Néanmoins, si ne tient pas l'hypothèse de la rupture d'un discours qui, libérant la volonté de vérité de l'emprise du désir et du pouvoir, vaudrait pour ce qu'il dit en soumettant ce sur quoi il a prise au partage du vrai et du faux, qu'est-ce qui s'est joué avec la prétendue libération de la volonté de vérité ? En quoi les liens du discours, du désir et du pouvoir ont-ils été, non pas dénoués, mais autrement noués ? En quoi le « sophiste » est-il plus qu'un nom et son « expulsion » davantage qu'un signe ? Qu'est-ce qui s'est exercé dans les rapports que les sophistes ont établis avec le discours ?

1. *Ibid.*, p. 22.
2. *Ibid.*, p. 22.

« Le sophiste est chassé ». Le caractère énigmatique de l'affirmation est réduit par le cours professé par Foucault à la suite de la leçon inaugurale, cours qui se fixe pour objectif d'« analyser l'apparition puis l'exclusion des Sophistes, comme événement du savoir qui a donné lieu à un certain type d'affirmation de la vérité et à un certain effet de connaissance devenu ensuite forme normative »[1]. Interrogeant la « volonté de vérité », Foucault oppose deux « modèles d'analyse », l'un qui pose que la vérité est « le garant et le fondement du désir de connaître », l'autre – auquel est associé le nom de Nietzsche, quand le nom d'Aristote est associé au premier –, pour lequel « le connaître doit être analysé comme événement à la surface de processus qui ne sont pas en eux-mêmes de l'ordre de la connaissance »[2]. Selon ce modèle, sous le signe duquel Foucault place son entreprise, la vérité ne commande ni la volonté qui se fixe sur la connaissance ni les formes que celle-ci prend, mais est en relation avec des « événements » qui intéressent le savoir sans être nécessairement ni originairement de son ressort. Comment l'apparition et l'exclusion des sophistes sont-elles mises en rapport avec cette conception événementielle de la volonté de savoir, qui vise à « désimpliquer vérité et connaissance » ? Foucault s'intéresse dans un premier temps à « l'acte d'exclusion de la sophistique », puis essaie de « remonter jusqu'à la sophistique elle-même ».

1. M. Foucault, *Leçons sur la volonté de savoir*, Leçon du 6 janvier 1971, Paris, Éditions de l'EHESS-Gallimard-Seuil, 2011, p. 32.

2. *Ibid.*, Leçon du 6 janvier 1971, p. 31.

En quels termes envisager l'acte d'exclusion ? En reprenant le geste opéré par Aristote à l'égard des « raisonnements sophistiques ». La stratégie de Foucault consiste à privilégier le rapport établi par Aristote avec ce qu'il place sous la rubrique de la sophistique, au détriment de la construction par Platon de la figure polémique du sophiste. Pourquoi ? Parce que cette construction – rapidement convoquée par Foucault – se fixe sur les rapports entre la simulation, le non-être et le sophiste pour mettre en évidence la possibilité du discours sophistique. Dès lors qu'il est montré, contre Parménide, que le discours peut entrer en rapport avec le non-être, un lieu est aménagé au sophiste, celui de la prise en charge d'un discours qui dit ce qui n'est pas en le faisant passer pour un discours qui dit ce qui est. « Le discours faux est rendu possible parce qu'on peut dire du non-être – et malgré Parménide – qu'il est »[1]. Si « la vraie exclusion du sophiste se produit chez Aristote », c'est que celui-ci ne cherche pas à rendre ontologiquement intelligible le jeu avec le semblant d'un discours qui fait passer ce qui n'est pas pour ce qui est, mais pose comme cible le « raisonnement sophistique », en montrant qu'il ne relève précisément pas du raisonnement : prendre au sérieux le discours sophistique pour le placer en-dehors du raisonnement, dans un lieu où il n'y a ni vrai ni faux. Le sophiste « est dans l'ombre et le reflet ; il est dans un mirage raisonneur, mais il ne raisonne pas vraiment »[2]. Un acte radical d'exclusion, alors qu'avec Platon, c'est « comme si le Sophiste avait été chassé et le sophisme au contraire inclus et maîtrisé ». Et il est tout

1. *Ibid.*, Leçon du 6 janvier 1971, p. 50.
2. *Ibid.*, p. 41.

spécialement important de privilégier le rapport établi par Aristote avec la sophistique, de préférence à l'usage platonicien du simulacre, parce qu'avec « l'élimination d'un extérieur » est effectué un geste qui, réactivé par le discours philosophique, constitue un *a priori* historique de la volonté de savoir. « L'extérieur dans l'histoire de la philosophie, c'est ce qui est représenté ou symbolisé par le Sophiste et par tout ce que le personnage du Sophiste emportait avec lui. [...] Le geste qui a défini par exclusion un dehors du discours philosophique et noué sur un certain mode la philosophie et la vérité, ce geste doit bien caractériser notre volonté de savoir »[1].

Comment l'acte d'exclusion est-il effectué par Aristote? Il s'agit non seulement de montrer que le raisonnement sophistique est un raisonnement prétendu, mais aussi d'assigner comme lieu de ce qui ne relève pas du raisonnement « la matérialité du discours ». Aristote refuse au raisonnement sophistique la qualité, pourtant peu enviable, de raisonnement faux : quand celui-ci est un raisonnement dont la conclusion est fausse ou, si elle est vraie, est obtenue à partir de prémisses fausses, celui-là se contente de produire un effet qui est de l'ordre du semblant – un raisonnement qui semble réfuter, ou qui semble soutenir un paradoxe, ou encore qui semble révéler une erreur[2]. À quoi tient l'effet de semblant? En première instance à la rareté des noms face à l'abondance des choses : en jouant sur l'homonymie, l'équivoque ou l'amphibologie, le sophiste confond ou

1. M. Foucault, *Leçons sur la volonté de savoir*, *op. cit.*, Leçon du 6 janvier 1971, p. 38

2. *Cf.* Aristote, *Réfutations sophistiques*, 165 a, cité par Foucault, *ibid.*, Leçon du 6 janvier 1971, p. 43.

invite à confondre par ce qu'il dit – tel nom – des choses qui devraient être, non pas identifiées ni mélangées comme elles le sont par le nom, mais distinguées. Plus généralement, le raisonnement sophistique est un semblant de raisonnement en déplaçant les éléments d'un discours indépendamment de ce qu'ils signifient et de leur articulation par le raisonnement : associer, dissocier, permuter, confondre, comme si les mots étaient dotés d'une réalité propre par le fait d'être dits et pouvaient être manipulés sans en référer à un tiers terme extérieur, comme si, également, la manipulation des mots était la construction d'un raisonnement. Ainsi, la permutation sophistique : « Socrate est blanc ; or blanc est une couleur ; donc Socrate est une couleur » mime un syllogisme par la distribution des propositions et leur structure prédicative et, en substituant le mot « couleur » au mot « blanc », fait comme si de l'attribution à Socrate du prédicat du blanc on pouvait passer à l'affirmation que Socrate est une couleur, méconnaissant qu'il n'est pas usé identiquement du verbe être pour attribuer à Socrate le blanc et pour affirmer qu'il est une couleur. « Le Sophiste fait comme s'il raisonnait alors qu'il ne manipule que des mots ; il se place sur l'espace scénique d'un raisonnement qui n'est qu'une comédie et un jeu de masque par rapport à la matérialité du discours »[1].

Que veut dire prendre au sérieux l'extériorité établie par Aristote entre le raisonnement et la manipulation sophistique du discours ? Comprendre que sont en cause, avec l'usage des éléments du discours indépendamment de leur statut et de leur place au sein de la structure

1. M. Foucault, *Leçons sur la volonté de savoir*, *op. cit.*, Leçon du 6 janvier 1971, p. 49.

propositionnelle, d'une part le rapport que les sujets entretiennent avec ce qui est dit, d'autre part la réalité de ce qu'ils disent. En lieu et place de la profération d'une proposition en fonction d'une intention significative et de l'usage de règles communes, permettant de distinguer des propositions acceptables et des propositions inacceptables, la formulation d'un énoncé vaut comme « événement discursif », en étant imputable à celui qui l'a énoncé. Et en lieu et place d'énoncés attributifs qui valent par ce qu'ils énoncent et qui peuvent être dits vrais ou faux, les énoncés valent en tant qu'ils énoncent. D'une part, « chaque sujet est lié par un rapport immédiat d'appartenance ou d'imputation à ce qu'il dit » ; d'autre part, « le discours est séparé de ce dont il parle par le seul fait qu'il est lui-même une chose, comme ce dont il parle »[1]. Pour Aristote, le discours apophantique, pris en charge par les énoncés déclaratifs à forme affirmative, établit un rapport entre les énoncés et ce qu'ils visent, de telle sorte que seront vrais les énoncés qui disent ce qui est et faux les énoncés qui disent ce qui n'est pas. En revanche, le discours sophistique est en tant qu'il dit, et non par ce qu'il dit, de telle sorte que la distinction du vrai et du faux n'est pas pertinente. « L'identité du statut de chose implique la rupture du rapport signifiant »[2].

Néanmoins, en considérant l'extériorité dans laquelle Aristote place la sophistique, Foucault prend-il exclusivement au sérieux le geste d'expulsion ou, également, ce qu'il en est du discours pour les sophistes ? La difficulté tient au fait que Foucault

1. M. Foucault, *Leçons sur la volonté de savoir*, *op. cit.*, Leçon du 13 janvier 1971, p. 60 et p. 62.

2. *Ibid.*, p. 62.

examine non seulement la déconsidération par Aristote du raisonnement sophistique, mais également la manière dont Platon envisage « l'ontologie » sophistique, après avoir jugé moins radical le geste platonicien d'exclusion et l'avoir pour cette raison laissé en suspens. Et, à cette occasion, Foucault joue, si l'on peut dire, sur un double tableau, non seulement celui de la déconsidération platonicienne mais aussi celui de la considération des sophistes. Pourquoi ? Parce que si les « paradoxes » soutenus par les sophistes – ainsi celui déclarant que le discours ne dit « rien », mais aussi qu'il fait être ce rien en le disant tout en ne disant rien de ce rien puisque le discours ne dit rien – vont demander à Platon de « maîtriser cette ontologie », il n'en reste pas moins qu'est en cause, non pas le rapport de ce que dit le discours et de ce qui est, mais le rapport de celui qui dit et de ce qu'il dit, un rapport non pas d'attribution, mais d'imputation.

> [...] Ces paradoxes qu'on trouve chez les Sophistes ne sont pas des jeux autour de l'attribution : ils ne témoignent pas des rapports difficiles entre la position d'existence et l'énoncé d'attribution. Ils fondent, à l'exclusion de tout autre, le rapport de l'événement énoncé à celui qui le dit[1].

Foucault n'envisage pas exclusivement ce qui est expulsé à partir du geste d'expulsion et en fonction du lieu qu'il aménage, mais aussi selon son sérieux, le sérieux d'une pratique discursive qui, rendant indécidable le traitement de la question de l'être et du non-être, donne au *logos* un statut événementiel spécifique, « énoncé

1. *Ibid.*

imputable à un sujet ». Foucault n'en dit pas plus, ne se référant à aucun moment aux sophistes eux-mêmes. Tout se passe comme si les Sophistes – qui portent une lettre capitale sur le manuscrit des leçons – étaient ceux qu'Aristote identifie en déconsidérant le raisonnement sophistique, alors même qu'il est aussi question de ce que défendent les sophistes et du statut qu'ils accordent au discours.

Au moment d'entamer l'examen, Foucault déclare vouloir s'intéresser à l'acte d'exclusion de la sophistique pour « remonter jusqu'à la sophistique elle-même ». Or, au terme de l'examen de l'acte aristotélicien d'expulsion, est à l'ordre du jour l'étude du déplacement des pratiques discursives et de la modification des rapports de domination aboutissant à l'apparition du discours philosophico-scientifique et à l'organisation du discours se rapportant à ce qui est sur le mode de la vérité. Foucault ajoute que, de ce double processus, « il est bien probable que les Sophistes n'en sont que le dernier épisode »[1]. Les sophistes sont-ils « oubliés » ? Foucault ne reviendra en effet pas sur les sophistes dans le cours. La double transformation est rendue intelligible par l'examen des modifications affectant la pratique judiciaire, la détermination du juste et la compréhension de la purification : le passage du serment-défi des plaideurs dans un procès au serment assertorique d'un témoin auquel il est demandé de dire ce à quoi il a assisté, le passage des notions de sacrifice, partage et distribution à la notion de mesure juste liée à l'ordre du monde et à l'ordonnancement de la cité, le passage de la

1. M. Foucault, *Leçons sur la volonté de savoir*, *op. cit.*, Leçon du 13 janvier 1971, p. 67.

notion de souillure et des rites d'ablution au rapport de la loi et de la pureté et à la fonction lustrale de la vérité[1].

Lors de la discussion qui suit les conférences qu'il prononce à Rio de Janeiro au mois de mai 1973, répondant à la question de savoir s'il se place « du côté des sophistes (de la vraisemblance) ou du côté des philosophes (de la parole de vérité) », Foucault proclame : « Là-dessus, je suis radicalement du côté des sophistes »[2]. Prise de position lapidaire d'autant plus surprenante qu'il n'a pas été question des sophistes dans les conférences, qui reprennent en particulier ce qui a été envisagé par les leçons prononcées au Collège de France en 1970-1971, tout spécialement les rapports qui se trament dans *Œdipe roi* entre savoir et pouvoir. À l'occasion de cet examen est seulement mentionné « le fameux sophiste, professionnel du pouvoir politique et du savoir, qui existait effectivement dans la société athénienne de l'époque de Sophocle », cible de Sophocle et de Platon, cible à travers laquelle ils visent « une autre catégorie de personnage, dont le sophiste était comme le petit représentant, la continuation et la fin historique : le personnage du tyran »[3]. Dans la

1. Sur les modifications affectant la pratique judiciaire, *cf. Leçons sur la volonté de savoir*, Leçons du 27 janvier et du 3 février 1971, *op. cit.*, p. 69-96; sur les modifications affectant la notion du juste, *ibid.*, Leçons du 10, du 17, du 24 février et du 3 mars 1971, p. 97-160; sur les modifications affectant le pur et l'impur, *ibid.*, Leçons du 10 et du 17 mars 1971, p. 161-193.

2. M. Foucault, « La vérité et les formes juridiques », Cinquième conférence, Table ronde, Rio de Janeiro, 25 mai 1973, dans *Dits et écrits*, t. 1, Paris, Quarto-Gallimard, 2001 [1994], texte n° 139, p. 1500.

3. M. Foucault, « La vérité et les formes juridiques », Deuxième conférence, 22 mai 1973, dans *ibid.*, p. 1436.

discussion, Foucault retient trois éléments pour marquer l'importance des sophistes. En premier lieu, ils ont posé « une pratique et une théorie du discours qui est essentiellement stratégique : nous bâtissons des discours et nous discutons non pas pour arriver à la vérité, mais pour vaincre ». En deuxième lieu, et solidairement, « pour eux la pratique du discours n'est pas dissociable de l'exercice du pouvoir ». En troisième lieu, « le *logos* [...] est quelque chose qui a une existence matérielle »[1]. Plaçons en regard de ces affirmations ce qui a été mis en évidence au Collège de France. En premier lieu, est pertinent l'événement énonciatif, davantage de l'ordre de la déclaration que de la constatation. « La déclaration n'énonce pas un fait, elle ne pose pas un rapport entre l'énoncé et une réalité extérieure à cet énoncé, qui serait capable de la vérifier »[2]. En deuxième lieu, l'événement discursif qu'est l'énonciation définit une réalité propre, la « matérialité du discours ». En troisième lieu, les énonciations prennent place dans un jeu réglé par l'opposition de combattants et qui sont, en cas de victoire, « un peu comme ces trophées que les guerriers après la bataille mettent au milieu d'eux et qu'ils vont s'attribuer, non sans dispute et contestation *eis meson* [dans l'espace commun] »[3]. Ces caractères suffisent-ils pour envisager « une pratique et une théorie du discours essentiellement stratégique » ? Or la question pertinente n'est peut-être pas de déterminer comment les sophistes défendent

1. M. Foucault, « La vérité et les formes juridiques », Cinquième conférence, Table ronde, Rio de Janeiro, 25 mai 1973, dans *Dits et écrits*, t. 1, *op. cit.*, p. 1500.

2. M. Foucault, *Leçons sur la volonté de savoir*, Leçon du 13 janvier 1971, *op. cit.*, p. 61.

3. *Ibid.*, p. 59.

une conception et une pratique stratégique du *logos*, mais de récupérer cette conception et cette pratique pour l'examen des discours : la conception stratégique du discours n'est-elle pas rendue opératoire par l'entreprise de Foucault ? Revenir aux sophistes, moins pour gloser leur conception que pour lui conférer un statut heuristique ? La thématisation des « événements discursifs » n'est-elle pas la promotion de la conception sophistique du discours à la qualité, sinon de « modèle », du moins d'instrument d'analyse ?

Reprenons la Leçon inaugurale, Foucault déclarant à Rio de Janeiro qu'il a « fait [sa] première leçon au Collège de France sur les sophistes »[1]. Tout d'abord, ne faut-il pas placer sous le signe des sophistes la libération de la triple inquiétude, « l'inquiétude à l'égard de ce qu'est le discours dans sa réalité matérielle de chose prononcée ou écrite », « l'inquiétude à l'égard de cette existence transitoire, vouée à s'effacer sans doute, mais selon une durée qui ne nous appartient pas », « l'inquiétude à soupçonner des luttes, des victoires » ? Pour les sophistes, le discours existe moins par ce qu'il dit que parce qu'il dit, sa durée est celle des événements que sont les proférations de sujets qui apparaissent et disparaissent, et le discours est bien le lieu de luttes et de victoires. Mais, si les sophistes constituent un signe tacite et lointain de l'urgence de la libération de la triple inquiétude, un signe de reconnaissance et d'encouragement, en quoi

1. M. Foucault, « La vérité et les formes juridiques », Cinquième conférence, Table ronde, dans *Dits et écrits*, t. 1, *op. cit.*, p. 1500. « Le sophiste » n'apparaît en fait qu'à une reprise, uniquement pour mentionner sa disparition – « le sophiste est chassé » – et « l'époque de la sophistique » est visée comme moment d'instauration du partage du discours vrai et du discours faux.

l'entreprise envisagée par Foucault confère-t-elle un statut opératoire à la stratégie du discours ? Après avoir formulé trois « décisions » solidaires – « remettre en question notre volonté de vérité, restituer au discours son caractère d'événement, lever enfin la souveraineté du signifiant »[1] –, Foucault prend au sérieux l'événement discursif en posant comme exigence de constituer des séries de discours : chercher à repérer des régularités, des relations entre les discours, sans pour autant réduire le caractère hasardeux de leurs apparitions et de leurs disparitions, sans non plus présupposer la continuité des séries ni la causalité comme règle des relations. « Il faut élaborer [...] une théorie des systématicités discontinues. [...] Il faut accepter d'introduire l'aléa comme catégorie dans la production des événements »[2]. Et, en mettant en rapport la notion d'événement avec un « matérialisme de l'incorporel », Foucault entend proposer des analyses selon deux « ensembles », l'ensemble « critique » et l'ensemble « généalogique ». L'ensemble critique : montrer comment se sont formés, modifiés, déplacés des systèmes d'exclusion – au premier chef la mise en place du partage du vrai et du faux –, quelles contraintes ces systèmes ont exercées sur les discours. L'ensemble généalogique : montrer comment se sont formées et transformées des séries de discours, quels ont été les modes de la constitution, du maintien et de la disparition de formations discursives. D'une part l'analyse des « instances du contrôle discursif », d'autre part celle de la formation de « positivités », c'est-à-dire de « domaines d'objets, à propos desquels on pourra affirmer ou nier des

1. M. Foucault, *L'ordre du discours*, *op. cit.*, p. 53.
2. *Ibid.*, p. 60-61.

propositions vraies ou fausses »[1]. Ces analyses sont-elles séparées ? Non, ainsi s'agissant de la sexualité : l'analyse critique portera sur les « interdits de langage » visant la sexualité, quand l'étude généalogique cherchera à mettre en évidence comment des discours religieux, littéraires, médicaux se sont fixés sur la sexualité, comment celle-ci a été constituée en objet d'examen. Mais comme les interdits sont tributaires de la manière dont la sexualité est différemment prise en charge par les discours, et comme, inversement, l'intérêt porté à la sexualité dépend d'interdits qu'ils renforcent ou contournent, les deux analyses demandent à être articulées.

Les linéaments d'une analyse stratégique des discours sont-ils ainsi tracés ? Demeure en suspens un élément décisif pour la sophistique : la compréhension du rapport des énonciations en termes de victoire et de défaite. Et c'est aussi un élément équivoque de la Leçon inaugurale : il semble entendu que si l'instauration du partage du vrai et du faux constitue un « système d'exclusion », les liens du discours, du désir et du pouvoir ne sont pas rompus, mais modifiés. « Elles [les procédures de contrôle et de délimitation du discours] fonctionnent comme des systèmes d'exclusion ; elles concernent sans doute la part du discours qui met en jeu le pouvoir et le désir »[2]. Mais, au moment de définir le programme de travail, à la fois critique et généalogique, Foucault retient les systèmes d'exclusion comme ce qui instaure des contraintes et des contrôles sur les discours, non pas sur ceux qui les profèrent et les reçoivent. Dans

1. *Ibid.*, p. 71-72.
2. *Ibid.*, p. 23.

ces conditions, en quoi le rapport de la victoire et de la défaite est-il pertinent ? Ainsi, s'agissant de la sexualité :

> […] On pourrait essayer d'analyser un système d'interdit de langage : celui qui concerne la sexualité depuis le XVIe siècle jusqu'au XIXe siècle ; il s'agirait de voir non point sans doute comment il s'est progressivement et heureusement effacé ; mais comment il s'est déplacé et réarticulé depuis une pratique de la confession où les conduites interdites étaient nommées, classées, hiérarchisées, et de la manière la plus explicite, jusqu'à l'apparition d'abord bien timide, bien retardée, de la thématique sexuelle dans la médecine et dans la psychiatrie du XIXe siècle[1].

Quel statut conférer à la pratique de la confession ? Est-elle seulement le lieu de la reconnaissance d'interdits visant la sexualité et l'aveu de leur transgression ? N'est-elle pas aussi le lieu d'un rapport de pouvoir entre celui qui organise la confession et dispose de l'absolution et de celui qui avoue ses fautes et affirme sa disposition à s'amender ? Par les systèmes de contrôle et de contrainte visant les discours, les sujets de discours ne sont-ils pas contrôlés et contraints ?

Quelques années plus tard, Foucault va envisager la pratique de la confession en termes de rapport de pouvoir, expliquant que le rituel de la pénitence qui se développe du IXe au XIe siècle, au sein duquel « la pénitence est tout simplement l'énoncé de la faute », et non plus l'expiation consécutive à l'aveu, a pour effet de majorer le pouvoir du prêtre. À partir du XIIe siècle, « l'Église va récupérer […], à l'intérieur du pouvoir

1. M. Foucault, *L'ordre du discours*, *op. cit.*, p. 63.

ecclésiastique, ce mécanisme de l'aveu qui l'avait jusqu'à un certain point dessaisie de son pouvoir dans l'opération pénitentielle »[1]. Comment ? Par l'obligation de confessions régulières, continues et exhaustives, par l'obligation d'une confession générale en plus du rythme habituel des confessions, par l'obligation de recourir à un prêtre particulier qui procédera à un interrogatoire selon un système codé, disposera de l'attribution des peines et, détenant le pouvoir des clés, fera de la pénitence un sacrement. « Se forme ainsi autour de l'aveu, comme la pièce centrale de la pénitence, tout un mécanisme où le pouvoir et le savoir du prêtre et de l'Église se trouvent impliqués »[2]. En outre, se développe à partir du concile de Trente – de 1545 à 1563 – la pratique de la direction de conscience, le directeur étant comme un « ange tutélaire » auquel on avouera « à cœur ouvert, en toute sincérité et fidélité » les mauvaises habitudes, les tentations, les fautes les plus communes, complément de la confession générale au cours de laquelle le pénitent est interrogé sur sa vie, les états qui ont été les siens, ses confessions antérieures, au cours de laquelle également ses péchés sont examinés selon un ordre strict, depuis les commandements de Dieu jusqu'aux vertus ordinales. Dans l'organisation de la pénitence, l'aveu de la sexualité occupe une place doublement singulière. D'abord, parce que le confesseur nommera le moins possible les actes défendus et s'intéressera le plus possible aux pensées, tirant ainsi « de la bouche de son pénitent toutes les espèces de luxure sans se mettre en danger de lui en

1. M. Foucault, *Les anormaux*, Leçon du 19 février 1975, Paris, Éditions de l'EHESS-Gallimard-Seuil, 1999, p. 162.
2. *Ibid.*, Leçon du 19 février 1975, p. 164.

enseigner aucune »[1]. Ensuite et surtout, parce que l'objet de l'interrogation tend à se déplacer des relations interdites vers le corps du pénitent. Il est de moins en moins question de « l'aspect relationnel » de la sexualité, l'adultère, l'inceste, le viol, de plus en plus question des plaisirs que le corps procure au pénitent. « L'examen nouveau va être un parcours méticuleux du corps, une sorte d'anatomie de la volupté. [...] C'est le corps et ses plaisirs [...] qui deviennent [...] le code du charnel, beaucoup plus que la forme requise pour l'union légitime [...] »[2]. Qu'est-ce qui se joue dans cet investissement du corps par la confession ? L'importance est double, d'abord une prise de pouvoir sur le corps des individus, « le corps solitaire et désirant », effective moins sur les pénitents en général que dans les séminaires et les collèges, où le contrôle de la sexualité sera focalisé sur la masturbation. L'importance est aussi, d'une manière générale, la mise en place du couplage des techniques qui visent à rendre les corps dociles et utiles, effectives dans les lieux collectifs que sont les casernements, les ateliers, les écoles, et de la prise sur les corps plaisants. « On a, en face de l'anatomie politique du corps, une physiologie morale de la chair »[3].

Alors que la pratique de la confession est mentionnée dans la Leçon inaugurale comme simple lieu d'expression codée des interdits visant la sexualité, elle est à présent considérée comme le lieu d'exercice d'une « technique

1. L. Habert, *Pratique du sacrement de pénitence ou méthode pour l'administrer utilement* (1704), cité par M. Foucault, dans *Les anormaux*, Leçon du 19 février 1975, *op. cit.*, p. 173.

2. M. Foucault, *Les anormaux*, Leçon du 19 février 1975, *op. cit.*, p. 173.

3. *Ibid.*, p. 180.

de pouvoir », lieu d'exercice spécifié par son mode et son objet, également articulé à des « technologies de savoir et de pouvoir » appliquées en d'autres lieux, selon d'autres modes et pour d'autres buts. Le contrôle des corps séparés, sources de plaisir, va avec le dressage des corps réunis, moyens de la majoration des forces productives.

Que s'est-il passé entre la thématisation des événements discursifs dans la Leçon inaugurale et l'examen d'une pratique de discours en termes de rapport de pouvoir ? La mise en place d'une analyse stratégique du discours, la défense et l'illustration de la langue du pouvoir. La défense : l'exposition du statut opératoire du concept de pouvoir. L'illustration : les généalogies de la pratique pénale à la jointure des XVIIIe et XIXe siècles et du « pouvoir psychiatrique » au XIXe siècle. La défense est exprimée d'une manière à la fois polémique et offensive, cherchant à se démarquer de conceptions identifiables – principalement en relation avec le marxisme – pour procéder à des analyses généalogiques. Quatre schémas théoriques solidaires sont récusés pour faire place nette à l'analyse stratégique. À l'idée selon laquelle le pouvoir est « possédé » par certains au sein d'une société – ainsi une classe sociale –, quand d'autres en sont dépossédés, opposons l'idée selon laquelle « le pouvoir […] s'exerce dans toute l'épaisseur, sur toute la surface du champ social, selon tout un système de relais, de connexions, de points d'appui, de choses aussi ténues que la famille, les rapports sexuels, le logement, etc. ». À l'idée de l'exercice, et non de la possession, du pouvoir est reliée celle « d'affrontements stratégiques instantanés et continuellement renouvelés entre un certain nombre d'individus »[1]. Non pas des rapports d'appropriation du pouvoir, mais des rapports belliqueux, rapports tels que, même si une classe occupe une place privilégiée, interviennent des déplacements régionaux, des renversements locaux, des victoires provisoires. À l'idée, en deuxième lieu, selon laquelle le pouvoir est « localisé » dans des institutions – ainsi l'appareil d'État –, de telle sorte qu'il y aurait « adéquation entre formes du pouvoir et structures politiques », opposons l'idée selon laquelle les institutions politiques constituent des « structures d'appui », idée commandée par celle de « micro-instances de pouvoir dans la société »[2]. À l'idée, en troisième lieu, selon laquelle « le pouvoir est une certaine manière de maintenir ou de reproduire un mode de production », opposons l'idée de la constitution du mode de production par le pouvoir : le pouvoir n'a pas seulement un statut économique en tant qu'il maintient des rapports de production, mais, déjà, en tant qu'il permet la constitution des forces productives. Ainsi, le capitalisme a supposé la transformation du « temps de la vie en force de travail ». À l'idée, en quatrième lieu, selon laquelle « le pouvoir ne peut produire dans l'ordre de la connaissance que des effets idéologiques » afin de masquer la violence de son exercice, opposons l'idée selon laquelle « tout point d'exercice d'un pouvoir est en même temps un lieu de formation, non pas d'idéologie, mais de savoir, et, en revanche, tout savoir établi permet et assure l'exercice d'un pouvoir »[3]. Poser que le savoir n'est pas un simple masque, c'est devoir envisager un

1. M. Foucault, *La société punitive*, Leçon du 28 mars 1973, Paris, Éditions de l'EHESS-Gallimard-Seuil, 2013, p. 231.

2. *Ibid.*, p. 233.

3. *Ibid.*, p. 236-237.

« jeu complexe » du pouvoir et du savoir : si le pouvoir a des « effets de savoir », celui-ci intervient dans l'exercice et le maintien du pouvoir.

Est à l'ordre du jour de l'analyse une conception événementielle, polymorphe et productive du pouvoir. Une conception qui invite à envisager, non pas la réalité générale et unitaire du pouvoir, mais l'exercice de pouvoirs locaux en termes d'affrontements mobiles aux résultats plus ou moins stables, et à envisager la pertinence de l'exercice de pouvoirs dans des domaines qui ne semblent pas au départ relever de cet exercice. Envisager l'exercice de pouvoirs locaux ne signifie en effet pas la limitation du lieu d'exercice des pouvoirs : le « champ social » est par hypothèse l'objet visé par l'analyse stratégique, ce qui ne signifie précisément pas que la tâche soit de rapporter à l'unité d'un pouvoir ce qui relève du champ social, mais de mettre en évidence comment l'exercice de pouvoirs rend intelligible la formation, la transformation, la disparition de réalités spécifiques. Et envisager la productivité des pouvoirs signifie reconsidérer le rapport des pouvoirs et des discours : l'analyse stratégique ne vise pas exclusivement les discours, ou envisage ceux-ci en termes de rapports de pouvoir sans pour autant conférer aux discours un statut seulement instrumental. Ou plutôt, si des savoirs interviennent au sein des rapports de pouvoir, c'est qu'ils sont produits par des rapports de pouvoir, mais aussi que, tout en étant traversés par des rapports de pouvoir, ils sont la condition de l'instauration et du maintien de rapports de pouvoir. D'où la formation de la notion complexe de « savoir-pouvoir » et, en particulier, la fixation de l'intérêt sur le XIXe siècle, qui a vu apparaître, avec une figure spécifique de savant, le couplage inédit d'un savoir, le savoir psychiatrique, et du pouvoir exercé sur des groupes d'individus, la « population asilaire ».

Que les psychiatres exercent un pouvoir spécifique sur des groupes et que les lieux de cet exercice soient traversés par des rapports de pouvoir évolutifs, c'est ce que Foucault envisage dans le cours de 1973-1974, *Le pouvoir psychiatrique*. Dès que la psychiatrie s'est constituée en discours à prétention scientifique au début du XIXᵉ siècle, l'expertise est explicitement énoncée en termes de pouvoir. Ainsi, Pinel déclare que la thérapeutique de la folie est « l'art de subjuguer et de dompter, pour ainsi dire, l'aliéné, en le mettant dans l'étroite dépendance d'un homme qui, par ses qualités physiques et morales, soit propre à exercer sur lui un empire irrésistible et à changer la chaîne vicieuse de ses idées »[1]. Comment le rapport du psychiatre et de l'aliéné est-il envisagé en termes de pouvoir ? Pinel propose comme critère d'assignation de la folie, non pas l'émancipation de représentations qui envahiraient l'imagination d'un délirant et dont il serait la dupe, mais l'insurrection d'une force qui échappe à la maîtrise du malade et dont Pinel repère quatre formes selon les champs d'application de la force : la « folie furieuse » – la force brute, débridée d'un individu, incapable de maîtriser son usage –, la « manie sans délire » – la force appliquée aux instincts et aux passions –, la « manie avec délire » – la force appliquée aux idées, qui se heurtent

1. Ph. Pinel, *Traité médico-philosophique sur l'aliénation mentale, ou la manie* (1800), section II, § 6, cité par M. Foucault, *Le pouvoir psychiatrique*, Leçon du 7 novembre 1973, Paris, Éditions de l'EHESS-Gallimard-Seuil, 2003, p. 10.

les unes contre les autres –, la « monomanie » – la force appliquée à une idée particulière à laquelle le fou rapporte ses représentations et qui s'inscrit obstinément dans le comportement. L'ambition de l'aliéniste n'est pas de reconnaître les illusions d'un délirant, mais d'identifier la force qui se libère chez l'aliéné et, conséquemment, de maîtriser cette force en lui imposant une dépendance stricte. Le médecin attend de l'aliéné qu'il « avoue » être malade, avoir une « idée fixe », se laisse emporter par ses représentations, ou être envahi par une impulsion. Le « protocole de l'aveu » constitue la « scène fondatrice de la psychiatrie ». Et, pour obtenir l'aveu du malade, le médecin, muni des « marques du savoir », prend place au sein de l'espace asilaire en produisant des effets sur le malade, qui doit se plier au régime de vie qui lui est imposé sous la menace de la contrainte physique. « [...] Le pouvoir psychiatrique est avant tout une certaine manière de gérer, d'administrer, avant d'être comme une cure ou une intervention thérapeutique : il est un régime, ou plutôt, c'est parce que et dans la mesure où il est un régime, que l'on attend de lui un certain nombre d'effets thérapeutiques : régime d'isolement, de régularité, emploi du temps, système de carences mesurées, obligation de travail, etc. »[1]. Le médecin, pièce centrale de « la microphysique de l'espace asilaire », veille à la surveillance de chaque malade en communiquant avec les instances administratives, de telle sorte que les surveillants sont ou doivent être appréhendés par les malades comme les « yeux », les « oreilles » et les « mains » du médecin, figure directive dont la présence

1. M. Foucault, *Le pouvoir psychiatrique*, Leçon du 9 janvier 1974, *op. cit.*, p. 171.

physique s'impose au malade parce que le savoir qu'il est supposé détenir leur en impose. « Ce sont ces marques de savoir, et non pas le contenu d'une science, qui vont permettre à l'aliéniste de fonctionner comme médecin à l'intérieur de l'asile. Ce sont ces marques de savoir qui vont lui permettre d'exercer à l'intérieur de l'asile un sur-pouvoir absolu, de s'identifier finalement au corps asilaire »[1].

L'analyse du savoir-pouvoir psychiatrique est stratégique en allant au-delà de l'identification du rapport de pouvoir que justifie la conception de l'aliénation comme libération d'une force et qui organise l'espace asilaire comme lieu d'exercice de ce pouvoir : comprendre les transformations du savoir psychiatrique en relation avec les modifications du rapport de pouvoir, c'est-à-dire en faisant intervenir les « résistances » des aliénés et les « tactiques » des médecins et des malades au sein de l'espace asilaire. Foucault explique que lors des interrogatoires que les médecins conduisent de telle sorte que les malades n'aient pas l'impression que les médecins dépendent des informations qu'ils leur donnent, les malades fournissent des réponses qui ne conviennent pas aux médecins, ou refusent de parler, ou encore opposent des réactions somatiques. Le « dispositif thérapeutique » opposé à la mauvaise volonté, au mutisme et aux comportements des malades consiste à organiser le « grand rituel » de la présentation des malades aux étudiants en médecine : contourner la résistance des malades par le récit de leur vie dont le médecin aura pris connaissance. Les malades, entendant

1. M. Foucault, *Le pouvoir psychiatrique*, Leçon du 9 janvier 1974, *op. cit.*, p. 185.

ce récit, dûment identifié comme vie de malades devant les étudiants, doivent comprendre qu'est énoncée la vérité par le discours de celui qui sait, formulé devant ceux qui reconnaissent l'autorité du savoir. À cette tactique d'enveloppement, visant à désarmer les malades, ceux-ci ripostent par de « grandes manifestations muettes » et pourtant bruyantes : les troubles moteurs et sensitifs que sont les convulsions et les épilepsies, comportements irréguliers, donc difficiles à identifier et à classer. La riposte de la psychiatrie va consister en une « captation du corps malade », en regroupant les comportements sous le concept d'hystérie et en investissant le « corps hystérique » : ordonner les convulsions en leur conférant le statut de symptômes stables, réguliers, lisibles en permanence sur le corps du malade, en lieu et place de gestes fulgurants apparaissant lors de crises incontrôlables. Afin que les hystériques produisent ces symptômes, Charcot use de l'instrument qu'est l'hypnose et suggère au malade de produire pendant l'hypnose ces symptômes, qu'il se fait fort d'organiser en fonction d'un événement qui aurait altéré le fonctionnement cérébral du malade : la fameuse théorie du « traumatisme », le malade devant répéter au cours de l'hypnose l'événement traumatique. Mais les séances d'hypnose donnent lieu à des comportements que le psychiatre ne maîtrise pas : les hystériques adoptent des postures dénuées d'équivoque, ils « précipitent leur vie sexuelle ». La pantomime sexuelle est-elle un résidu que le médecin ne parvient pas à rapporter aux symptômes qu'il a codifiés ?

J'ai l'impression qu'il faut prendre cette bacchanale sexuelle comme la contre-manœuvre par laquelle les hystériques répondaient à l'assignation en traumatisme : tu veux trouver la cause de mes

> symptômes, cette cause qui te permettra de les pathologiser et de fonctionner comme médecin ; tu veux ce traumatisme, eh bien, tu auras toute ma vie, et tu ne pourras pas t'empêcher de m'entendre raconter ma vie et, à la fois, de me voir gesticuler à nouveau ma vie et la réactualiser incessamment à l'intérieur de mes crises ! [1]

« Contre-manœuvre de l'hystérique » : un déplacement du lieu de l'affrontement, du « corps neurologique » vers le « corps sexuel », mais aussi riposte de la psychiatrie par la déconsidération du corps hystérique malaisément codable, ou investissement du corps sexuel par une entreprise inédite. Face au corps sexuel imposé par les malades contre le corps codé par Charcot – qui caractérisait les postures des hystériques par les termes de « pseudo-épilepsies » ou de « grandes crises hystériques » –, deux tactiques furent envisagées : disqualifier l'hystérie qui n'est plus une maladie, ou investir ce qui est apparu sous et contre le corps neurologique, la sexualité. La première tactique est celle du successeur de Charcot, Babinski, qui substitue à l'hystérie le « pithiatisme », ensemble de troubles guérissables par la persuasion et non plus par l'hypnose. À la seconde tactique, qui est plus qu'une tactique, Foucault attache l'un des assistants des présentations des hystériques à la Salpêtrière, Freud.

> […] Freud était en stage chez Charcot et […] un soir, invité dans la maison de Charcot, il a entendu à sa stupéfaction Charcot dire en aparté à quelqu'un : « Oh ! l'hystérie, tout le monde sait bien que c'est de

1. M. Foucault, *Le pouvoir psychiatrique*, Leçon du 6 février 1974, *op. cit.*, p. 324.

sexualité qu'il s'agit ». Et Freud de commenter en disant : « Quand j'ai entendu cela, j'ai tout de même été bien surpris, et je me suis dit : "Mais s'il le sait, pourquoi est-ce qu'il ne le dit pas ?" »[1].

La psychanalyse réinvestit-elle ce que la proto-psychiatrie, celle de Pinel, avait isolé, c'est-à-dire la conduite de l'aveu, en la coupant de l'interrogatoire pour la relier à celui de la confession – l'Autre réunissant le confesseur et le confessé n'étant plus Dieu mais l'inconscient psychique – pour désarmer ceux qui avaient imposé aux psychiatres le corps sexuel ? C'est ce que Foucault suggère, mais sans considérer la spécificité de la pratique de discours qu'est la cure analytique. « Une nouvelle tentative pour contourner l'enveloppement hystérique, pour réinvestir médicalement ce cap nouveau qui a surgi de toutes parts autour du corps neurologique que les médecins avaient fabriqué. Ce nouvel investissement, cela sera la prise en charge médicale, psychiatrique, psychanalytique, de la sexualité »[2].

Faut-il placer l'analyse stratégique des discours sous le signe lointain des sophistes ? Sans doute. Les sophistes défendent, non seulement que la sanction des rapports de ceux qui usent du discours est la victoire ou la défaite, également que le discours est pouvoir : parler c'est être vainqueur, non pas en se servant du discours

1. *Ibid.*, p. 323. La scène est rapportée par Freud dans *Contribution à l'histoire du mouvement psychanalytique*, dans *Œuvres complètes*, tome XII, Paris, Puf, 2006, p. 256. Celui auquel Charcot s'adresse en aparté est Brouardel, professeur de médecine légale, dont les leçons intéressèrent au plus haut point Freud.

2. M. Foucault, *Le pouvoir psychiatrique*, Leçon du 6 février 1974, *op. cit.*, p. 325. Comprendre la cure analytique en termes de rapports de pouvoir ? *Vide infra*, chapitre VIII, p. 291 *sq.*

comme d'un instrument, mais en étant sensible à sa puissance, en parvenant à bénéficier du pouvoir qu'il est. Nous l'emportons au moyen du discours à la condition de nous rendre disponibles à sa faveur et de savoir la capter. Gorgias ne déclare pas que nous sommes des tyrans grâce au discours, mais que le discours est « un grand tyran ». « Discours est un grand tyran qui porte à leur achèvement les actions divines en de microscopiques éléments matériels qui sont perceptibles. Il a la force de mettre un terme à la peur, d'apaiser la douleur, de produire la liesse, et d'inciter à la pitié »[1]. Les éléments corporels ou matériels du discours, ce sont les voix émises et entendues, dotées d'une « action divine », produire des effets sur ce qui est autre que corporel, les affects et les opinions, pouvoir modifier ce qui est éprouvé et pensé : du plaisir à la place du déplaisir, et *vice versa*, une opinion à la place d'une autre, et aussi une opinion à la place d'une sensation, comme s'agissant des « discours des météorologues, qui [...] font apparaître des choses incroyables et non visibles aux yeux de l'opinion »[2]. Et si Gorgias « pouvait se permettre de parler de n'importe quoi, à propos [*tô kairô*] »[3], c'est par son aptitude à saisir le bienfait du discours : le sens du *kairos* ne se comprend pas seulement comme le sens de la situation dans laquelle est placé celui qui s'adresse à d'autres, mais aussi ou d'abord comme le sens de ce que donne le discours à ceux qui sont réunis par lui dans telle circonstance; c'est l'habileté à être en ce lieu et à

1. Gorgias, Fragment B 10 [8], « Éloge d'Hélène » (= Aristote, Rhétorique, III, 14, 1416 a) trad. fr. J.-P. Dumont dans *Les sophistes*. Fragments et témoignages, Paris, Puf, 1969, p. 86.

2. Gorgias, Fragment B 10 [13], dans *ibid.*, p. 88.

3. Gorgias, Fragment A 1 a (= Philostrate, *Vie des sophistes*, I, 1), dans *ibid.*, p. 57.

cet instant réceptif à la *dunamis* du *logos*. Aussi faut-il placer parmi les signes divins de reconnaissance de la puissance du discours, non seulement Peitho, la persuasion divinisée – qu'évoque Gorgias dans l'*Éloge d'Hélène* –, mais aussi celle qu'accompagne Peitho, Aphrodite – puisque le discours produit du plaisir chez ceux qui captent sa faveur –, également Artémis, la chasseresse armée de l'arc. Sans doute l'analyse stratégique mise en œuvre par Foucault complexifie-t-elle le pouvoir du discours, faisant varier l'identité des sujets réunis par le discours – qui ne sont pas seulement des sujets individuels d'énonciation, également des « populations » –, comme la nature de leurs rapports – qui peuvent être économiques, sexuels, thérapeutiques, institutionnels … –. Sans doute, également, le discours, traversé par des rapports de pouvoir, n'est-il pas une instance unitaire : le discours, ce sont des savoirs hétérogènes et conflictuels. Mais il est entendu que, s'ils sont puissants, c'est-à-dire produisent des effets sur les rapports de pouvoir, les discours ne sont pas d'une nature instrumentale : les sujets n'usent pas seulement de discours pour instaurer, maintenir, modifier des rapports de pouvoir, mais sont constitués par les discours en sujets de pouvoir. L'analyse stratégique des discours est leur compréhension en termes de rapports de pouvoir ; elle est aussi la compréhension des rapports de pouvoir par le pouvoir de constitution des discours.

Revenons à l'intérêt manifesté au début de l'enseignement au Collège de France concernant l'historicité de la volonté de vérité. Comment comprendre que la volonté de vérité est un système d'exclusion historiquement constitué ?

> […] Il s'agirait de savoir si la volonté de vérité […] ne forme pas un système de contrainte qui s'exerce non seulement sur d'autres discours, mais sur toute une série d'autres pratiques. Il s'agit en somme de savoir quelles luttes réelles et quels rapports de domination sont engagés dans la volonté de vérité. […] Dans quelle mesure est-il possible d'articuler cette volonté de savoir sur les processus réels de lutte et de domination qui se déroulent dans l'histoire des sociétés[1] ?

L'équivoque est la suivante : par « l'engagement des rapports de domination dans la volonté de vérité », faut-il comprendre que celle-ci dépend de rapports de pouvoir ? Par « l'articulation de la volonté de savoir sur les processus réels de lutte et de domination », ne faut-il pas plutôt entendre que la volonté de savoir a des effets sur les rapports de pouvoir ? Or, si l'analyse stratégique envisage l'articulation des rapports de pouvoir et des savoirs en termes circulaires d'interdépendance, quel statut conférer à la prétention de la psychiatrie à la vérité ? La mise en évidence de la place du savoir psychiatrique au sein du « dispositif disciplinaire » que constitue l'espace asilaire invite à abaisser l'importance de la prétention à la vérité de la part des psychiatres. Et l'investissement par la psychiatrie du XIXe siècle de la question du crime va dans le sens de l'abaissement de cette importance, les psychiatres offrant leurs services à la justice en arguant du caractère socialement protecteur du savoir psychiatrique. « La détermination, l'épinglage d'une folie sur un crime, à la limite de la folie sur tout crime, était le moyen de fonder le pouvoir psychiatrique, non pas en termes de vérité, puisque précisément ce n'est

1. M. Foucault, *Leçons sur la volonté de savoir*, Leçon du 9 décembre 1970, *op. cit.*, p. 4-5.

pas de vérité qu'il s'agit, mais en termes de danger : nous sommes là pour protéger la société, puisque, au cœur de toute folie, il y a inscrite la possibilité d'un crime »[1]. Il n'en reste pas moins que la psychiatrie se réclame de la vérité pour s'autoriser à décider de la réalité de la folie : comment prétendre que des individus sont des malades et qu'ils ne « simulent » pas la folie, si le savoir ne prend pas appui sur une symptomatologie et une aitiologie sérieuses ? Selon Foucault, il faut distinguer de l'hôpital de médecine générale, qui dispose d'un savoir objectivable et partageable et dont la finalité thérapeutique n'est pas douteuse, l'hôpital psychiatrique, dont la fonction est de donner à la maladie une réalité. « L'hôpital psychiatrique a pour fonction, à partir de la décision psychiatrique concernant la réalité de la folie, de la faire exister comme réalité »[2]. En débutant l'examen du pouvoir psychiatrique, Foucault formulait ainsi l'exigence : « Le problème qui se pose, c'est [...] de faire l'analyse de ces rapports de pouvoir propres à la pratique psychiatrique, en tant que, – et ce sera l'objet du cours –, ils sont producteurs d'un certain nombre d'énoncés qui se donnent comme énoncés légitimes »[3]. La pratique psychiatrique, en produisant des énoncés qui se donnent comme légitimes, n'établit pas seulement des rapports de pouvoirs avec la population asilaire, mais donne à la maladie une réalité fiable, estampillée par la vérité des énoncés. Mais si, au sein de l'espace asilaire, le psychiatre se réclame de la vérité d'une manière biaisée, l'hystérique est investi par Foucault d'un statut singulier,

1. M. Foucault, *Le pouvoir psychiatrique*, Leçon du 23 janvier 1974, *op. cit.*, p. 250.

2. *Ibid.*, Leçon du 23 janvier 1974, p. 252.

3. *Ibid.*, Leçon du 7 novembre 1973, p. 17-18.

celui de poser au savoir psychiatrique la question de la vérité : en opposant à son assignation au statut de malade la production de symptômes malaisément codables par la neurologie, l'hystérique invite le neurologue à prendre en vérité la réalité corporelle de la maladie, alors même que celui-ci est tenté de neutraliser la pertinence de cette prise. « L'hystérique se constitue lui-même comme blason de véritables maladies, il se constitue plastiquement comme le lieu et le corps porteur de symptômes véritables »[1].

La formulation de la question : qui, du psychiatre ou du malade, pose la question de la vérité ? invite Foucault à « ouvrir une parenthèse et insérer une petite histoire de la vérité en général », visant à distinguer la vérité dont se réclame un savoir de type scientifique et ce qu'il nomme la vérité-événement. Quand pour la conception qui s'est imposée avec la « technologie de la constatation et de la démonstration » la vérité est en droit ouverte à tous et vaut en tout temps et en tout lieu, pour la seconde conception la vérité a ses porteurs ou ses messagers privilégiés et exige un rituel qui se déroule en certains lieux et à des moments favorables. Pour la première conception, la vérité requiert une méthode, quand elle en appelle à une stratégie pour la seconde. Il s'agit alors moins d'un rapport de connaissance à proprement parler que d'un rapport de pouvoir, qui demande que la vérité soit sollicitée, traquée, captée. « […] La vérité passe ; elle passe comme l'éclair, rapidement ; elle est en tout cas liée à l'occasion : *kairos*, il faut la saisir »[2]. En face de « la

1. M. Foucault, *Le pouvoir psychiatrique*, Leçon du 23 janvier 1974, *op. cit.*, p. 253.

2. *Ibid.*, p. 236-237.

vérité-ciel, universellement présente sous l'apparence des nuages », « la vérité-foudre », « une vérité qui ne se donne pas par la médiation d'instruments, mais qui se provoque par des rituels, qui se capte par des ruses, qui se saisit selon des occasions ». Or, selon Foucault, d'une part « la démonstration scientifique n'est au fond qu'un rituel », d'autre part « depuis la Renaissance, la vérité-connaissance [...] a colonisé, parasité la vérité-événement, [...] elle a fini par exercer sur elle un rapport de pouvoir qui est peut-être irréversible »[1]. Il y a comme un paradoxe historique : la vérité envisagée selon un rapport de pouvoir a été vaincue par la conception selon laquelle la vérité n'est pas envisagée en termes de pouvoir, comme si la ruse et la captation avaient été les instruments d'une conception qui entend ou prétend neutraliser la pertinence de ces notions. Foucault retient une leçon faible de cette « parenthèse » : si l'organisation de l'espace asilaire est dans le prolongement de l'équipement hospitalier, qui assure en Europe à partir du XVIIIe siècle « la surveillance générale de populations », surveillance elle-même solidaire de la « technologie de la constatation et de la démonstration », il n'en reste pas moins que l'espace asilaire est spécifique comme lieu d'affrontement des aliénistes et des patients, lutte sans équivalent au sein de l'Hôpital de médecine générale. Mais la leçon nous semble implicitement forte : Foucault n'entend-il pas reprendre à son compte la conception de la vérité-événement, qui peut se réclamer de Gorgias, pour l'analyse stratégique de la pratique psychiatrique ? D'un côté, les médecins convoquent une conception « objective » de la science, mais tentent sous couvert de

1. *Ibid.*, p. 238.

leur savoir d'établir et de maintenir un rapport de force ; de l'autre, les malades ne sont soutenus par aucun savoir, si ce n'est celui de leur souffrance, mais essaient par le rapport de pouvoir qu'ils affaiblissent ou renversent, d'en appeler à la vérité, comme s'ils saisissaient l'occasion de capter la foudre qui va terrasser les médecins et éclairer les ténèbres de l'asile. La leçon s'achève par cette déclaration : « Saluons les hystériques comme les vrais militants de l'antipsychiatrie »[1], comme en écho de la citation qui clôt la Préface de l'*Histoire de la folie* : « Compagnons pathétiques qui murmurez à peine, allez la lampe éteinte et rendez les bijoux. Un mystère nouveau chante dans vos os. Développez votre étrangeté légitime »[2].

1. M. Foucault, *Le pouvoir psychiatrique*, Leçon du 23 janvier 1974, *op. cit.*, p. 253.

2. M. Foucault, *Histoire de la folie à l'âge classique*, Préface, Paris, Plon, 1961 p. XI. La Préface de l'édition originale de l'ouvrage a été supprimée dans la réédition publiée en 1972 chez Gallimard. La citation est extraite de *Fureur et mystère* de René Char.

CHAPITRE II

LA GÉNÉALOGIE DE LA PRATIQUE PUNITIVE

Foucault face à Nietzsche : séquestration et marché du crime

Dans une étude ancienne, Michel Foucault s'intéresse aux lieux de l'enfermement que sont la cage et le souterrain dans le roman de Révéroni Saint-Cyr, *Pauliska ou la perversité moderne* (1798) : des lieux de pouvoir en relation trouble avec le désir. De la cage, dans laquelle est enfermé, nu, l'amant de Pauliska afin que « la prêtresse des vestales [fasse] pour ses compagnes le détail de toutes les imperfections de ce corps rustique, sans charme ni complaisance », se distingue le souterrain dans lequel « Pauliska est placée au ras d'un désir qui manifeste la virilité bestiale du peuple »[1]. La cage tient le corps à distance et, par sa visibilité, conforte le rejet qu'il provoque ou doit provoquer cher les amazones ; le souterrain, à l'abri des regards, est le lieu de la violence du désir, de son imposition sans égard au corps. « Le

1. M. Foucault, « Un si cruel savoir » dans *Dits et écrits*, t. 1, *op. cit.*, texte n° 11, p. 249 et p. 251. L'étude a été publiée dans la revue *Critique*, n° 182, juillet 1962.

souterrain, c'est la forme endoscopique de la cage. Mais aussi sa contradiction immédiate, puisque rien n'est visible de ce qu'il recèle. Son existence même échappe au regard. Prison absolue contre quoi il n'y a pas d'assaut possible : c'est l'Enfer, moins sa profonde justice »[1]. L'enfermement, lieu de la libération anomique du désir ? Non pas se rendre invisible pour tuer le roi et séduire la reine – comme Gygès le Lydien grâce à l'anneau d'or –, mais bénéficier de la séquestration pour laisser licence aux « désirs terribles » qui hantent les rêves et font de la vie éveillée un cauchemar[2] ? Au moment où Révéroni Saint-Cyr écrit *Pauliska*, la prison devient le lieu de l'exécution des peines. Comment comprendre que l'enfermement est un instrument punitif ?

Pour examiner la pratique punitive, Foucault définit dans le cours qu'il professe au Collège de France pendant l'année 1972-1973 le niveau de pertinence constitué par les « tactiques punitives », niveau de pertinence qu'il situe entre les « fonctions générales » et les « rôles divers exercés par les peines ». Foucault identifie quatre formes de ces tactiques : « exclure », « organiser un rachat, imposer une compensation », « marquer », « enfermer ». Exclure : « Interdire la présence d'un individu dans les lieux communautaires ou sacrés, [...] lever ou [...] prohiber à son égard toutes les règles de l'hospitalité »[3]. Organiser un rachat, imposer une compensation, d'une part constituer un individu ou un

1. M. Foucault, « Un si cruel savoir » dans *Dits et écrits*, t. 1, *op. cit.*, p. 250.

2. *Cf.* Platon, *La République*, Livre II, 359c *sq.* et Livre IX, 572b *sq.*

3. M. Foucault, *La société punitive*, Leçon du 3 janvier 1973, *op. cit.*, p. 8.

groupe en victime du dommage dont il pourra demander réparation, d'autre part « susciter un certain nombre d'obligations pour celui qui est considéré comme infracteur »[1]. Marquer, c'est-à-dire imposer au corps des « traces » afin que l'infraction échappe à l'oubli, qu'elle soit maintenue « dans une espèce de monument, quand bien même celui-ci serait cicatrice, amputation, quelque chose qui tourne autour de la honte ou de l'infamie »[2]. Enfermer : « Tactique que nous pratiquons, dont la mise en place définitive se situerait au tournant du XVIIIe et du XIXe siècle »[3]. Remarquons que le niveau d'analyse défini par les tactiques pénales neutralise la pertinence du recours à la notion de responsabilité pénale. Cette neutralisation opératoire est explicitement revendiquée par Foucault.

> Si je m'attache à ces tactiques, et principalement, à l'enfermement, ce n'est pas pour essayer de reconstituer l'ensemble des représentations juridiques et morales qui sont censées supporter et justifier ces pratiques pénales; c'est que je voudrais définir à partir de là les rapports de pouvoir effectivement mis en œuvre à travers ces tactiques. Autrement dit, c'est comme *analyseurs* des rapports de pouvoir que je voudrais aborder ces tactiques, et non pas comme *révélateurs* d'une idéologie[4].

Si la question : l'usage d'un principe d'imputation détermine-t-il une tactique punitive remarquable? n'est pas pertinente, c'est que les tactiques pénales définissent un niveau d'analyse en étant rapportées à des

1. *Ibid.*
2. *Ibid.* p. 9.
3. *Ibid.*
4. *Ibid.*, p. 13-14.

pratiques de pouvoir, et non pas à des représentations juridiques ou morales visant à les justifier. Sans doute pourrait-on reposer la question sous la forme suivante : les rapports de pouvoir mis en œuvre par les tactiques pénales ou, inversement, les rapports de pouvoir qui commandent les tactiques pénales sont-ils indépendants de représentations juridiques ou morales ? La réponse à cette question sera donnée par l'examen lui-même. La neutralisation de l'usage d'un principe d'imputation, commandée par la neutralisation du niveau constitué par les représentations juridiques et morales, vaut sous bénéfice d'inventaire, comme « risque méthodologique » dont le bienfait sera évalué en fonction de ses résultats. Il est impossible de préjuger si l'examen ne rencontrera pas la nécessité de conférer à un moment donné un statut stratégique à des représentations à visée fondatrice.

Quel est l'objet de l'examen ? Le passage du marquage à l'enfermement, le « renversement du spectacle en surveillance » à la jointure des XVIIIe et XIXe siècles. Or, la tactique de l'incarcération va avec des altérations affectant non seulement le mode de la prise en charge du criminel, mais aussi la conception de son statut et son intégration à des champs de savoir. Ainsi, la considération du criminel à partir du XVIIIe siècle comme « ennemi public » contre lequel la société est autorisée à prendre des mesures de protection, particulièrement développée par les physiocrates, rencontre la pratique judiciaire médiévale qui attribuait au pouvoir monarchique le contrôle des litiges et appelle à partir du XIXe siècle une prise en charge psychopathologique ou psychiatrique et sollicite une sociologie du criminel. Celui-ci sera de plus en plus considéré comme un « délinquant », « quelqu'un qui est irréductible à la société, incapable d'adaptation sociale, qui est dans un rapport d'agressivité constant envers la société, étranger à ses normes, à ses valeurs »[1]. D'où le concept proposé par Foucault pour donner un statut au criminel en fonction de l'objet de l'examen – le passage du marquage à l'enfermement –, celui d'un « élément échangeur ou connecteur » entre des séries, les séries représentative, pratique et théorique.

Néanmoins, la concentration de l'attention sur le statut du criminel est problématique. L'examen rencontre une difficulté, liée d'abord ou implicitement au fait que, malgré la neutralisation initiale de la pertinence du recours aux représentations, la série représentative est prise au sérieux par Foucault, liée ensuite et explicitement au fait que l'articulation du statut donné au criminel avec la tactique punitive effectivement mise en place ne va pas de soi.

> Le problème est [...] le suivant : d'une part, on assiste, à la fin du XVIIIe siècle, à toute la réorganisation du système des peines autour de l'incarcération et, d'autre part, cette réorganisation est contemporaine de l'émergence du criminel-ennemi social. [...] Il y a une hétérogénéité entre les deux processus qui sont, d'une part, celui de la dérivation discursive qui amène à formuler le principe du criminel comme ennemi social et, d'autre part, celui de la punition. De sorte qu'entre le pénal, organisé autour du principe du criminel, et le pénitentiaire, organisé autour de la prison, on perçoit une faille dont il faut maintenant assigner l'apparition historique[2].

1. M. Foucault, *La société punitive*, Leçon du 10 janvier 1973, *op. cit.*, p. 37.

2. *Ibid.*, Leçon du 24 janvier 1973, *op. cit.*, p. 66-67.

Quelle est cette « faille » ? C'est que la théorie pénale du criminel-ennemi social ne conduit nullement à poser l'enfermement comme solution de la réduction de la menace criminelle, mais à envisager trois « modèles » de punition, « le modèle de l'infamie », « modèle idéal [...] [pour lequel] le jugement au sens juridique du terme serait entièrement résorbé dans le jugement au sens psychologique; le jugement ne sera pas autre chose que la totalité des jugements individuels portés par les citoyens », « le modèle du talion », pour lequel par la peine « la société arrive à retourner contre le criminel l'attaque portée contre elle », et « le modèle de l'esclavage, c'est-à-dire le travail forcé et public »[1]. Élément important : les principes théoriques posent des types de punitions hétérogènes à la prison. Comment comprendre que la prison s'est imposée comme schéma général et pratique homogène, quelles que soient les différences des crimes, alors que les justifications de la pratique punitive conduisaient à la réactivation de pratiques anciennes ? La réponse est fournie par ce que Foucault nomme une « tactique d'ensemble », que l'on nommerait plutôt une stratégie, identifiée en neutralisant les représentations pour mettre la pratique punitive en rapport avec une autre pratique, organisée implicitement selon le même schéma : l'organisation de la production selon le salariat, la disposition de la force de travail selon la règle de son achat pour un temps déterminé.

> Le système des punitions fait apparaître comme sanction du crime la *forme-prison* qui n'est pas dérivable de la théorie et est apparentée à la *forme-salaire* : tout comme on donne un salaire pour un

1. M. Foucault, *La société punitive*, Leçon du 24 janvier 1973, *op. cit.*, p. 69-71.

> temps de travail, on prend, inversement, un temps de liberté pour prix d'une infraction. Le temps étant le seul bien possédé, on l'achète pour le travail ou on le prend pour une infraction. Le salaire sert à rétribuer le temps de travail, le temps de liberté va servir à rétribuer l'infraction[1].

Le temps de travail est acheté à celui qui reçoit un salaire, le temps d'enfermement est imposé à celui qui ne reçoit rien échange : « Ce qu'on voit apparaître, à travers ces deux formes, c'est l'introduction du *temps* dans le système du pouvoir capitaliste et dans le système de la pénalité »[2].

La neutralisation du « processus représentatif » est en deuxième instance heuristique, invitant l'examen à mettre l'altération de la pratique punitive en relation avec d'autres pratiques. Comment comprendre qu'à un moment donné des pratiques distinctes, aux finalités différentes (la production et la punition) et aux lieux séparés (l'usine et la prison) prennent en charge d'une manière homogène des individus ? Ce n'est pas que « le salaire aurait servi de modèle représentatif à la prison »[3]. Sont en cause les demandes concrètes concernant la productivité et le contrôle des individus. La question décisive, ou stratégique, est de chercher si et comment les pratiques dont la connexion est posée sont commandées par des rapports de pouvoir, commandent peut-être également des rapports de pouvoir : quel est « l'appareil de pouvoir » au sein duquel la forme-prison et la forme-salaire prennent place ?

1. *Ibid.*, p. 72.
2. *Ibid.*, p. 73.
3. *Ibid.*, Leçon 31 janvier 1973, p. 86.

C'est aussi qu'il faut distinguer deux niveaux de pertinence, caractéristiques de deux modes de l'examen, « une analyse de type archéologique » et « une analyse de type dynastique, généalogique ». S'agissant de la première analyse, Foucault est peu disert, mais c'est bien d'elle que relève l'examen qui isolerait le niveau représentatif pour chercher une possible « dérivation » du système pénal à partir des théories donnant un statut au criminel. La seconde analyse est à l'ordre du jour, non pas en ce qu'elle aurait à négliger les systèmes de représentations, mais en ce qu'elle s'intéresse aux filiations à partir des rapports de pouvoir.

> Jusqu'à présent, on étudiait les trames de dérivations possibles : par exemple, comment, à l'intérieur du système pénal théorique et pratique, s'embranchent les unes sur les autres soit les idées, soit les institutions. Maintenant, il s'agit de retrouver quels sont les rapports de pouvoir qui ont rendu possible l'émergence historique de quelque chose comme la prison. Après une analyse de type archéologique, il s'agit de faire une analyse de type dynastique, généalogique, portant sur les filiations à partir des rapports de pouvoir[1].

Que l'analyse archéologique soit venue « avant » doit être entendu au sens où le début du cours, en prenant au sérieux la représentation du criminel, a procédé à une « analyse des dérivations » – c'est ce qui a été envisagé par la leçon du 17 janvier –, mais également au sens où l'analyse des dérivations discursives a constitué pour Foucault un champ de recherches. *L'archéologie du savoir* a défini un objet, « les discours dans leur

1. M. Foucault, *La société punitive*, Leçon 31 janvier 1973, *op. cit.*, p. 86.

spécificité », et un objectif, « une analyse différentielle des modalités du discours », ce qui implique l'intérêt accordé aux règles de formation et de transformation des discours, aux pratiques discursives et aux modes d'implication des sujets qui les émettent, les construisent, les reçoivent, les contestent[1]. Le changement de niveau, solidaire d'un déplacement de l'intérêt, depuis la prise au sérieux des types de discours et de leurs transformations jusqu'à l'intellection des conditions historiques de leurs formations et de leurs distributions, est indiqué par Foucault dans un entretien datant du mois de septembre 1972 :

> Je change de niveau : après avoir analysé les types de discours, j'essaie de voir comment ces types de discours ont pu se former historiquement et sur quelles réalités historiques ils s'articulent. Ce que j'appelle l'« archéologie du savoir », c'est précisément le repérage et la description des types de discours et ce que j'appelle la « dynastique du savoir », c'est le rapport qui existe entre ces grands types de discours que l'on peut observer dans une culture et les conditions historiques, les conditions économiques, les conditions politiques de leur apparition et de leur formation[2].

Que l'analyse généalogique n'ait pas à négliger les systèmes de représentations signifie que la notion pertinente n'est pas celle de la « dérivation » de la

1. *Cf.* M. Foucault, *L'archéologie du savoir*, chapitre IV, « La description archéologique », *op. cit.*, p. 183 *sq.*

2. M. Foucault, « De l'archéologie à la dynastique », entretien avec Shigehiko Hasumi, 27 septembre 1972 dans *Dits et écrits*, t. 1, *op. cit.*, texte n° 119, p. 1274. Voir la note n° 2 de l'éditeur, Bernard E. Harcourt, de *La société punitive*, *op. cit.*, p. 95-96.

pratique pénale qu'est l'enfermement à partir des théories du criminel-ennemi public, mais celle de la « greffe » de la prison sur un corpus théorico-pratique qui, au départ, ne lui donnait pas de statut. « Comment a pu se faire cette greffe de la prison sur des ensembles juridiques, religieux, sociaux, politiques qui lui étaient si étrangers ? »[1]. Répondre à cette question, c'est chercher à identifier les « conditions d'acceptabilité » de la prison dans un ensemble cohérent qui, tout en étant étranger au corpus théorico-pratique du criminel-ennemi public, rend intelligible l'intérêt, voire la nécessité de la prison. Cette condition d'acceptabilité, Foucault la trouve en première instance dans les pratiques de contrôle qui avaient cours depuis la fin du XVIIe siècle dans des communautés religieuses dissidentes, en deuxième instance dans « l'élément du coercitif ». Les Quakers et les groupes méthodistes, ainsi que les communautés religieuses encourageant la piété et la vertu instituent « un nouveau système de contrôle […] qui se situe aux confins de la moralité et de la pénalité », système pour lequel il ne s'agit « pas tant de détecter le crime, de le punir, que de s'attaquer d'abord à des fautes morales et, en deçà même de celles-ci, à des propensions psychologiques, à des habitudes, à des manières, à des comportements comme la paresse, le jeu, la débauche »[2]. On remarquera que Foucault donne un statut historique productif aux conduites de contrôle apparues dans des communautés religieuses dissidentes tout en refusant l'hypothèse de la dérivation du système pénal à partir de

1. M. Foucault, *La société punitive*, Leçon du 7 février 1973, *op. cit.*, p. 105.

2. *Ibid.*, Leçon du 7 février 1973, p. 109.

la « conscience chrétienne ». Le système pénal ne dérive pas de « la culpabilisation chrétienne du crime », mais la moralisation de la peine va se développer dans la prison avec son investissement par le prêtre, qui « doit être le témoin, le garant et l'instrument de la transformation que la peine doit amener »[1]. Or, les pratiques qui établissent un lien entre morale et pénalité et qui ont cours au sein de communautés limitées, Foucault les considère comme des relais, œuvrant à la diffusion de « l'élément du coercitif », diffusion tributaire de la pression exercée par le développement du capitalisme sur le contrôle physique et moral des individus afin de contrecarrer les menaces du brigandage, du pillage et de la déprédation des marchandises produites et stockées en nombre ; cette propension d'origine économique conduit à la mise en place d'une instance de surveillance de la vie quotidienne et de la moralité des individus, la police prise en charge par l'État.

Mais c'est aussi repousser la difficulté : si l'élément du coercitif, tributaire du développement du capitalisme, est étranger aux théories du criminel-ennemi public, le problème de l'articulation des deux ensembles est maintenu. Il ne suffit pas de poser la coexistence de l'ensemble pénal, auquel est attachée l'infraction comme acte d'hostilité à l'égard de la société, et de l'ensemble punitif, qui se fixe sur l'enfermement. « Le problème généalogique [...] est de savoir comment ces deux ensembles, d'origine différente, sont venus *s'ajouter et fonctionner* à l'intérieur d'une seule tactique »[2]. Dire que la difficulté est repoussée, c'est demander si et comment

1. *Ibid.*, Leçon du 31 janvier 1973, p. 94.
2. *Ibid.*, Leçon du 7 février 1973, *op. cit.*, p. 115, nous soulignons.

l'examen généalogique, et non pas archéologique, aura à prendre au sérieux, non pas simplement « l'ajout », mais le « fonctionnement » de deux ensembles au sein des rapports de pouvoir : si ce n'est pas à partir de la théorie du criminel-ennemi social qu'est apparue la prison, mais à partir de rapports de pouvoir à identifier, le corpus théorico-pratique sur lequel est venue se greffer la prison a-t-il eu une fonction dans l'organisation des rapports de pouvoir ? Il est en effet inadéquat d'envisager le premier ensemble comme un résidu promis à une disparition rapide, puisqu'il se constitue peu de temps avant l'apparition de la prison tout en conduisant à envisager d'autres peines.

Dans un premier temps, Foucault montre que la « greffe » de la prison sur un ensemble théorico-pratique hétérogène passe par « l'intégration » des mécanismes de la correction au sein du système pénal. Poursuivant d'une part l'étude du mouvement qui, en Angleterre, va de la prolifération des sociétés qui s'emploient à contrôler la moralité des individus, pour aboutir au *Traité sur la police de la métropole* (1759), dans lequel Colquhoun propose l'organisation d'une « agence de police » afin de contrôler, non seulement ceux qui « se laissent entraîner à violer la fidélité due au souverain », mais aussi ceux qui, « par leur conduite turbulente, nuisent à la chose publique », étudiant d'autre part le mouvement qui, en France conduit de l'usage des lettres de cachet à la proposition du constituant Duport, qui demande en 1790 que ce qui concerne l'ordre public relève strictement de l'administration de la justice, Foucault retient que la prison va s'imposer dans la mesure où est tendanciellement dévolu à l'État d'assurer les tâches liées à l'ordre public[1]. Mais, si la greffe est envisageable en termes d'intégration, suffit-il de placer entre la pression économique et la tactique pénale qu'est l'incarcération la prise en charge par l'État de l'appareil judiciaire et l'organisation de mécanismes de contrôle et de surveillance de populations potentiellement dangereuses ? Contre l'hypothèse selon laquelle l'opérateur de l'intégration serait la répression par la bourgeoisie de « toute une série de mouvements de sédition populaire », Foucault voit dans la lutte contre « l'illégalisme populaire » l'opérateur et l'objet premier de l'investissement de l'État dans une entreprise de contrôle et de moralisation, dont la prison est l'une des pièces. Le point de fixation est constitué par la prédation de ceux qui, en vendant leur force de travail, ne sont plus, à la différence des artisans, des propriétaires, tout en étant en rapport avec les biens matériels qu'ils produisent en nombre et manipulent.

> Alors que dans le système de l'artisanat, l'ouvrier était en contact avec des choses dont une grande partie lui appartenait et, à travers celles-ci, avait affaire à un monde réglementaire de pouvoir, dont il pouvait essayer de s'échapper précisément en pratiquant l'illégalisme, à partir du moment où l'ouvrier n'a plus en face de lui qu'une richesse, la seule manière de pratiquer l'illégalisme, c'est la déprédation[2].

Le relais par lequel est opérée la connexion de la pression économique avec l'investissement de l'État dans les mécanismes de contrôle et de moralisation est

1. *Cf.* M. Foucault, *La société punitive*, Leçons du 7 et du 14 février 1973, *op. cit.*, p. 112-115 et p. 126-137.

2. *Ibid.*, Leçon du 21 février 1973, p. 151.

la lutte contre « le transfert de l'illégalité populaire sur la propriété ».

Il y a plus. À la question portant sur la place ménagée à la théorie du criminel-ennemi social au sein de l'ensemble hétérogène qui se greffe sur elle en produisant à terme la tactique pénitentiaire, l'hypothèse qui voit dans la lutte contre l'illégalisme populaire se portant sur la propriété l'opérateur de l'avènement des mécanismes de surveillance permet de répondre. « On voit la notion théorique du criminel comme celui qui rompt le contrat social être réaffectée à l'intérieur de cette tactique de la bourgeoisie »[1]. Ce n'est pas parce que la théorie développée au XVIIIe siècle ne conduit pas aux tactiques pénales qu'elle avait envisagées qu'elle est menacée de disparition. Bien plutôt, la théorie générale du criminel-ennemi social va être intégrée aux mécanismes de contrôle par sa réactivation particulière, visant les « délinquants primaires » que sont les membres de la classe des travailleurs. Foucault se réfère à un ensemble de textes datant de 1772 à 1808, qui cherchent à établir que « ce refus du pacte social propre à la classe la plus basse est une sorte de délinquance primaire, sauvage, propre à une couche de population encore proche de l'instinct et de la vie de nature : ce sont les ennemis du corps même de la richesse »[2]. Nous étions restés à la condition d'acceptabilité de la prison qu'est l'élément du « coercitif ». Mais aussi : « Cette qualification de la classe des travailleurs comme objet privilégié de la transformation pénitentiaire pour l'intégration à un pacte

1. M. Foucault, *La société punitive*, Leçon du 21 février 1973, *op. cit.*, p. 152.
2. *Ibid.*, Leçon du 28 février 1973, p. 166.

social constitue le point idéologique, pré-institutionnel, qui va rendre acceptable toute l'organisation du système pénal et pénitentiaire »[1]. À la représentation du criminel-ennemi social n'est certes pas conféré par la généalogie un statut propulsif – la pratique pénitentiaire n'en dérive pas –, mais elle relève, en étant ainsi particularisée, des conditions d'acceptabilité de la prison.

Reste alors – et ce n'est pas la moindre tâche – à faire la lumière sur les mécanismes de contrôle et de moralisation en termes de rapports de pouvoir. Foucault commence par user d'une formulation selon la série : mode de production capitaliste – menace de la déprédation ouvrière des biens produits et stockés – lutte contre l'illégalisme populaire – mécanisme de contrôle – système pénitentiaire, formulation qui s'en tient aux « rapports de production » :

> Le contrat salarial doit s'accompagner d'une coercition qui est comme sa clause de validité : il faut « régénérer », « moraliser » la classe ouvrière. Ainsi, se fait le transfert du pénitentiaire où une classe sociale va l'appliquer à une autre : c'est dans ce rapport de classe entre la bourgeoisie et le prolétariat que va se mettre à jouer le système pénitentiaire condensé et remodelé ; il va être un instrument politique du contrôle et du maintien des rapports de production[2].

Au moment de développer l'examen, Foucault laisse en suspens les rapports de production, ou plutôt montre que si la déprédation constitue l'objet premier du contrôle, c'est sur les conduites adoptées par les ouvriers, conduites qui ont pour effet de réduire la

1. *Ibid.*
2. *Ibid.*, Leçon du 21 février 1973, p. 153.

productivité des corps, que la surveillance s'exerce d'une manière continue et détaillée : les corps constituent des forces de travail, à la condition que les ouvriers ne soient pas paresseux, qu'ils ne s'adonnent ni à la boisson, ni à la débauche. D'où une entreprise générale de « moralisation » de la classe ouvrière, qui vise à lutter moins contre la déprédation – visant l'appareil de production – que contre la « dissipation », qui entrave la productivité de la force de travail et prend trois grandes formes, l'intempérance (le gaspillage du corps), l'imprévoyance (la dispersion du temps) et le désordre (l'instabilité des individus par rapport à la famille et à l'emploi). D'où, à côté de la moralisation de la pénalité, ou plutôt l'englobant, des mesures visant à encadrer la vie populaire, ainsi le contrôle de l'ivresse et le contrôle par l'épargne, la possession par les ouvriers d'un livret d'épargne facilitant en particulier leur recrutement. « On voit [...] s'insinuer, à l'intérieur même des mécanismes économiques, toute une série de jeux de récompenses et de punitions, un jeu de pénalités qui est infrajudiciaire »[1].

La continuité établie, par le biais de la surveillance, entre la moralisation des peines et la pénalisation de l'existence vise la formation et l'entretien de la force de travail afin qu'elle soit adaptée à l'appareil productif, c'est-à-dire à la production des richesses à l'avantage de la bourgeoisie.

> Le couple surveiller-punir s'instaure comme rapport de pouvoir indispensable à la fixation des individus sur l'appareil de production, à la constitution des forces productives et caractérise la société qu'on peut appeler

1. M. Foucault, *La société punitive*, Leçon du 14 mars 1973, *op. cit.*, p. 198.

> *disciplinaire*. On a là un moyen de coercition éthique et politique nécessaire pour que le corps, le temps, la vie, les hommes soient intégrés, sous la forme du travail, dans le jeu des forces productives[1].

C'est un élément important de la généalogie : les rapports de production ne peuvent être constitués et entretenus sans l'instauration de rapports de pouvoir qui rendent productif l'usage des corps. La séquestration est l'une des conditions de la formation du mode de production, et non seulement de son maintien. Élément de la généalogie que Foucault compliquera dans *Surveiller et punir*, publié au mois de février 1975, et dont *La société punitive* constitue à l'évidence un moment de la construction. La question posée à la généalogie est de rendre intelligibles non seulement les conditions de la productivité de la force de travail, mais, plus généralement, de l'usage des corps, de leur utilité et de leur docilité. « Le moment historique des disciplines, c'est le moment où naît un art du corps humain, qui ne vise pas seulement la croissance de ses habiletés, ni non plus l'alourdissement de la sujétion, mais la formation d'un rapport qui dans le même mécanisme le rend d'autant plus obéissant qu'il est utile, et inversement »[2].

Avons-nous pour autant répondu à la question de la compréhension des mécanismes de contrôle et de moralisation en termes de rapports de pouvoir? Est en cause la réalité de ce qui est placé sous l'expression de « société disciplinaire ». Est-il *exclusivement* question de rapports de pouvoir immanents à ce qui intéresse la

1. *Ibid.*, Leçon du 14 mars 1973, p. 201.
2. M. Foucault, *Surveiller et punir*, III-1, « Les corps dociles », Paris, Tel-Gallimard, 1993 [1975], p. 139.

production des richesses, le rapport de la bourgeoisie et du prolétariat ne pouvant se constituer et se perpétuer sans la productivité des corps et le contrôle de la population ouvrière ? Non, la société est disciplinaire par la constitution de « corps dont la fonction est d'être des multiplicateurs de pouvoir, des zones dans lesquelles le pouvoir est plus concentré, plus intense »[1]. Ces « instances de sur-pouvoir » ne concernent pas la seule réalité productive de la société, ni exclusivement ceux qui sont réunis par l'appareil de production, mais tous les individus en tant que, leur vie durant, ils sont attachés à des institutions ou à des appareils : les crèches, les écoles, les bureaux de bienfaisance, les hospices, les hôpitaux, les casernes, les prisons, les maisons de correction, institutions de séquestration qui ne se contentent pas de contrôler le temps de ceux qui y sont réunis, mais qui « prennent en charge le contrôle direct ou indirect de l'existence. Elles prélèvent dans l'existence un certain nombre de points qui sont, en général, le corps, la sexualité et les relations interindividuelles. Elles exercent sur ces trois points un supplément de contrôle, qui n'est absolument pas, au premier regard, impliqué dans la fonction majeure, visible, institutionnelle de l'établissement lui-même »[2]. Ainsi, par l'empêchement de l'hétérosexualité et l'interdiction de l'homosexualité à l'intérieur d'un collège, n'est pas seulement établie une règle interne à l'établissement, mais présenté un « modèle de comportement », qui vaut comme norme une fois le collège quitté, c'est-à-dire lorsque

1. M. Foucault, *La société punitive*, Leçon du 21 mars 1973, *op. cit.*, p. 211.

2. *Ibid.*, Leçon du 21 mars 1973, p. 217.

l'hétérosexualité sera permise. « Les institutions de séquestration fabriquent quelque chose qui est à la fois interdit, norme, et qui doit devenir réalité : ce sont des institutions de normalisation »[1].

Le « but premier » de la séquestration est bien déterminable par la demande qu'est « l'assujettissement du temps individuel au système de la production », assujettissement qui prend une triple forme : modeler le temps des individus sur celui de la mécanique productive – donc veiller à réduire les irrégularités que sont les absences –, normaliser l'emploi du temps des individus en fonction des cycles de l'activité productive – donc veiller à réduire les baisses d'activité –, organiser l'emploi du temps en fonction du profit – donc veiller à l'efficacité de la force de travail. Et en tant qu'elles sont des institutions de normalisation, les institutions de séquestration ont un statut général, de telle sorte qu'il faut comprendre la discipline comme « forme sociale, c'est-à-dire comme forme selon laquelle le pouvoir s'exerce à l'intérieur d'une société », l'hypothèse retenue étant que « nous vivons dans une société à pouvoir disciplinaire, c'est-à-dire dotée d'appareils dont la forme est la séquestration, dont la finalité est la constitution d'une force de travail, et dont l'instrument est l'acquisition des disciplines ou des habitudes »[2]. La finalité première de la séquestration est la constitution de la force de travail par l'instrument qu'est l'acquisition des disciplines et des habitudes, par lesquelles les individus sont reliés à la société autrement que selon le modèle du contrat, et la normalisation n'est pas simplement l'effet, mais la

1. *Ibid.*, p. 220.
2. *Ibid.*, Leçon du 28 mars 1973, p. 230 et p. 240.

forme des rapports de pouvoir. D'où le statut conféré à la « forme-prison », forme révélatrice de la manière dont le pouvoir s'exerce dans la société, selon « la forme insidieuse, quotidienne, habituelle de la norme »[1].

C'est à ce point que parvient la généalogie de la pratique punitive : pour rendre intelligible l'avènement de la tactique punitive constituée par l'incarcération, il faut, après avoir neutralisé la pertinence heuristique de la série des représentations du crime et des justifications de la punition, en particulier le recours au principe d'imputation, isoler comme niveau pertinent général les rapports de pouvoir, comme niveau particulier les conditions de l'avènement du mode de production capitaliste et comme niveau pertinent singulier la constitution de la force de travail. C'est à partir de ce point d'accrochage que la prison est comprise, non pas comme simple institution, mais comme « forme », la forme de la séquestration, et que celle-ci, singulière en tant qu'elle concerne les prisonniers, diffusée et particularisée dans les appareils sociaux de contrôle, est générale par les effets de normalisation qu'elle développe : le « pouvoir disciplinaire » n'est pas seulement répandu dans des institutions multiples, il est ce par quoi les individus sont rapportés les uns aux autres par la société.

Est-il pertinent de mettre l'entreprise de Foucault en regard de la généalogie de la pratique punitive constituée par Nietzsche dans *La généalogie de la morale* ? Foucault est muet sur le traitement généalogique nietzschéen des châtiments, alors même qu'il glose le concept nietzschéen

1. M. Foucault, *La société punitive*, Leçon du 28 mars 1973, *op. cit.*, p. 243.

de généalogie[1]. Alors que Foucault se fixe sur la tactique punitive de l'enfermement et fait de son avènement la cible de la généalogie, Nietzsche se fixe sur l'exclusion, le marquage et le rachat, la prison n'apparaissant pas, et envisage les pratiques mercantiles de l'achat et de la vente d'une part, du crédit et du débit d'autre part comme éléments moteurs. Alors que Foucault neutralise par hypothèse la pertinence heuristique du principe d'imputation, Nietzsche fait de l'usage de la catégorie de la responsabilité la cible de la généalogie : l'ambition est de rendre intelligible ce par quoi il a fallu passer pour en venir à la représentation selon laquelle un individu est puni parce qu'il est punissable, punissable parce qu'il est criminel, criminel parce qu'il est responsable de ses actes. Dans la mesure où la cible est pour Foucault l'avènement de la prison, la séquence historique considérée est courte; dans la mesure où la cible est pour Nietzsche la production de la représentation de la responsabilité du criminel, la séquence historique est de longue durée, depuis « les anciens temps » jusqu'à un présent qui laisse en suspens la prison. Les deux généalogies ont en commun d'abaisser la pertinence

1. *Cf.* la « Leçon sur Nietzsche », conférence prononcée à Montréal au mois d'avril 1971 dans *Leçons sur la volonté de savoir*, Paris, *op. cit.*, p. 195-213 (le texte de la conférence reprend sans doute des éléments exposés au Collège de France le 17 mars 1971 et qui n'ont pas été conservés), « Nietzsche, la généalogie, l'histoire » (1971) dans *Dits et écrits*, t. 1, *op. cit.*, texte n° 84, p. 1004-1024, « La vérité et les formes juridiques », première des cinq conférences prononcées à Rio de Janeiro au mois de juin 1973 dans *Dits et écrits*, t. 1, texte n° 139 p. 1410-1421. *Cf.* également le cours donné au Centre universitaire expérimental de Vincennes (1969-1970), la Leçon 4 et les annexes dans *Nietzsche*. Cours, conférences et travaux, Paris, Éditions de l'EHESS-Gallimard- Seuil, 2024, p. 61-106.

heuristique de la série représentative et d'élever les rapports de pouvoir. Mais, est en cause selon Nietzsche la puissance d'une communauté à l'égard de ses membres, puissance dont la pratique punitive est l'instrument, et, mis en relation avec la pratique des échanges en général, les rapports de pouvoir ne sont pas considérés comme la condition de l'avènement de ce mode de production qu'est le capitalisme. Et si l'évolution des rapports de pouvoir, c'est-à-dire l'augmentation de la puissance d'une communauté, est comprise pas Nietzsche comme le développement d'un « processus de subjugation », Foucault retient le déplacement et l'extension de la séquestration. Advient selon Foucault, avec la « forme-prison », une société de normalisation, quand est envisagé par Nietzsche un possible dépassement de l'usage de la responsabilité.

Nous comprenons pourquoi Foucault neutralise la pertinence de la série représentative : la distinction de l'archéologie et de la généalogie va avec l'investissement par la généalogie des rapports de pouvoir. Pourquoi la généalogie nietzschéenne de la pratique punitive abaisse-t-elle le statut de la responsabilité ? L'abaissement est lié à l'ambition du projet généalogique. Ainsi, s'agissant de la généalogie des jugements de valeur, de « ce que nous appelons bien et mal », le généalogiste cherche à identifier ce qui a commandé la distinction du bien et du mal en distinguant « les hypothèses anglaises qui vont dans l'azur », c'est-à-dire les hypothèses qui se fixent sur « l'évaluation altruiste » et l'hypothèse qu'il défend en opposant à l'azur le « gris » : le gris ou la grisaille des « documents » contre l'azur de la propension élevée que serait l'altruisme. Le caractère terne, terre à terre, de

« documents », contre le caractère glorieux, céleste, de l'hypothèse altruiste.

> [...] Il y a une couleur qui doit être cent fois plus importante que l'azur pour un généalogiste de la morale : c'est le *gris*, je veux dire les documents, ce qui est réellement consultable, ce qui a vraiment existé, en un mot le long texte hiéroglyphique, difficile à déchiffrer, du passé de la morale humaine[1] !

Le terme de document est trompeur si nous pensons qu'il est nécessaire et suffisant de constater « ce qui a vraiment existé » ; il est en revanche pertinent, dès lors que nous comprenons que le passé de la morale humaine est « un long texte hiéroglyphique, difficile à déchiffrer ». Un document doit être lu, et il faut « pratiquer la lecture comme un art »[2], un art qui reçoit le nom d'interprétation. Aller dans l'azur, ce serait identifier ce qui a commandé la pratique punitive en conférant un statut propulsif, historiquement moteur au principe d'imputation. Nous en tenir à la grisaille des documents, ce n'est pas annuler la responsabilité, mais réunir le dossier du passé de ce qu'il en a coûté aux hommes pour convoquer la responsabilité du criminel. Un passé terne, peut-être aussi un passé douloureux, qui rend à la fois nécessaire et malaisé le déchiffrement.

Comment Nietzsche constitue-t-il la généalogie de la pratique punitive ? L'hypothèse est la récusation du présupposé de la mise au fondement de la punition de la responsabilité du criminel :

1. F. Nietzsche, *La généalogie de la morale*, Avant-Propos, 7, trad. fr. I. Hildebrand et J. Gratien, Paris, Folio-Gallimard, 1985, p. 15-16.

2. *Ibid.*, Avant-Propos, 8, p. 17.

> « Le criminel mérite punition, *parce qu*'il aurait pu agir autrement », cette idée aujourd'hui si commune, si naturelle en apparence, si inévitable, et que l'on met sans cesse en avant pour expliquer comment est né le sentiment de la justice, est en fait une forme tout à fait tardive et même raffinée du jugement et du raisonnement humain : qui la place dans les commencements se méprend grossièrement sur la psychologie de l'humanité primitive. Pendant la plus longue période de l'histoire humaine, on *n'a nullement* puni *parce qu*'on tenait le malfaiteur pour responsable de son action, donc *pas du tout* en supposant que seul le coupable doit être puni [...][1].

Mettre en question l'usage de la responsabilité du criminel, c'est dénoncer sa prétendue vertu explicative, qui méconnaît le caractère historique, c'est-à-dire tardif du rapport établi entre l'attribution de la punition et la responsabilité du criminel. Et pour faire la lumière sur l'apparition historique tardive de la représentation fondatrice de la responsabilité du criminel, il faut entreprendre une généalogie en bénéficiant des concepts dont use une autre généalogie, celle du « sentiment de culpabilité ». Élucider « la venue au monde » de cette « affaire lugubre » qu'est la mauvaise conscience est, en effet, l'objet direct de la Deuxième dissertation de *La généalogie de la morale*. La lumière est faite par la filiation du sentiment de la faute à l'égard de la pratique de la dette, ce dont témoigne le terme de *Schuld*.

> Ces généalogistes de la morale ont-ils jamais entrevu jusqu'ici, ne serait-ce que vaguement, que le concept de « faute » [*Schuld*], par exemple, concept fondamental

1. F. Nietzsche, *La généalogie de la morale*, *op. cit.*, Deuxième dissertation, 4, p. 66-67.

> de la morale, remonte au concept très matériel de « dettes » [*Schulden*] ? Ou que le châtiment en tant que représailles s'est développé entièrement à l'écart de toute hypothèse quant à la liberté ou à la non-liberté de la volonté[1] ?

Le généalogiste entend faire, si l'on ose dire, d'une pierre deux coups : par le « concept très matériel » de dette, la lumière sera faite sur la provenance, et du sentiment de culpabilité, et de la pratique punitive. D'où la question : comment user précisément, et non pas vaguement, du concept de dette pour rendre intelligible la pratique punitive, en donnant à la représentation de la responsabilité du criminel, non pas un statut moteur, mais celui d'un résultat ?

Soit à partir de ce qui n'est pas une véritable hypothèse, mais plutôt une opinion, l'opinion de la « colère ». Il est couramment admis que la punition a originairement partie liée avec la vengeance : des êtres qui ont subi ou estiment avoir subi des dommages passent leur colère, comme on dit, en infligeant en retour des dommages. Pour cette conception « sauvage » de la généalogie de la pratique punitive, selon laquelle celle-ci est originairement un comportement de « représailles », il s'agit moins de mettre en cause un être appelé à répondre de ce qu'il a commis que de concentrer sur lui la violence, de satisfaire la colère par la libération d'une violence en rapport avec la douleur du dommage, mais qui n'est pas exclusivement en rapport avec elle : ce qui se décharge sur le criminel peut être une violence collective. La généalogie de la pratique punitive envisagée par Nietzsche retient cet élément de la colère, mais fait

1. *Ibid.*, Deuxième dissertation, 4, p. 66.

aussi intervenir la notion d'équivalence : si la colère est libérée, ce n'est pas que l'on tient pour responsable l'être qui a causé un dommage, mais l'imposition de la douleur est mise en rapport avec la douleur éprouvée en fonction de ce que Nietzsche nomme une « idée immémoriale », celle de la « compensation ».

> [...] L'on passait sa colère sur l'auteur du dommage – mais cette colère se trouvait limitée et modifiée par l'idée que tout dommage trouve son *équivalent* d'une façon ou d'une autre et peut être réellement compensé, serait-ce par une *douleur* infligée à son auteur. D'où a-t-elle tiré son pouvoir, cette immémoriale idée, profondément enracinée, aujourd'hui peut-être inextirpable, d'une équivalence entre dommage et douleur? Je l'ai déjà dit : du rapport contractuel entre *créancier et débiteur*, rapport aussi ancien que l'existence des « personnes juridiques », et qui ramène à son tour aux formes fondamentales de l'achat, de la vente, de l'échange, du trafic[1].

Que la libération de la colère soit « limitée et modifiée », c'est-à-dire régulée par l'idée d'une équivalence du dommage subi et de la douleur infligée ne signifie pas qu'est pertinente la distinction juridique de la « compensation » et du « dédommagement » – la première supposant l'homogénéité des termes, la seconde l'hétérogénéité des termes mis en rapport –, l'important est la dépendance de l'idée d'équivalence à l'égard des pratiques de l'échange, de l'achat et de la vente. Faut-il comprendre que la douleur est infligée au titre du prix à payer pour ce qui a été commis ?

1. F. Nietzsche, *La généalogie de la morale*, *op. cit.*, Deuxième dissertation, 4, p. 67.

Nous pouvons en effet nous demander si Nietzsche n'use pas d'une manière rétrospective des notions de trafic et d'échange pour constituer la généalogie de la pratique punitive. En rigueur, il y a achat et vente avec l'intervention d'un tiers terme, l'étalon qu'est la monnaie, qui permet d'établir une échelle de mesure de ce qui est mis en rapport, c'est-à-dire d'établir des valeurs relatives. Et il y a crédit et débit avec l'intervention d'une tierce instance, qui authentifie les termes de l'accord entre les parties et veille au respect de ce à quoi le créancier et le débiteur reconnaissent être engagés. D'où la question : n'est-ce pas rétrospectivement et intempestivement que sont considérés l'achat et la vente, *a fortiori* le crédit et le débit, en prélevant sur ces pratiques la seule idée d'équivalence ? Si la pratique punitive dérive de la pratique mercantile, elle use d'une manière propre de ce dont use autrement la pratique mercantile, c'est-à-dire les idées de déplacement et de remplacement : quelque chose (ici la douleur) à la place d'autre chose (ici le dommage), sans que la mise en rapport soit homogène à celle de biens ou de marchandises : dans ce dernier cas l'échange est réglé par l'usage d'un tiers terme, dans le premier cas l'échange vaut comme règle. Ce qui dérive de la pratique mercantile est l'idée de mesure, non pas directement au sens de modération, mais au sens de mise en rapport avec. Ou plutôt, la mise en rapport vaut comme modération : par l'équivalent qu'est la douleur infligée, la douleur du dommage n'a pas disparu, mais a été déplacée vers la douleur infligée ou a été remplacée par elle. Tel est le premier point retenu par Nietzsche de la pratique mercantile pour constituer la généalogie de la pratique punitive.

Premier point, parce que Nietzsche confère un double statut opératoire à la pratique mercantile : d'une part un statut restreint, d'autre part un statut élargi. Le statut restreint est celui que nous venons de considérer : de la pratique simple de l'achat et de la vente dérive l'idée de mesure. Le statut élargi est le suivant : de la pratique développée du crédit et du débit dérive la conduite de la promesse. Et si l'équivalence du dommage et de la douleur constitue un déplacement de la mise en rapport, le statut du criminel est rendu intelligible par le déplacement de la conduite de la promesse. Être le débiteur d'un tiers, c'est recevoir un avantage – en général en argent – en échange de la promesse de restituer cet avantage ; c'est s'engager à rembourser la dette. Le créancier accorde, non seulement l'avantage demandé, mais aussi sa confiance. Sans doute la pratique mercantile du crédit et du débit suppose-t-elle la pratique juridique du « contrat » : pas de crédit sans un acte authentifié par les parties contractantes et dont une tierce instance est la garantie. Dès lors, si la pratique mercantile du crédit suppose des conditions juridiques, comment soutenir que de la pratique du crédit dérive la pratique punitive ? Pas plus qu'il ne s'attache à la question des conditions de l'achat et de la vente de biens ni à la question de la valeur relative des biens échangés lorsqu'il pose l'idée d'équivalence du dommage et de la douleur, Nietzsche ne s'attache aux conditions du crédit et du débit pour retenir la conduite de la promesse. Ou plutôt : la pratique punitive dérive de la généralisation de la conduite contractuelle, nécessaire à la pratique du crédit. La généralisation est la suivante : être le membre d'une communauté, c'est bénéficier d'avantages à la condition de respecter les règles qu'elle édicte. L'appartenance à une communauté est d'une nature implicitement contractuelle : les parties prenantes sont les membres et la communauté, celle-ci étant le créancier qui accorde des avantages (et d'abord la sécurité), ceux-là étant les débiteurs, redevables des avantages dont ils jouissent du fait de leur appartenance à la communauté et s'engageant, en échange, à respecter les règles et les interdits de la communauté. Violer les règles de la communauté, transgresser les interdits, c'est être un débiteur qui refuse d'honorer la dette qui est la sienne, un être qui ne tient pas la parole de la promesse.

> Le criminel est un débiteur qui non seulement ne donne rien en échange des avantages et des avances qu'on lui a consentis, mais qui va jusqu'à s'attaquer à son créancier : il perd dès lors, comme de juste, non seulement tous ces biens et tous ces avantages, – mais il se voit rappelé *ce qu'il en est de tous ces biens*[1].

Il faut envisager un échange qui est à la fois une entrave et un bienfait : en étant membre de la communauté, je m'engage à respecter les règles qu'elle édicte, donc à renoncer à des règles qui iraient contre celles de la communauté, pour bénéficier des avantages que la communauté me procure. Et dès lors que je ne respecte pas les règles de la communauté pour m'en remettre à des inclinations sécessionnistes, je suis un débiteur indélicat et la communauté me punit.

À partir du premier fil directeur, l'idée d'équivalence, est intelligible, non seulement l'avènement de la pratique punitive, mais aussi son évolution. En effet, se pose la question de savoir si le développement de la pratique

1. F. Nietzsche, *La généalogie de la morale*, *op. cit.*, Deuxième dissertation, 9, p. 77-78.

punitive est dans la continuité de ce qui préside à son avènement. Or, qu'est-ce que Nietzsche identifie comme « traits qui marquent de plus en plus nettement l'évolution ultérieure du droit pénal » ? Premièrement, « le compromis avec la colère de ceux qui ont été immédiatement touchés par le méfait » ; deuxièmement, « l'effort pour localiser l'incident, voire pour prévenir l'extension ou la généralisation de l'effervescence » ; troisièmement, « la recherche d'équivalents pour régler toute l'affaire (la *compositio*) » ; quatrièmement, « la volonté surtout, qui serait de plus en plus pressante, de considérer que toute infraction peut de quelque manière être *rachetée*, donc de *séparer*, du moins jusqu'à un certain point, le criminel et son action »[1]. Est considéré, moins le droit pénal, que son exercice ou sa pratique : comment les membres de la communauté ont-ils usé du droit pénal ? Comment ont-ils été mis en rapport les uns avec les autres par le droit pénal ? Arrêtons-nous au premier caractère, l'élément du « compromis ». Si l'équivalence du dommage et de la douleur est une forme primaire et implicite de compromis au sens où la douleur infligée est une « concession » muette accordée par celui qui la subit à celui qui la lui fait subir, le compromis implique une forme développée et argumentée d'équivalence par l'interposition d'un tiers, habilité à régler le rapport du malfaiteur et de la victime ; un compromis suppose que les parties mises en rapport cherchent à s'entendre, discutent, acceptent des concessions, celles qui leur sont proposées par le tiers médiateur. La pratique juridique du compromis, en se

1. F. Nietzsche, *La généalogie de la morale*, *op. cit.*, Deuxième dissertation, 10, p. 78-79.

donnant les moyens de régler ce qui est porté à la qualité du « différend », verbalise et développe ce qui, dans la pratique de l'équivalence, constitue une concession primaire avec, évidemment, la différence remarquable que la pratique du compromis suppose une recherche et que sa réussite suppose l'accord des parties. Il en est de même du troisième caractère de l'évolution du droit pénal que Nietzsche retient : la *compositio*, au sens juridique, est un accord entre deux parties qui transigent sur leurs prétentions respectives, ce qui suppose la mise en rapport directe et argumentée, pacifiée ou à visée pacificatrice, des parties en conflit. La mise en rapport directe de parties identifiées appelées à défendre leurs points de vue permet de réduire la diffusion de la violence au sein de la communauté, ce que ne permet pas la mise en rapport originaire du dommage et de la violence. D'où le deuxième caractère de l'évolution retenu par Nietzsche : la prévention de l'extension ou de la généralisation de l'effervescence. Arrêtons-nous au quatrième caractère, l'élément du « rachat d'une infraction ». Qu'est-ce qui est visé par l'*Abzahlung* ? La notion juridique de réparation. Si la punition est envisagée en termes de réparation, pourquoi va-t-elle avec « la séparation, du moins jusqu'à un certain point, du criminel et de son action » ? Parce que le malfaiteur est moins considéré comme « auteur » que comme « agent », la charge de la punition portant sur ce qu'il a fait – qui doit être réparé – et non sur son statut de garant, d'*auctor*, de ce qu'il a fait. Certes, si une réparation est exigée, c'est que l'agent est responsable du dommage : à qui demander des comptes, sinon à un être qui peut être mis en cause ? Mais, « jusqu'à un certain point », le criminel est séparé de son action, l'important étant la réparation du dommage. Nous pouvons penser que la pratique juridique de la réparation verbalise et développe le processus de la séparation engagé avec l'avènement de la pratique punitive : la douleur affecte l'agent sans mettre en cause sa responsabilité, la réparation porte sur ce que l'agent peut faire en mettant les effets de son pouvoir d'action au service de la victime. Dans le premier cas, la « personne juridique » n'est pas la cible de la punition ; dans le second cas, la notion est présente par la notion de garantie, mais l'accent est placé sur ce qui est imputable en tant qu'importe ce qui est exigible, la réparation. Le premier fil directeur, celui de l'équivalence, rend donc intelligible l'importance croissante de la pratique de la réparation, en intégrant à l'évolution de l'exercice du droit pénal la notion de responsabilité, sans pour autant faire de l'apparition de la notion de responsabilité un moment remarquable de l'évolution.

Si l'extension du trafic rend intelligible l'avènement de la pratique punitive et la codification de l'échange l'évolution de la pratique, l'intérêt du second fil directeur, celui de l'extension de la conduite du crédit et du débit, est de retenir la notion d'engagement implicite de la communauté et de ses membres et d'envisager le criminel comme un « briseur de contrat », une menace dont se préserve la communauté par une peine d'une autre nature que la réparation.

> On vit dans une communauté, on jouit des avantages d'une communauté […], tout cela du moment qu'on respecte les engagements pris à l'égard de la communauté quant à de tels dommages et à de tels actes d'hostilité. Qu'arrivera-t-il *dans le cas contraire* ? La communauté, le créancier abusé, se fera toujours

> rembourser, on peut y compter. Ce qui est en cause, ce n'est pas tant le dommage immédiat causé par l'auteur du dommage : c'est que le criminel [*der Verbrecher*] est avant tout un « briseur » [*Brecher*], un violateur de contrats et un parjure *envers la communauté*, eu égard à tous les avantages et à toutes les commodités dont la communauté lui avait assuré jusque-là sa part[1].

La pratique de la réparation permet de régler les différends entre les membres de la communauté. En deçà de la pratique réparatrice, fixée sur la notion de dommage, la prise au sérieux de la notion de danger, le danger que constitue pour la communauté celui qui ne tient pas la promesse de l'acceptation des règles, rend intelligible les pratiques punitives de l'expulsion – Nietzsche cite le bannissement – et du marquage. Par quoi la communauté s'est-elle protégée ? Par « la dureté des lois pénales » et la cruauté des châtiments, Nietzsche citant en particulier la lapidation, la roue, le pal, la lacération. Qu'est-ce qui a commandé l'apparition de la cruauté des supplices ? La nécessité de rappeler ce qu'il en coûte de ne pas tenir sa parole. Il a fallu constituer une mémoire, produire une « mnémotechnique ». Pourquoi ? Parce que l'homme, être actif, est un être oublieux – la rétention de ce qui a été fait paralyse ou entrave l'initiative – et en même temps un être poussé à « répondre de lui-même comme avenir » : il faut pour l'homme envisager à la fois un « oubli actif », c'est-à-dire au service de l'action, et une « mémoire de la volonté », c'est-à-dire au service de la promesse. Néanmoins, « la tâche d'élever un animal qui puisse promettre » a supposé un « véritable travail de

1. F. Nietzsche, *La généalogie de la morale*, *op. cit.*, Deuxième dissertation, 9, p. 77.

l'homme sur lui-même », et c'est ce travail qui a été pris en charge par l'existence communautaire des hommes.

> Grâce à de pareils spectacles [le spectacle des supplices], par de tels procédés, on finissait par garder dans la mémoire cinq ou six « je ne veux pas », au sujet desquels on avait donné sa *promesse* afin de bénéficier des avantages de la société, – et en effet ! grâce à cette espèce de mémoire on finit par se rendre « à la raison » ! Ah, la raison, le sérieux, la maîtrise des passions, toute cette affaire lugubre qu'on appelle réflexion, tous ces privilèges et ces attributs d'apparat des hommes : combien on les a payés chers ! combien de sang et d'horreur se trouve au fond de toutes les « bonnes choses » ! ...[1]

La fierté de répondre de soi devant soi est historiquement passée par l'obligation de répondre de soi devant la communauté, et cette obligation est passée par l'imposition d'une mémoire douloureuse, par le théâtre de la cruauté que sont les supplices, par la réalité spectaculaire des châtiments. Nous obtenons ainsi une intellection de l'avènement de la notion de responsabilité : la responsabilité pénale est impliquée dans la pratique de la réparation et l'avènement de la responsabilité a supposé l'intériorisation de la menace de la cérémonie du supplice, la constitution de la mémoire de la cruauté des châtiments. Et si la codification de l'équivalence rend intelligible l'usage réglé de la réparation, la réduction du danger rend également intelligible l'évolution de l'exercice du droit pénal, l'adoucissement progressif des peines. « À mesure que s'accroît sa puissance, une communauté accorde moins d'importance aux délits de

1. F. Nietzsche, *La généalogie de la morale*, *op. cit.*, Deuxième dissertation, 3, p. 63 et p. 65.

ses membres, parce qu'ils lui semblent moins subversifs et moins dangereux qu'auparavant pour la survivance de l'ensemble […] »[1].

Comment comprendre la ligne évolutive des pratiques punitives à partir de l'entrelacs des deux fils généalogiques ?

1. Comme les membres d'une communauté sont tentés de bénéficier des avantages que leur procure la communauté sans, en retour, s'astreindre à respecter les règles qu'elle édicte – et la tentation est d'autant plus forte que le rapport de la communauté et de ses membres est d'une nature implicitement contractuelle –, la communauté punit les « briseurs de contrat » par le bannissement et par des supplices d'autant plus atroces que la menace est forte.

2. La constitution d'une mémoire de l'atroce commande l'intériorisation des règles et donne à la responsabilité un exercice : chacun sait qu'il a à répondre de ses actes devant la communauté et quel est le prix à payer s'il est en faute.

3. La réduction de la menace permet l'augmentation de la puissance de la communauté qui, en retour, punit moins sévèrement ceux qui transgressent les règles.

4. La réduction de la menace permet également l'adoucissement des peines par la substitution de la pratique de la réparation à celle des supplices.

5. La pacification des rapports de la communauté et de ses membres permet d'organiser par la confrontation argumentée ce qui est porté à la qualité du différend en réglant le rapport du dommage et de la réparation, développant ce qui n'était pas originairement réglé, mais

1. *Ibid.*, Deuxième dissertation, 10, p. 78.

avait valeur de règle, l'équivalence du dommage et de la douleur.

La généalogie va au-delà de la mise en évidence d'un cercle vertueux, le cercle de l'augmentation de la puissance de la communauté par la peur des punitions qu'elle inflige et de l'adoucissement des peines par l'augmentation de la puissance de la communauté : plus la communauté aura réussi à imposer à ses membres la mémoire de la cruauté, plus elle aura tendance à affaiblir la pression qu'elle exerce par la « légèreté » des peines. Nietzsche va au-delà de cette spirale vertueuse en envisageant la possibilité pour une communauté de « laisser impunis ceux qui lui ont fait du tort ».

> On conçoit parfaitement [*es wäre nicht undenkbar* : il ne serait pas inconcevable] qu'une société ait une telle *conscience de sa puissance* qu'elle puisse s'offrir le luxe le plus noble qui soit, – laisser *impunis* ceux qui lui ont fait du tort. « Que m'importe après tout mes parasites ? » pourrait-elle dire. « Qu'ils vivent et prospèrent : je suis bien assez forte ! ». La justice qui a commencé par le « tout peut être payé, tout doit se payer », finit par fermer les yeux et par laisser courir l'insolvable – elle finit comme toute bonne chose sur terre, par *se détruire elle-même*. Cette autodestruction de la justice : on sait quel beau nom elle se donne – c'est la *grâce* ; elle reste, cela va de soi, la prérogative du plus puissant, mieux encore, son par-delà le droit[1].

Il ne s'agit pas de replier le tort sur le préjudice, mais de neutraliser la pertinence de la notion de tort, c'est-à-dire de forger la notion d'un « par-delà le droit ». « Il ne

1. Nietzsche, *La généalogie de la morale*, *op. cit.*, Deuxième dissertation, 10, p. 79.

serait pas inconcevable ». Faut-il affecter du même indice heuristique l'hypothèse du développement de la pratique mercantile et l'hypothèse d'une « autodestruction du droit » ? Si nous comprenons que la prise au sérieux de la pratique mercantile rend intelligible, non seulement l'avènement de la pratique punitive, mais aussi l'évolution du droit pénal, l'autodestruction de la justice est-elle également intelligible par le recours à la pratique mercantile ? Oui, semble-t-il : dès lors que nous pensons que l'adoucissement des peines est élucidé par l'enrichissement du créancier qu'est la communauté, pourquoi ne pas soutenir que l'enrichissement est tel que le créancier ferme les yeux sur les mauvais payeurs ? Comme les torts sont considérés en termes de préjudices et que ceux-ci sont de moins en moins graves, la communauté demande de moins en moins de comptes aux criminels. Dans ces conditions, l'impunité est plus que l'asymptote de la courbe évolutive – ce à quoi tend l'histoire de la pratique punitive –, elle est son point de fuite, ce en quoi convergent les lignes évolutives. Le créancier « finit par laisser courir l'insolvable », non pas parce qu'il ferait grâce à un être qui n'aurait pas les moyens de s'acquitter de sa dette, mais parce qu'il considère par générosité qu'il peut ne pas réclamer son dû : c'est comme si le payeur était insolvable parce qu'il est négligeable pour le créancier, pour ainsi dire du menu fretin. Néanmoins, si la conception d'un « par-delà le droit » est dans la continuité du développement de l'hypothèse mercantile, il faut marquer un décrochage de l'examen : il ne s'agit pas de faire la lumière sur ce qu'a été l'évolution de la pratique punitive, donc l'adoucissement des peines, mais d'envisager la possibilité, non pas la réalité historique, d'une autodestruction de la justice.

C'est plus comme conscience de ce qui pourrait être, peut-être comme annonce de ce qui sera que comme intellection de ce qui a été, que vaut l'autodestruction de la justice. Certes, la disparition de la peine reçoit un statut en fonction de la lumière faite par le généalogiste sur l'évolution de la pratique punitive grâce à la pratique mercantile, mais le *mode* de la considération est distinct, assertorique pour la ligne évolutive, hypothétique pour l'impunité.

Le présupposé nietzschéen est qu'une communauté a ou est une puissance, puissance qui s'exprime par la justice en usant de la règle du « tout peut être payé, tout doit se payer », et dont l'augmentation de la puissance s'exprime ou pourrait s'exprimer par la « grâce » d'accorder l'insolvabilité au mauvais payeur, en constituant une « formation de domination » définie par une « volonté de puissance ». Nietzsche va déclarer :

> Tout but, toute utilité ne sont […] que des *symptômes* indiquant qu'une volonté de puissance s'est emparée de quelque chose de moins puissant qu'elle et lui a de son propre chef imprimé le sens d'une fonction; et toute l'histoire d'une « chose », d'un organe, d'un usage peut être ainsi une chaîne continue d'interprétations et d'adaptations toujours nouvelles, dont les causes ne sont même pas nécessairement en rapport les unes avec les autres, mais peuvent se succéder de façon purement accidentelle. L'« évolution » d'une chose, d'un usage, d'un organe […] [est] la succession de processus de subjugation [*die Aufeinanderfolge von Überwältigungsprozessen*] plus ou moins indépendants les uns des autres, plus ou moins profonds qui opèrent en elle, et qui renforcent les résistances qu'ils ne cessent de rencontrer, les métamorphoses tentées

par réaction de défense, et aussi les contre-actions couronnées de succès[1].

Si nous suivons la grille ici proposée, nous disons :

1. Être défini par une volonté de puissance signifie pour une communauté affirmer sa puissance par un « processus de subjugation » d'autres puissances. De quelles puissances s'agit-il ? Réponse : des puissances que sont les membres de la communauté.

2. L'organe utile à l'affirmation de la puissance d'une communauté est la justice. Pourquoi cet organe est-il nécessaire ? Réponse : en fonction des « résistances » opposées par les membres de la communauté, résistances qui s'expriment par la transgression des règles que la communauté édicte.

3. L'histoire de l'organe utile à la communauté qu'est la justice est une « chaîne continue d'interprétations et d'adaptations », chaîne dont les chaînons sont les formes prises par la pratique punitive, formes qui sont des « contre-actions couronnées de succès ».

4. Comme la communauté augmente la puissance qui est la sienne, c'est-à-dire comme le processus de subjugation des puissances inférieures se poursuit

1. Nietzsche, *La généalogie de la morale*, *op. cit.*, Deuxième dissertation, 12, p. 85. De la formation « complexe » qu'est une « formation de domination » (*Herrschaftsgebild*) relèvent les sociétés, dont le *quantum* de puissance dépend d'une « volonté de domination » en fonction des rapports qu'elle noue avec ses membres et des rapports qu'elle entretient avec d'autres sociétés, également les organismes, pour lesquels l'insatisfaction des impulsions est un « excitant » qui les pousse à s'approprier ce qui leur résiste. *Cf.* F. Nietzsche, Fragments 11[73] à 11[77] dans *Fragments posthumes*, automne 1887-mars 1888, trad. fr. P. Klossowski, Gallimard, 1976, p. 234-236 et Fragment 14[174] dans Fragments posthumes début 1888-début janvier 1889, tard. fr. P. Klossowski, Gallimard, 1977, p. 138-139.

victorieusement, l'histoire de la pratique punitive va de la férocité à la douceur des peines.

5. Si est concevable la possibilité d'un « par-delà le droit », c'est qu'il faut récuser tout finalisme : le châtiment n'a pas un but, *a fortiori* un but univoque, mais telle forme de châtiment est utile à un moment donné à l'affirmation de la puissance de la communauté, affirmation de la puissance qui peut être telle que le châtiment devient inutile.

La mise en perspective de la généalogie de la pratique punitive proposée par Foucault est sans doute d'une faible portée heuristique, si nous considérons que la prison est un objet absent de la généalogie nietzschéenne et que les instruments que Foucault met en œuvre pour l'intellection spécifique de son avènement doivent aussi être spécifiques. Néanmoins n'y a-t-il pas à retenir du concept de formation de domination et de l'usage de l'impunité ?

La formation de domination est comprise par Nietzsche comme l'exercice d'une puissance sur des puissances inférieures, l'accroissement de la puissance passant par des processus de subjugation grâce à des instruments nécessaires, évolutifs et susceptibles de disparaître en fonction de la réussite de leur prise sur des résistances. Or, à suivre Foucault, la prison prend place au sein d'un processus de séquestration, processus par lequel la « société disciplinaire » exerce une puissance sur ses membres. Alors que Nietzsche envisage l'évolution de l'instrument de subjugation – de la cruauté à la « douceur » –, Foucault considère d'autres instruments, ou plutôt d'autres modes que l'incarcération. Est pertinente pour Foucault, non pas l'évolution de la prison, mais le déplacement des lieux de l'exercice du contrôle. Quand la subjugation passe pour Nietzsche par une évolution de la pratique punitive, la séquestration passe pour Foucault par d'autres modes que la pratique carcérale. Il est vrai que la prise du pouvoir disciplinaire sur les individus est évolutive, et se pose la question de l'efficace relative des différents modes de son exercice. « Il me semble que depuis le XVIIIe siècle se sont multipliés, affinés, spécifiés sans cesse davantage des appareils à fabriquer des disciplines, à imposer des coercitions, à faire contracter des habitudes »[1]. Avec la multiplication, l'affinement, la spécification des « appareils », s'accroît la puissance de la société disciplinaire sur ses membres, mais nous rencontrons une difficulté que Nietzsche résout, précisément en concentrant l'attention sur un « appareil » spécifique : l'évolution de la pratique punitive, à la fois, éclaire l'accroissement de la puissance de la communauté et est éclairée par elle sans que le cercle ne soit vicieux. Si nous ne nous contentons pas de l'affirmation selon laquelle l'accroissement de la puissance de la société disciplinaire va avec la spécification progressive des appareils, se pose la question de l'appareil « stratégique », du mode d'exercice sinon décisif, sur lequel du moins porte la charge des rapports de pouvoir. Or, tout en déclarant envisager la prison « comme forme sociale, c'est-à-dire comme forme selon laquelle le pouvoir s'exerce à l'intérieur de la société »[2], Foucault achève l'examen en faisant de la prison, pour le système de pouvoir au

1. M. Foucault, *La société punitive*, Leçon du 28 mars 1973, *op. cit.*, p. 240.
2. *Ibid.*, p. 230.

sein duquel elle fonctionne, « à la fois un symbole, un concentré, mais aussi une pièce fonctionnelle stratégique »[1]. En premier lieu, la pièce fonctionnelle stratégique n'est-elle pas plutôt l'appareil productif, en tant qu'il rend les corps efficaces en les soumettant à des modes normés d'utilisation ? Ou n'est-ce pas l'appareil scolaire qui va organiser les aptitudes et les compétences en fonction de demandes et de normes sociales ? En second lieu, est en question ce que nous appelons *la* société disciplinaire : la société de normalisation est-elle une unité de subsomption, ou le pouvoir disciplinaire s'exerce-t-il par différents modes et en différents lieux sur des sujets différents ? Aussi, nous semble-t-il, la « formation de domination » est moins un concept que la généalogie de la pratique punitive rend autrement opératoire, qu'un concept problématique, l'indice d'un problème que la généalogie ne peut évacuer : y a-t-il une forme, sinon unitaire, du moins dotée d'une réalité stable, qui serait l'équivalent de ce qu'est la puissance de la communauté face aux puissances que peuvent exercer ses membres, ou la puissance est-elle exercée par le déplacement de l'exercice des pouvoirs ? Le pouvoir disciplinaire est-il seulement une unité transversale, qui circule d'un appareil à un autre ? Ce problème va être pris en charge par le cours de 1975-1976, *« Il faut défendre la société »*, et par les cours qui suivront, *Sécurité, territoire, population* et *Naissance de la biopolitique*.

Quel usage faire de « l'impunité » pour la généalogie de la pratique punitive ? N'est-il pas souhaitable de donner un statut à l'impunité des crimes au sein de l'évolution de

1. M. Foucault, *La société punitive*, Leçon du 28 mars 1973, *op. cit.*, p. 242.

la pratique punitive ? L'impunité, Nietzsche l'envisage comme l'élément caractéristique d'une « destruction de la justice », comme un « par-delà le droit », l'état auquel peut ou pourrait parvenir une communauté suffisamment puissante pour abandonner la règle du « tout peut être payé, tout doit se payer ». Renversons le propos : l'impunité n'est-elle pas une « tactique punitive », intelligible en fonction de la notion d'un « marché du crime » ? Au lieu de considérer que l'impunité est le propre d'une communauté qui serait au-delà de ce qui vaut par la pratique des échanges, pensons plutôt que la prise au sérieux de la notion de marché, c'est-à-dire son application à la pratique judiciaire, comme règle du rapport des crimes et des châtiments, conduit à envisager une neutralisation de la punition, non pas par le droit pénal, mais par son exercice. Que veut dire en appeler à la notion de « marché du crime » pour envisager l'impunité comme tactique punitive ? C'est une question que Foucault va envisager dans le cours dispensé au Collège de France pendant l'année 1978-1979 lorsque, s'intéressant à ce qu'il nomme la « gouvernementalité néolibérale », il examine la conception des économistes George Stigler et Gary Becker, conception selon laquelle un criminel est un individu « qui s'investit dans une action, qui en attend du profit et qui accepte le risque d'une perte »[1] : un criminel agit en sachant qu'il risque d'être mis en accusation et puni pour l'infraction qu'il commet, donc en sachant qu'il court non pas directement le risque d'une perte économique, mais un risque pénal qui peut être une perte économique si telle est la peine

1. M. Foucault, *Naissance de la biopolitique*, Leçon du 21 mars 1979, *op. cit.*, p. 258.

infligée. Face à ce qui est appelé une « offre de crime », la société réagit en fonction d'un « calcul d'utilité », c'est-à-dire en cherchant à limiter au moindre coût les dégâts ou les effets nocifs causés par les crimes. La question est de déterminer le coût le plus bas possible du système pénal pour les résultats les plus efficaces, donc de définir, face à l'offre des crimes, des « demandes négatives », c'est-à-dire des moyens destinés à contrecarrer les effets nuisibles des crimes, des moyens destinés à « limiter les externalités négatives » des actions criminelles. Parmi ces moyens, il y a évidemment la punition, qui est infligée en fonction des lois promulguées par la société. La promulgation de la loi a un certain coût, puisqu'elle exige l'institution parlementaire. Le coût de la promulgation de la loi est-il trop élevé ? Non, mais comme d'une part la prise en charge des criminels suppose l'exercice d'appareils et d'institutions, l'institution policière, l'institution judiciaire, l'institution pénitentiaire, également des institutions éducatives, il faut mettre en place des instruments et veiller à la qualité de ce qui donne aux interdictions légales une efficacité concrète. Ces instruments définissent ce qui est appelé « l'enforcement de la loi » (*enforcement of law*). « L'enforcement de la loi, c'est l'ensemble des instruments d'action sur le marché du crime qui oppose à l'offre du crime une demande négative »[1].

Deux éléments doivent être pris au sérieux. En premier lieu, « l'offre du crime n'est pas indéfiniment et uniformément élastique, c'est-à-dire [...] ne répond pas de la même façon à toutes les formes [ni à] tous les

1. M. Foucault, *Naissance de la biopolitique*, Leçon du 21 mars 1979, *op. cit.*, p. 260.

niveaux de la demande négative qui lui est opposée »[1]. Ainsi, on peut penser que les moyens mis en œuvre par un magasin à grande surface pour faire baisser le montant des vols de 20 % à 10 % du chiffre d'affaires sont moins coûteux que ceux destinés à faire baisser ce montant de 10 % à 0 %, de telle sorte que se pose la question de la détermination de l'étiage d'acceptabilité des vols : en deçà d'un certain seuil, il est moins coûteux de permettre les vols que de les réprimer. D'où l'idée selon laquelle l'élasticité de l'offre des crimes par rapport aux moyens mis en œuvre pour la contrecarrer appelle en retour une élasticité des demandes négatives. Le second élément est l'idée que les instruments qui définissent l'enforcement de la loi ont des coûts relatifs, qui impliquent des investissements préférentiels, voire alternatifs : est-il ainsi plus efficace d'investir dans les institutions qui veillent à la prévention des crimes que dans les appareils qui visent à leur répression ? En fonction de quel critère discriminer les investissements ? Or, comme l'idée qui constituait « le principe organisateur du calcul pénal dans l'esprit réformateur du XVIIIe siècle », c'est-à-dire l'idée de la possible suppression du crime, est chimérique, « la politique pénale a pour principe régulateur une simple intervention sur le marché du crime et par rapport à l'offre du crime [...], la bonne politique pénale ne vise nullement à une extinction du crime, mais à un équilibre entre des courbes d'offres de crime et de demande négative »[2]. Peut-être, mais quel est le critère du bon équilibre ? Il est défini en fonction de la distinction, non pas exclusivement du légal et de l'illégal,

1. *Ibid.*
2. *Ibid.*, p. 261.

mais de l'acceptable et de l'inacceptable. C'est-à-dire : il faut tenir compte, pour décider des interventions sur le marché du crime, et donc des investissements nécessaires à cette intervention, non pas seulement de ce qui est déclaré criminel par la loi, donc punissable, mais de ce qui est considéré comme socialement scandaleux. La conformité à des normes de comportement, et non seulement à la loi, va permettre de discriminer des actions qui, bien qu'illégales, ne seront pas punies, et des actions illégales réprimées.

> Une société se trouve bien avec un certain taux d'illégalisme et elle se trouverait très mal de vouloir réduire indéfiniment ce taux d'illégalisme. Ce qui revient encore à poser comme question essentielle de la politique pénale, non pas : comment punir les crimes ? Ni même : quelles sont les actions qu'il faut considérer comme crime ? Mais : qu'est-ce qu'il faut tolérer comme crime ? Ou encore : qu'est-ce qu'il serait intolérable de ne pas tolérer ? C'est la définition de Becker dans « Crime et châtiment ». Deux questions, dit-il : « Combien de délits doivent être permis ? Deuxièmement, combien de délinquants doivent être laissés impunis ? »[1].

Qu'est-ce qu'il faut tolérer comme crime ? Qu'est-ce qu'il est intolérable de ne pas tolérer ? La réponse est donnée par la prise en compte de normes sociales de comportement. Ainsi, selon que l'attente sociale penche plutôt du côté de la réinsertion des criminels que du côté de la répression des crimes, l'investissement

1. M. Foucault, *Naissance de la biopolitique*, Leçon du 21 mars 1979, *op. cit.*, p. 261-262. L'article de Gary Becker, « Crime and punishment » a été publié dans le numéro de mars-avril 1968 du *Journal of Political Economy*.

visera des institutions éducatives, de préférence à des établissements pénitentiaires.

Foucault donne un exemple de la politique d'enforcement de la loi exercée en fonction de la notion de marché du crime, avec pour objectif d'intervenir sur ce marché en se réglant sur des normes comportementales, le traitement du « problème de la drogue » aux États-Unis au cours des années 1970, en reconnaissant que la notion de marché intervient ici à un double titre : est considéré comme un marché ce qui est déjà un « phénomène de marché »[1]. Il y a en effet un marché de la drogue indépendamment de la notion de « marché du crime ». Jusqu'aux années 1970, la politique d'enforcement de la loi consistait à se donner les moyens de réduire l'offre de la drogue et de lutter contre la délinquance liée à cette offre, donc de contrôler et démanteler les réseaux de raffinage et de distribution. Or, on s'est aperçu que cette lutte avait pour effet d'augmenter le prix des drogues disponibles sur le marché étant donné leur raréfaction, de favoriser la situation monopolistique ou oligopolistique de gros trafiquants, donc de favoriser également l'augmentation des prix par la neutralisation des lois du marché, et de renforcer les effets criminogènes de la consommation, les consommateurs habituels ou endurcis commettant des actes criminels pour obtenir des drogues. La première solution a consisté à riposter pénalement en réprimant plus sévèrement les actes criminels liés à la consommation de drogues. Face à l'échec de la solution pénale, la politique d'enforcement de la loi a consisté à partir de 1973 à favoriser la hausse des prix d'entrée des drogues afin de dissuader la consommation de nouveaux

1. *Ibid.*, Leçon du 21 mars 1979, p. 262-264.

venus et à faire baisser les prix des drogues destinées aux consommateurs habituels, en luttant contre la double tendance des trafiquants consistant, d'une part à abaisser les prix d'entrée des drogues afin de constituer un vivier de consommateurs habituels potentiels, d'autre part à élever le prix des drogues destinées aux consommateurs dépendants. L'idée est donc de distinguer la consommation élastique et la consommation inélastique de drogue en s'appliquant à dissuader la consommation occasionnelle sans entraver la consommation durable, contrairement à l'idée d'une permissivité des drogues dites douces et d'une interdiction des drogues dites dures.

Considérer l'impunité comme une tactique punitive serait paradoxal si l'on ne faisait pas intervenir l'idée selon laquelle l'action pénale doit être envisagée en fonction de l'idée de coût social, en fonction de l'idée selon laquelle « l'action pénale doit être une action sur le jeu des gains et des pertes possibles, c'est-à-dire une action environnementale. C'est le milieu de marché dans lequel l'individu fait son offre de crime et rencontre une demande positive ou négative, c'est là-dessus qu'il faut agir »[1]. Or, si l'impunité est à certaines conditions une tactique punitive, c'est-à-dire si dans certains cas la demande sociale en face de l'offre du crime est positive, c'est évidemment que la politique pénale est envisagée en fonction d'une idée – celle du calcul des coûts – qui vaut pour d'autres appareils que le seul appareil judiciaire, mais se pose également la double question du rapport de l'idée qui commande la

1. M. Foucault, *Naissance de la biopolitique*, Leçon du 21 mars 1979, *op. cit.*, p. 264-265.

politique pénale et des rapports de pouvoir qu'organise la société disciplinaire. En effet, « à l'horizon d'une analyse comme celle-là, ce qui apparaît, ce n'est pas du tout l'idéal ou le projet d'une société exhaustivement disciplinaire dans laquelle le réseau légal, enserrant les individus, serait relayé et prolongé de l'intérieur par des mécanismes [...] normatifs »[1]. Que veut dire une société qui n'est pas « exhaustivement » disciplinaire ? Que la « politique environnementale », qui fait intervenir la notion de milieu dans lequel l'action produit des effets, échappe localement à la société disciplinaire ou que ce qui est envisagé comme « horizon » définit à terme un état stable distinct de la société disciplinaire ? La difficulté est double, affectant non pas les conditions de l'apparition de la société disciplinaire, mais le sérieux de son maintien et sa possible disparition.

1. *Ibid.*, p. 265.

CHAPITRE III

« LE MAL MINUSCULE DES VIES SANS IMPORTANCE » ET LE CERCLE DE L'ATROCE

Michel Foucault consacre le « séminaire » des années 1971-1972 et 1972-1973, travail collectif élaboré parallèlement aux cours professés publiquement, à « l'affaire Rivière ». Pourquoi s'intéresser au meurtre par Pierre Rivière, le 3 juin 1835, de sa mère, de sa sœur et de son frère ? Le cadre général est procuré par l'étude des rapports de la psychiatrie et de la justice pénale. Mais, alors que le cas Rivière n'est pas devenu un cas d'école de la psychiatrie pénale, ni même l'objet de l'attention des publications médicales, et que les cas de parricides sont relativement nombreux à cette époque – dix à quinze par an –, c'est « cette pièce unique qu'est le mémoire de Rivière », « la beauté du mémoire de Rivière » – écrit pendant sa détention – qui, par la « stupéfaction » qu'il a provoquée, a constitué l'opérateur de l'intérêt. Et, par-delà l'émotion, l'intérêt s'est porté sur les rapports des différentes pièces du « dossier » : les pièces judiciaires, les rapports médicaux, les déclarations des témoins et des autorités locales, le mémoire de Rivière. « À eux tous, et dans leur hétérogénéité, ils ne forment ni une œuvre ni un texte, mais une lutte singulière, un affrontement, un rapport de pouvoir, une bataille de discours et à travers des discours »[1]. L'attention du cours de l'année 1973-1974 se portera sur « la grande bataille » des médecins et des malades au sein de l'espace asilaire, les tactiques, les manœuvres et les contre-manœuvres des uns et des autres, les déplacements des champs d'affrontements, les paroles, les silences, les postures, les gestes, les investissements du corps. Avec l'affaire Rivière, ce sont des conflits multiples et entrecroisés : la bataille des médecins entre eux et avec les magistrats, des médecins et de Pierre Rivière, des villageois contre l'institution judiciaire pour amortir l'épouvante d'un crime commis parmi eux et, au milieu de tous, Pierre Rivière et ses « machines de guerre » :

> […] Son crime fait pour être raconté et lui assurer ainsi la gloire avec la mort; son récit préparé à l'avance et pour donner lieu à son crime; ses explications orales pour faire croire à sa folie; son texte écrit pour dissiper ce mensonge, donner des explications et appeler la mort, ce texte dans la beauté duquel les uns verront une preuve de raison (donc la raison de condamner à mort), les autres un signe de folie (donc la raison de l'enfermer à vie)[2].

Le récit de Rivière prend place au sein de la « mémoire populaire des crimes » exprimée et transmise dans les « feuilles volantes », qui font parler les meurtriers, fictivement disposés à subir les châtiments

1. M. Foucault, *Moi, Pierre Rivière, ayant égorgé ma mère, ma sœur et mon frère... Un cas de parricide au XIXe siècle*, Présentation, Paris, Gallimard-Julliard, 1973, p. 12.

2. *Ibid.*, p. 12.

qu'ils méritent. Mais Rivière est un sujet qui confère au récit un statut autre que ceux d'une narration, d'un aveu, d'une explication ou d'une justification. « On a là [...] un phénomène dont je ne vois pas d'équivalents dans l'histoire aussi bien du crime que du discours : c'est-à-dire un crime accompagné d'un discours tellement fort, tellement étrange que le crime finit par ne plus exister, par échapper, par le fait même de ce discours qui est tenu sur lui par celui qui l'a commis »[1].

Sensible à la « grande étrangeté » du récit de Rivière, et même porté par « une sorte de vénération, de terreur aussi peut-être pour un texte qui devait emporter avec lui quatre morts », Foucault n'entend pas « surimposer [un] texte au mémoire de Rivière », veillant à « ne lui imposer aucun commentaire psychiatrique ou psychanalytique »[2]. Mais c'est aussi que l'adoption d'une attitude de retrait, la publication brute du mémoire, constitue pour Foucault une « machine de guerre », dont il use en quelque sorte par procuration en provoquant ceux qui sont supposés savoir. Aussi Foucault est-il à la fois insatisfait et satisfait du mutisme des êtres de science. L'insatisfaction : « En compilant tout cela, c'est [...] un livre d'érudition que nous avons fait, et c'est un livre que nous adressions aux psychiatres, aux psychanalystes, à tous ceux qui s'intéressent à ces problèmes, mais en France au moins, il n'y en a pas un qui a relevé l'espèce de défi que

1. « Entretien avec Michel Foucault » dans *Dits et écrits*, t. 2, *op. cit.*, texte n° 180, p. 98. L'entretien avec Pascal Kané, à la suite du film réalisé par René Allio à partir du dossier réuni par Foucault, a été publié dans les *Cahiers du cinéma*, n° 271, novembre 1976.

2. M. Foucault, *Moi, Pierre Rivière...*, Présentation, *op. cit.*, p. 14.

constituait l'affaire de Pierre Rivière »[1]. La satisfaction : « À [une] exception près, personne n'a parlé. [...] Les psychiatres d'aujourd'hui ont reconduit l'embarras de ceux du XIXe siècle, ont montré qu'ils n'avaient rien de plus à dire. Mais je dois saluer quand même la prudence, la lucidité avec laquelle ils ont renoncé à tenir sur Rivière leur propre discours »[2]. C'est comme si avec le mutisme des psychiatres actuels était audible le cri de victoire posthume de Rivière, l'étrangeté du mémoire désarmant ceux qui voudraient combattre avec les armes des expertises scientifiques, celles de la médecine pénale, de la criminologie, de la psychiatrie, de la psychanalyse. Ne pensons pas néanmoins que l'intérêt accordé à Pierre Rivière est épuisé par la conscience du caractère atopique du mémoire, qui laisse à l'état aporétique la question de l'imputation et de l'irresponsabilité pénale et rend incertain, ou indécidable, le rapport de la justice et de la médecine. Car, avec la remontée d'une affaire depuis longtemps enfouie, est en cause le rapport de l'oubliable et du mémorable, du banal et de l'historique, du détail et de l'important. À quoi bon « faire apparaître le grain minuscule de l'histoire »[3] ?

Foucault a le projet d'un recueil de portraits, les portraits d'individus obscurs, plongés dans la nuit de l'oubli, « ces milliards d'existences qui sont destinées à passer sans trace ». Mais comment décider du

1. M. Foucault, « Le retour de Pierre Rivière » dans *Dits et écrits*, t. 2, texte n° 185, *op. cit.*, p. 121. L'entretien avec Guy Gauthier a été publié dans *La revue du cinéma*, n° 312, décembre 1976.

2. « Entretien avec Michel Foucault », dans *Dits et écrits*, t. 2, *op. cit.*, p. 98.

3. M. Foucault, *Moi, Pierre Rivière...*, « Les meurtres qu'on raconte », *op. cit.*, p. 269.

mémorable ? En fonction de quelle exigence ou de quel critère choisir les existences qui seront portées à la lumière ?

> Ce qui les arrache à la nuit où elles [ces existences] auraient pu, et peut-être pour toujours dû, rester, c'est la rencontre avec le pouvoir. [...] Toutes ces vies qui étaient destinées à passer au-dessous de tout discours et à disparaître sans avoir jamais été dites n'ont pu laisser de traces – brèves, incisives, énigmatiques souvent – qu'au point de leur contact instantané avec le pouvoir[1].

Certes, nous comprenons que, de celles et de ceux qui ont eu maille à partir avec le pouvoir, subsistent des traces, sous la forme de rapports de police, de pièces judiciaires, de témoignages. Mais pourquoi faire du rapport avec le pouvoir la pierre de touche de la sélection ?

> N'est-ce pas, après tout, l'un des traits fondamentaux de notre société que le destin y prenne la forme du rapport au pouvoir, de la lutte avec ou contre lui ? Le point le plus intense des vies, celui où se concentre leur énergie, est bien là où elles se heurtent au pouvoir, se débattent avec lui, tentent d'utiliser ses forces ou d'échapper à ses pièges[2].

Les existences individuelles, non seulement identifiables par les traces laissées par des affrontements multiples et infimes, mais parce que par ces traces est marqué ce qui donne de « l'intensité » à des vies vouées

1. M. Foucault, « La vie des hommes infâmes » dans *Dits et écrits*, t. 2, *op. cit.*, texte n° 198, p. 240-241. Le texte a été publié dans la revue *Les Cahiers du chemin*, n° 29, 15 janvier 1977.

2. *Ibid.*, p. 241.

à l'oubli. « La rencontre avec le pouvoir », « la lutte avec ou contre le pouvoir » ? Nous nous doutons que n'est pas concernée cette abstraction vide qu'est le pouvoir mais, avec des luttes de plus ou moins forte intensité, sont visées des formes spécifiques d'affrontement, caractéristiques de dispositifs de pouvoir déterminés. En effet, en formulant le projet d'un recueil retenant des documents des années 1660-1760, à partir des archives de la police, des placets au roi, des lettres de cachet, sont en cause un certain mode de la prise du pouvoir sur la vie quotidienne, et symétriquement un certain mode de demande et de réponse, de résistance, de la part de ceux sur lesquels le pouvoir a prise. Semble caractéristique à Foucault le « débordement » à la fin du XVIIe siècle de la prise qu'a sur la vie quotidienne la pratique religieuse de la confession par des mécanismes administratifs de quadrillage. Par la pratique de l'aveu, les individus sont contrôlés en ce qu'ils ont à « faire passer régulièrement au fil du langage le monde minuscule de tous les jours, les fautes banales, les défaillances même imperceptibles et jusqu'au jeu trouble des pensées »[1], mais le contrôle est opéré dans le secret du confessionnal, « dans un chuchotement obligatoire et fugitif ». Avec l'agencement administratif du contrôle, il n'est pas question de faute, d'aveu, ni de pardon, mais de mécanismes d'enregistrement des « désordres » des vies individuelles. « Pour ce quadrillage, on utilise, et systématiquement, des procédés anciens, mais jusque-là localisés : la dénonciation, la plainte, l'enquête, le rapport, le mouchardage, l'interrogatoire. Et tout ce qui

1. M. Foucault, « La vie des hommes infâmes » dans *Dits et écrits*, t. 2, *op. cit.*, p. 245.

se dit ainsi s'enregistre par écrit, s'accumule, constitue des dossiers et des archives »[1]. En lieu et place d'aveux pénitentiels voués au secret du confessionnal et audibles des seuls confesseurs, une masse considérable de traces écrites, qui portent le témoignage des « misères » de la vie des familles, des rapports de voisinage, d'intérêt, de métier, des haines recuites, des jalousies, des vengeances… Or, ce qui frappe Foucault est que, si les lettres de cachet évoquent pour nous le despotisme du monarque, le mode de leur sollicitation, par les individus en conflit avec leur parentèle ou leur voisinage, signifie que le contrôle policier et l'enquête administrative sont exercés, non seulement parce qu'il en a été fait la demande, mais sur ceux qui sont visés par la demande et ceux qui l'ont formulée, qui se mettent à la disposition de l'exercice du pouvoir.

> La lettre de cachet qui se donnait comme la volonté expresse et particulière du roi de faire enfermer l'un de ses sujets, hors des voies de la justice régulière, n'était que la réponse à cette demande venue d'en-bas. Mais elle n'était pas accordée de plein droit à qui la demandait ; une enquête devait la précéder, destinée à juger du bien-fondé de la demande ; elle devait établir si cette débauche ou cette ivrognerie, ou cette violence et ce libertinage méritaient bien un internement, et dans quelles conditions et pour combien de temps : tâche de la police, qui recueillait, pour ce faire, témoignages, mouchardages, et tout ce murmure douteux qui fait brouillard autour de chacun[2].

1. *Ibid.*, p. 245-246.
2. *Ibid.*, p. 246.

Dès lors, avec ce mode de sollicitation, se mettent en place des conduites d'appropriation de ce qui est réservé au monarque, « chacun peut user pour soi, à ses propres fins et contre les autres, de l'énormité du pouvoir absolu : une sorte de mise à la disposition des mécanismes de la souveraineté, une possibilité donnée, à qui sera assez adroit pour les capter, d'en détourner à son profit les effets »[1]. En donnant implicitement leur consentement aux mécanismes de contrôle policier et administratif, les individus usent d'une tactique de captation du pouvoir souverain, moins comme résistance à l'exercice de ce pouvoir que pour régler leurs rapports conflictuels.

Nous comprenons que l'intérêt accordé aux traces des vies vouées à l'oubli n'est pas sans rapport avec la question des modes d'exercice et de répartition du pouvoir. Mais reposons la question : comment opérer un partage, si « une infinité de discours va naître qui traverse en tout sens le quotidien et prend en charge, mais sur un mode différent de l'aveu, le mal minuscule des vies sans importance »[2] ? Quel est le critère de la séparation de ce qui retombera sous la poussière, une fois les archives consultées et refermées, et de ce qui sera porté à la clarté de la publication ?

> Que ces récits ne constituent pas simplement des anecdotes étranges ou pathétiques, mais que d'une manière ou d'une autre (parce que c'étaient des plaintes, des dénonciations, des ordres ou des rapports) ils aient fait partie réellement de l'histoire minuscule de ces existences, de leur malheur, de leur rage ou de

1. M. Foucault, « La vie des hommes infâmes » dans *Dits et écrits*, t. 2, *op. cit.*, p. 247.
2. *Ibid.*, p. 248.

leur incertaine folie ; et que du choc de ces mots et de ces vies naisse pour nous encore un certain effet mêlé de beauté et d'effroi[1].

La beauté et l'effroi, ce sont les mots associés à la lecture du mémoire de Pierre Rivière. Mais, si le mémoire de Rivière est singulier par son étrangeté, qu'est-ce qui singularise les documents rassemblés et rend remarquables certains d'entre eux ? Le « disparate » : d'un côté les demandes sont des suppliques qui seront d'autant plus susceptibles d'être reçues qu'elles useront d'une rhétorique d'apparat, de solennité, des codes convenus de la représentation et du rite, d'un autre côté passent par les demandes les violences qui ont été subies et qui font des suppliques des discours proches des vociférations. « Au langage obligatoire et rituel s'entrelacent les impatiences, les colères, les rages, les passions, les rancœurs, les révoltes »[2]. Le projet n'aura pas de réalisation, du moins directe. L'article de 1977 annonce la publication de « documents qui tous datent à peu près de la même centaine d'années, 1660-1760, et qui viennent de la même source : archives de l'enfermement, de la police, des placets au roi et des lettres de cachet. Supposons qu'il s'agit là d'un premier volume et que la *Vie des hommes infâmes* pourra s'étendre à d'autre temps et à d'autres lieux »[3]. Sera publié en 1982 – à une époque ou l'intérêt de Foucault s'est déplacé vers le gouvernement de soi et concentré sur l'Antiquité et le début du christianisme –, un recueil de Lettres de cachet des Archives de la Bastille, présenté avec Arlette Farge :

1. *Ibid.*, p. 239.
2. *Ibid.*, p. 249.
3. *Ibid.*, p. 243.

il n'est question ni d'effroi ni de beauté, mais d'apprendre par les lettres de cachet ce qu'il en est des relations entre les hommes et les femmes, de la vie conjugale, des relations entre parents et enfants, de l'état de populations modestes ou plongées dans la misère ou vagabondes. Le repérage d'effets de séries prend la place de l'attention à la singularité des cas[1].

Remarquons que la formulation du projet est quasiment contemporaine de la construction du concept de gouvernementalité et de la mise en évidence de son investissement dans « l'État de police » au XVIIIe siècle qui, par l'organisation des moyens permettant de faire croître les forces de l'État en fonction de la maxime selon laquelle plus un État est riche plus il est fort, prend en charge des « populations », en s'occupant de ce que sont et font les hommes qui peuplent un territoire : se soucier du nombre des hommes, afin que la population soit bien répartie, ni trop densément en un lieu, ni trop rarement en un autre ; se soucier de l'alimentation des hommes, afin qu'ils puissent se perpétuer ; se soucier de la santé des hommes, afin non seulement d'écarter les contagions, mais aussi de prévenir les maladies ; se soucier de l'activité des hommes, veiller à ce qu'ils ne soient ni des oisifs ni des vagabonds, veiller à ce que les hommes ne soient pas dans la misère, veiller également à l'assistance des invalides ; se soucier de la circulation des hommes et des marchandises. Par la prise en charge de ces objets, l'État fait de la population la cible pertinente en se donnant les moyens de son contrôle en fonction

1. *Cf. Le désordre des familles.* Lettres de cachet des Archives de la Bastille. Présenté par Arlette Farge et Michel Foucault, Paris, Gallimard-Juilliard, 1982.

d'une ambition normative : veiller au bien-être d'une population en tant qu'elle est au service de l'État, faire du bien-être l'augmentation de la puissance de l'État, c'est-à-dire chercher à rendre vertueux le cercle de la puissance qu'a l'État de prendre en charge la population et de la majoration de sa puissance par cette prise en charge[1].

Y a-t-il un « disparate » entre la concentration de l'intérêt sur ce qui advient au XVIIIe siècle – la détermination de la population comme cible de l'art de gouverner – et la vivacité de l'attention accordée aux individus ? D'un côté, le souci théorique qui, isolant l'art de gouverner, fait de la relation de la police et de la population l'objet pertinent, d'un autre côté la libération de la charge émotive qui, sauvant les vies individuelles des ténèbres de l'oubli, vient en dédommagement de la construction théorique ? On pensera plutôt à une articulation : le contrôle d'une population passe aussi par les demandes que les individus formulent, demandes d'autant plus aisément satisfaites que l'État se donne par ailleurs les moyens du contrôle. Mais aussi, si les individus résistent d'autant moins au contrôle policier et administratif qu'ils revendiquent pour leur compte les privilèges du pouvoir souverain, la « résistance » n'est-elle pas le fait du généalogiste, qui s'oppose au traitement que l'histoire fait subir aux individus, non pas, ici, par la constitution d'une mémoire des luttes, mais par celle d'une mémoire du bruit et de la peine ?

1. *Cf.* M. Foucault, *Sécurité, territoire, population*, Leçon du 29 mars 1978 et Leçon du 5 avril 1978, Paris, Éditions de l'EHESS-Gallimard-Seuil, 2004, p. 319-340 et p. 341-370.

Garder « le désordre, le bruit et la peine, le travail du pouvoir sur les vies, et le discours qui en naît »[1].

À côté de cette mémoire du bruit et de la peine, ou avec elle, ne faut-il pas envisager une « mémoire de l'atroce », mémoires qui seraient réunies par des « intensités sauvages », celles qui « bousculent les règles du discours guindé » ? Pourquoi et comment envisager « l'atroce » ?

Il faut revenir à la constitution de la psychiatrie, moins à la pratique asilaire de la psychiatrie qu'à sa constitution comme discipline à prétention scientifique. L'hypothèse de Foucault est que la psychiatrie s'est constituée en élaborant des concepts qui lui permettent de coder des dangers en termes de maladie et, ainsi, d'être au service de l'hygiène publique. L'apparition de la psychiatrie au début du XIXe siècle est en rapport avec des dangers sociaux, et même propose ses services à la société en décelant dans la folie une menace au moins virtuelle. D'où la fixation de son intérêt sur les cas de folie criminelle, sur ces « fameux crimes sans raison » qui l'autorisent à arguer de sa compétence pour intervenir au sein des procédures pénales et, plus généralement, à faire œuvre de prophylaxie sociale. « [La psychiatrie] s'est intéressée tout de suite à la folie qui tue, parce que son problème était de se constituer et de faire valoir ses droits en tant que pouvoir et savoir de protection à l'intérieur de la société »[2]. D'où ce que Foucault nomme la « fascination », « l'intérêt

1. M. Foucault, « La vie des hommes infâmes », dans *Dits et écrits*, t. 2, *op. cit.*, p. 253.

2. M. Foucault, *Les anormaux*, Leçon du 5 février 1975, *op. cit.*, p. 112.

littéralement frénétique que la psychiatrie, au début du XIXe siècle, a porté à ces crimes sans raison », dont celui d'Henriette Cornier est exemplaire, crime qui en appela à l'intervention de sommités psychiatriques, Marc et Georget. Henriette Cornier, qui s'était placée comme domestique à Paris, proposa le 4 novembre 1825 à une voisine de lui confier sa fille âgée de dix-neuf mois, lui trancha entièrement la tête qu'elle jeta par la fenêtre. Arrêtée, à la question : « Pourquoi ? », elle répondit : « C'est une idée »[1]. « L'affaire Henriette Cornier » appartient à l'histoire de la psychiatrie : Marc, sollicité lors du procès par la défense, argua dans son rapport d'expertise de l'irresponsabilité pénale, non pas par le délire, mais en fonction d'une « affection irrésistible », d'un « désir presque irrésistible », d'un « penchant atroce de l'origine duquel on ne peut pas répondre ». Et Foucault commente :

> [...] Ce autour de quoi tournent ces désignations, toute cette série de noms, de termes, d'adjectifs, etc., qui désignent cette dynamique de l'irrésistible, c'est quelque chose qui est d'ailleurs nommé dans le texte : c'est l'instinct. [...] [C'est] l'irruption d'un objet, ou plutôt de tout un domaine d'objets nouveaux, toute une série d'éléments qui vont d'ailleurs être nommés, décrits, analysés et, petit à petit, intégrés ou plutôt développés à l'intérieur du discours psychiatrique du XIXe siècle. Ce sont les impulsions, les pulsions, les tendances, les penchants, les automatismes. [...] De l'acte sans raison, on est passé à l'acte instinctif[2].

1. *Ibid.*, p. 103-104.
2. *Ibid.*, p. 120-122.

Comment le concept d'instinct est-il rendu opératoire par la psychiatrie ? En ce qu'il institue un « champ d'anomalies », c'est-à-dire permet d'envisager d'une manière homogène des comportements disparates, également en ce qu'il invite à interroger l'anormal : est-ce l'usage des instincts communs par certains qui les rend pathologiques ou n'y a-t-il pas « des instincts qui seraient des instincts anormaux »[1] ? Or, la généalogie ne se contente pas de mettre en évidence les conditions de la constitution de la psychiatrie – qui ne sont pas internes au développement du savoir, mais en rapport avec une demande sociale –, mais cherche aussi comment ce qui était hors de la prise du savoir a été intégré à son champ. Est ici en cause l'intégration du « monstre » par sa banalisation, sa réduction au statut d'irrégularité.

> Ce passage au minuscule, la grande dérive qui a fait que le monstre, le grand monstre anthropophage du début du XIXe siècle, s'est retrouvé finalement monnayé sous la forme de tous les petits monstres pervers qui n'ont pas cessé de pulluler depuis la fin du XIXe siècle, ce passage du grand monstre au petit pervers n'a pu être fait que par cette notion d'instinct, et l'utilisation et le fonctionnement de l'instinct dans le savoir, mais aussi dans le fonctionnement du pouvoir psychiatrique[2].

Les grands monstres, anthropophages ou non, du début du XIXe siècle ? « L'affaire Léger », qui avait tué en 1824 une petite fille, l'avait violée, avait découpé ses organes sexuels et les avait mangés. « La femme de Sélestat », qui avait tué en 1817 sa fille, l'avait découpée

1. M. Foucault, *Les anormaux*, Leçon du 5 février 1975, *op. cit.*, p. 123.

2. *Ibid.*, p. 122.

en morceaux, avait fait cuire sa cuisse et l'avait mangée avec des choux. « Le cas de Papavoine », qui avait assassiné en 1824 dans le bois de Vincennes deux petits enfants, affirmant qu'il les avait pris pour les descendants des enfants de la duchesse de Berry[1].

Si le grand monstre est devenu homogène au petit pervers par son intégration au champ psychiatrique des désordres de l'instinct, il communique par l'atroce avec ce par quoi le crime visant le monarque est en rapport avec le supplice infligé au criminel. « Un crime parvenu à un certain point d'intensité était considéré comme atroce, et au crime atroce devait répondre l'atrocité de la peine. Les châtiments atroces étaient destinés à répondre, à reprendre en eux-mêmes, mais en les annulant et en en triomphant, les atrocités du crime »[2]. Faire communiquer par l'atroce les grands monstres et les suppliciés, c'est penser que la question de l'imputation est ici nulle et non avenue : les crimes monstrueux sont précisément « sans raison », ou considérés comme tels sans l'intervention du concept d'instinct, et ce n'est pas non plus en tant que joue un principe d'imputation que le crime de lèse-majesté est considéré comme atroce et qu'à l'atroce du crime répond l'atroce du supplice. Aussi faut-il également placer sur le cercle de l'atroce la punition infligée en 1599 à Antide Collas qui, dénoncé(e) comme hermaphrodite et reconnu(e) comme tel(le) par

1. *Ibid.*, Leçon du 29 janvier 1975, p. 94 et Leçon du 5 février 1975, p. 102-103.

2. *Ibid.*, Leçon du 29 janvier 1975, p. 77. Foucault se réfère au supplice infligé en 1584 à l'assassin de Guillaume d'Orange (p. 77-78). Dans *Surveiller et punir*, publié quelques jours après cette leçon, c'est au supplice du régicide Damiens qu'une place de choix, si l'on peut dire, est réservée (*op. cit.*, p. 9-11).

les médecins, fut brûlé(e). « C'est, me semble-t-il, l'un des derniers cas dans lesquels on trouve un hermaphrodite brûlé en tant qu'hermaphrodite »[1]. Et même si, à l'âge classique, les hermaphrodites échappent au bûcher, et si le discours visant d'hypothétiques rapports sexuels avec Satan laisse la place à la reconnaissance de la bisexualité, on placera également sur le cercle de l'atroce le sort réservé en 1601 à Marie (ou Marin) Lemarcis – à qui fut par justice interdit tout rapport sexuel – et en 1765 à Anne Grandjean – à qui les rapports sexuels avec une femme furent interdits[2].

Il n'est pas douteux pour Foucault qu'une « nouvelle économie des mécanismes de pouvoir » s'exprime à la fois par la pratique punitive qui cherche à faire communiquer par la mesure et non par l'excès le crime et le châtiment, et par l'accrochage du monstre au concept d'anomalie : une économie de pouvoir, qui conduit d'une part à un « système calculé dans lequel la punition [...] portera simplement sur l'intérêt du crime [...] et qui remplace le principe de l'atrocité »[3], qui conduit d'autre part, grâce à l'instinct, à « retourner scientifiquement l'absence de raison d'un acte en un mécanisme pathologique positif »[4]. L'instinct est ce qui tient lieu de raison ou d'intérêt, ou plutôt ce par quoi est rendue intelligible l'apparition du pervers, comme par l'intérêt la punition est rendue commensurable au crime. D'où la question : si les suppliciés, les hermaphrodites

1. M. Foucault, *Les anormaux*, Leçon du 22 janvier 1975, *op. cit.*, p. 62.

2. *Ibid.*, p. 63-66.

3. *Ibid.*, Leçon du 29 janvier 1975, p. 82.

4. *Ibid.*, Leçon du 12 février 1975, p. 128.

et les grands monstres communiquent par l'atroce en neutralisant l'usage d'un principe d'imputation, l'atroce auquel ils sont rapportés n'est-il pas caractéristique d'un âge heureusement oublié ? Certes, on ne dira pas que l'atroce est ce à partir de quoi se sont constituées la pratique pénale et la psychiatrie mais, précisément, ce dont elles se sont détachées pour se constituer. On distinguera quant à la question de l'atroce la généalogie foucaldienne et la généalogie nietzschéenne. La mémoire de l'atroce est productive pour Nietzsche : c'est à partir de la conservation douloureuse de l'excès des supplices que les hommes en sont venus à répondre de leurs actes, à reconnaître être engagés par ce qu'ils font. L'oubli de l'atroce est productif selon Foucault : il a fallu annuler le monstrueux pour que la distribution des peines et l'apparition des pervers soient rationnelles, réglable pour la première, intelligible pour la seconde.

Mais, que l'atroce soit archaïque, au sens où la généalogie met en évidence son inactualité, c'est-à-dire son hétérogénéité au système de pouvoir caractéristique de « l'âge des disciplines », ne signifie pas qu'est nulle et non avenue la menace du « terrible ». Qu'est-ce que le terrible ? « La terreur, […] ce n'est pas le comble de la discipline, c'est son échec »[1]. Si nous soutenons que le pouvoir disciplinaire – la discipline d'atelier, la discipline scolaire, la discipline militaire –, qui s'est développé depuis le XVIIIe siècle, a rendu les corps dociles et utiles et a organisé des institutions de normalisation

1. M. Foucault, « Crimes et châtiments en U.R.S.S. et ailleurs … », dans *Dits et écrits*, t. 2, *op. cit.*, texte n° 172, p. 69. L'entretien avec K. S. Karol a été publié dans l'hebdomadaire *Le Nouvel Observateur*, n° 585, 26 janvier-1er février 1976.

des comportements – comme l'hypothèse est mise à l'épreuve depuis *La société punitive* –, les mécanismes de terreur sont d'un coût trop élevé pour le développement du pouvoir disciplinaire, mais constituent une menace si, pour une raison ou une autre, l'efficacité des institutions disciplinaires est abaissée.

> Je crois que les sociétés du XVIIIe siècle ont inventé la discipline parce que les grands mécanismes de terreur étaient devenus à la fois trop coûteux et trop dangereux. Depuis l'Antiquité, la terreur [...] c'était l'armée, à laquelle on livrait une population, et qui brûlait, pillait, violait, massacrait. Quand un roi voulait se venger d'une révolte, il lâchait ses troupes. Moyen spectaculaire mais onéreux, que l'on ne pouvait plus se permettre d'utiliser à partir du moment où l'on a une économie soigneusement calculée, où l'on ne peut pas sacrifier les récoltes, les manufactures, les équipements industriels. D'où la nécessité de trouver autre chose : les disciplines appliquées, continues et silencieuses[1].

Alors que la neutralisation de l'atroce est la condition de l'apparition du savoir psychiatrique et la sanction de son efficacité, la neutralisation du terrible a partie liée avec l'apparition du pouvoir disciplinaire et son retour est la sanction de l'échec de ce même pouvoir. Dans l'entretien, Foucault pense à la terreur stalinienne et post-stalinienne, le « système des camps » sanctionnant l'échec du pouvoir disciplinaire, conforté pourtant par « la mise au point d'une arme nouvelle, la discipline de parti ». Au Collège de France, Foucault avait longuement

1. M. Foucault, « Crimes et châtiments en U.R.S.S. et ailleurs… », dans *Dits et écrits*, t. 2, *op. cit.*, p. 69.

montré comment, lors de la révolte des Nu-Pieds en 1639, à Rouen et en Basse-Normandie, révolte contre la fiscalité royale à l'occasion de la suppression d'un privilège dont bénéficiait la Basse-Normandie, avaient opéré des mécanismes couplés de répression : une répression militaire visant les insurgés, caractérisée par des « traits de violence aveugle », associée à une répression judiciaire visant les notables de Rouen, prenant appui sur un « rituel pointilleux et une représentation théâtrale du pouvoir »[1]. D'une part, une terreur militaro-judiciaire locale et momentanée, précédant la constitution du pouvoir disciplinaire ; d'autre part, une terreur politico-étatique systémique et durable, sanctionnant l'échec du pouvoir disciplinaire.

Reposons la question, une fois distingué l'atroce du terrible : faut-il s'employer à la constitution d'une mémoire de l'atroce, qui se juxtaposerait à la mémoire du bruit et de la peine, voire l'accompagnerait ? Que l'oubli de l'atroce ait été historiquement productif n'est-il pas un argument au service de la constitution de cette mémoire ? Si la tâche de la généalogie est de rendre intelligibles les conditions de l'avènement de la psychiatrie et du pouvoir disciplinaire, ne revient-il pas à « l'archéologie » de sauver de l'oubli les archives ténébreuses et douloureuses de cet avènement, de donner en quelque sorte à l'inactualité de l'archaïque l'actualité qui lui convient, précisément celle de la mémoire ? La question demeure en suspens. Lorsque Foucault publie les « Souvenirs », partiellement conservés, d'Herculine

1. *Cf. Théories et institutions pénales*, Leçons du 24 novembre 1971 au 26 janvier 1972, Paris, Éditions de l'EHESS-Gallimard-Seuil, 2015, p. 3-109.

Barbin, c'est au nom de l'intérêt accordé à « la question des étranges destinées, qui sont semblables à la sienne et qui ont posé tant de problèmes à la médecine et au droit surtout depuis le XVIe siècle », dans une collection dont l'ambition est de « retrouver le sillage instantané et éclatant qu'elles [les vies] ont laissé lorsqu'elles se sont précipitées vers une obscurité où "ça ne se raconte plus" et où toute "renommée" est perdue »[1]. Nous comprenons, certes, que le lien est rompu entre Antide Colas et Herculine Barbin et qu'il s'agit d'envisager l'articulation de la médecine et du droit en ce que leur articulation a été historiquement problématique, également de donner la lumière à une « vie précipitée dans l'obscurité », mais la place de l'atroce dans la mémoire est laissée vide. Néanmoins, nous souvenant de ce qui est « archaïque » pour Foucault dans les années du Collège de France, et supposant que cet archaïque n'a pas été oublié, demandons-nous s'il ne convient pas d'envisager l'atroce comme « l'expérience pure du dehors et la plus dénudée ». « Être attiré, ce n'est pas être invité par l'attrait de l'extérieur, c'est plutôt éprouver, dans le vide et le dénuement, la présence du dehors, et, lié à cette présence, le fait qu'on est irrémédiablement hors du dehors »[2]. L'atroce comme mémoire, ce n'est pas

1. *Herculine Barbin dite Alexina B.*, Paris, Gallimard, 1978, p. 131 et quatrième couverture. Herculine Barbin fut à sa naissance, en 1838, déclarée être « un enfant de sexe féminin » ; son état civil fut modifié en 1860 en « enfant de sexe masculin », et le rapport de l'autopsie pratiquée après son suicide en 1868 fait état d'un « hermaphrodisme imparfait ». Le texte des « Souvenirs » fut publié par Foucault dans la collection « Les vies parallèles » qui ne comporta qu'un seul autre titre.

2. M. Foucault, « La pensée du dehors » dans *Dits et écrits*, t. 1, *op. cit.*, texte n° 38, p. 553-554. L'étude, consacrée à Maurice

ce qui a été écarté par l'histoire, ce n'est peut-être pas ce qui nous attire en restant à l'extérieur, c'est ce que nous laissons à l'extérieur et qui nous enveloppe, le cercle que nous ne voulons pas tracer et à l'intérieur duquel nous sommes inscrits. C'est une mémoire que nous ne constituons pas, mais qui nous constitue et à laquelle nous échappons vainement.

Blanchot, a été publiée dans la revue *Critique*, n° 229, juin 1966.

CHAPITRE IV

DE L'ANALYTIQUE DES POUVOIRS AU « PROBLÈME » DU NÉOLIBÉRALISME

Qu'est-ce que Foucault entend par « l'art de gouverner néolibéral » ? Partons de l'hypothèse selon laquelle les cours professés par Michel Foucault au Collège de France de 1976 à 1979[1] constituent une séquence, sinon thématiquement homogène, du moins problématiquement articulée. Dans un premier temps, il s'agit pour Foucault de rendre opératoire le concept de pouvoir en fonction d'un double enjeu, théorique et pratique. Un enjeu théorique polémique : disqualifier la prétention d'un discours unitaire qui rapporterait les « mécanismes de pouvoir », l'exercice, les effets, les lieux, les rapports des pouvoirs à une conception générale, proposer non pas une « théorie du pouvoir », mais un examen des « dispositifs de pouvoir ». Quant à l'enjeu pratique, il est directement relié par Foucault à l'actualité : si l'examen est sollicité par les critiques de

1. *« Il faut défendre la société »* pendant l'année 1975-1976, *Sécurité, territoire, population* pendant l'année 1977-1978, *Naissance de la biopolitique* pendant l'année 1978-1979. Il n'y eut pas de cours en 1976-1977. Cette étude est la reprise modifiée de l'article publié dans la revue *Prémices*, n° 3, hiver 2019.

l'institution asilaire par l'antipsychiatrie, les luttes contre la morale sexuelle traditionnelle, les attaques visant l'appareil judiciaire et pénal, et par ce que Foucault nomme les « savoirs des gens » qui sont des « savoirs de luttes », des savoirs locaux et déconsidérés pour leur partialité, leur naïveté ou leur emportement – ainsi les savoirs de patients, d'infirmiers ou de prisonniers –, l'entreprise théorique vise à contribuer aux « luttes en cours » en définissant des « tactiques actuelles ». Une prise de position à partir de et en vue de luttes actuelles, qui est aussi « inactuelle » ou intempestive en ce qu'elle s'oppose à ce qui est ou risque d'être actuel, l'occultation de la « mémoire des combats » par l'ambition théorique unitaire. Foucault réaffirme l'enjeu pratique de l'examen lorsque la poursuite du travail invite à définir la gouvernementalité et à s'intéresser à la gouvernementalité libérale : non pas prescrire ce qu'il y a à faire, mais identifier des « indicateurs tactiques ».

> L'impératif, […] qui sous-tend l'analyse théorique qu'on est en train d'essayer de faire […], je voudrais qu'il soit simplement un impératif conditionnel du genre de celui-ci : si vous voulez lutter, voici quelques points clés, voici quelques lignes de force, voici quelques verrous et quelques blocages. Autrement dit, je voudrais que ces impératifs ne soient rien d'autre que des indicateurs tactiques[1].
>
> […] Après tout quel intérêt ça a de parler du libéralisme, des physiocrates, de d'Argenson, d'Adam Smith, de Bentham, des utilitaristes anglais, sinon parce que, bien sûr, ce problème du libéralisme se trouve effectivement pour nous posé dans notre actualité

1. M. Foucault, *Sécurité, territoire, population*, Leçon du 11 janvier 1978, *op. cit.*, p. 5.

> immédiate et concrète ? […] C'est un problème qui nous est contemporain[1].

Il conviendra de déterminer si la réaffirmation de l'enjeu pratique signifie la continuation de sa compréhension en termes de lutte : dès lors que l'attention est concentrée sur la gouvernementalité néolibérale, qu'est-ce qui est à l'ordre du jour ? S'agit-il de lutter contre le néolibéralisme comme sont concrètes et envisageables des luttes de pouvoir ? Et, déjà, que donne à comprendre de ce qui nous est actuel l'articulation des concepts de pouvoir et de gouvernementalité, qui conduit Foucault à découper une séquence historique, du XVIIe siècle à la seconde moitié du XXe siècle, de la mise en place du pouvoir disciplinaire à l'art de gouverner néolibéral développé en Europe et aux États-Unis ?

Comment Foucault rend-il heuristique le concept de pouvoir ? Lutter contre une théorie générale du pouvoir suppose que soit levée une triple hypothèque, que le pouvoir soit détaché d'une conception juridique, d'une conception économique et d'une conception répressive.

Détacher le pouvoir d'une conception juridique, c'est refuser de penser que le pouvoir est le propre de sujets qui le possèdent et peuvent le transmettre comme ils possèdent et peuvent transmettre des biens : le pouvoir serait un droit que les sujets aliéneraient, donneraient ou céderaient selon le modèle du contrat. L'important serait la constitution d'un pouvoir proprement politique ; en cédant leur pouvoir, ou partiellement ou totalement, les sujets définiraient l'instance de la souveraineté

1. M. Foucault, *Naissance de la biopolitique*, Leçon du 10 janvier 1979, Paris, *op. cit.*, p. 25.

qui, selon des modes variables, détiendrait les droits auxquels les sujets auraient renoncé. Détacher le pouvoir d'une conception économique, c'est refuser de penser que le pouvoir a son lieu de formation, son mode de fonctionnement et sa raison d'être dans la production des biens. Le pouvoir aurait certes une réalité historique, mais cette réalité serait seconde, subordonnée à la réalité économique. Lever la première hypothèque, c'est refuser de penser que « le pouvoir est modelé sur la marchandise » : le pouvoir n'est pas quelque chose qui se possède, s'acquiert, est transféré, circule d'une instance – ainsi une instance individuelle – à une autre – ainsi une instance collective –. C'est refuser de penser « une isomorphie fonctionnelle » du pouvoir et de l'échange. Lever la seconde hypothèque, c'est refuser de penser que la réalité du pouvoir est « de l'ordre de la subordination fonctionnelle ». Le pouvoir n'est ni nécessairement ni constamment finalisé par la production des biens. Contre la conception juridique, il faut poser que le pouvoir ne se possède ni ne s'échange, mais s'exerce. Contre la conception économique, il faut poser que « le pouvoir n'est pas premièrement maintien et reproduction des relations économiques, mais, en lui-même, primairement, un rapport de force »[1]. Quant à la troisième hypothèque à lever, c'est la conception selon laquelle le pouvoir s'exerce en tant qu'il réprime la nature, les instincts, une classe sociale ou des individus. La « répression » n'est-elle pas le caractère commun aux rapports de pouvoir, dès lors que ceux-ci ne sont ni nécessairement ni constamment des rapports de domination économique ?

1. M. Foucault, *« Il faut défendre la société »*, Leçon du 7 janvier 1976, Paris, Éditions de l'EHESS-Gallimard-Seuil, 1997, p. 15.

« Cette notion si courante maintenant de répression pour caractériser les mécanismes et les effets de pouvoir est tout à fait insuffisante pour les cerner »[1]. La répression, l'un des modes d'exercice du pouvoir, ne peut porter la charge explicative.

Pour rendre opératoire le concept de pouvoir, Foucault formule des « précautions de méthode », au nombre de cinq.

– Considérer, non pas ce qui légitime le pouvoir, les instances qui en définissent les règles, mais les modes effectifs de son exercice, considérer non pas le lieu – central – de l'autorisation et de la codification du pouvoir, mais les lieux de son investissement et les instruments de son intervention, envisager les formes et les institutions les plus régionales du pouvoir. Ainsi, dit Foucault, plutôt que chercher ce qui fonde le pouvoir de punir, que ce soit dans le droit monarchique ou le droit démocratique, examiner comment le pouvoir de punir prend corps dans des institutions, des appareils et des pratiques.

– Considérer, non pas la face interne, mais la face externe du pouvoir. Non pas poser la question : qui détient le pouvoir ? – en cherchant à identifier les intentions et les stratégies de ceux qui exercent le pouvoir. Mais poser la question : comment le pouvoir est-il exercé ? – en cherchant à identifier les « processus d'assujettissement », les processus par lesquels se constituent des sujets de pouvoir, en tant que le pouvoir s'exerce sur des corps, des désirs ou des pensées.

– Considérer le pouvoir, non pas comme un phénomène de domination massif et homogène par

1. *Ibid.*, p. 18.

lequel seraient distingués ceux qui le détiennent et ceux qui le subissent, mais comme « quelque chose qui circule », « quelque chose qui fonctionne en chaîne ». Le pouvoir ne s'applique pas à des sujets qui lui sont soumis, mais « transite » par ceux qui, en le subissant, sont des « relais » de son exercice.

– Considérer le pouvoir, non pas comme ce qui se diffuse et se reproduit dans un corps politique à partir d'un lieu central, mais comme une multiplicité de mécanismes parcellaires ou de détail, des « mécanismes infinitésimaux » qui se transforment au contact les uns des autres, se déplacent ou s'intensifient en fonction de mécanismes de plus en plus généraux.

– Considérer, non pas la production d'idéologies au titre d'accompagnement de la diffusion du pouvoir, mais la formation d'appareils de savoir au titre d'instruments sans lesquels le pouvoir ne peut s'exercer ni se déplacer. Les savoirs ne sont ni des effets ni des subordonnés, mais des instruments et des opérateurs du développement et de la transformation des pouvoirs.

Chercher à identifier les pratiques et les lieux de la formation du pouvoir – non pas une instance de légitimation et de codification du pouvoir –, des formes d'assujettissement – non pas une instance de décision du pouvoir –, des relais de l'exercice du pouvoir – non pas une domination globale –, les déplacements, extensions et généralisations des pouvoirs – non pas une instance d'organisation du pouvoir –, des appareils de savoir productifs de pouvoir – non pas des idéologies ancillaires –, telle est l'exigence méthodique, tributaire de l'hypothèse selon laquelle le pouvoir se forme dans des lieux multiples, constitue différemment ceux qui l'exercent, le transmettent et le subissent, se fixe dans des instances qui usent de mécanismes de pouvoir et d'appareils de savoir formés ailleurs, en leur conférant des efficaces inédites. Ce contre quoi lutte Foucault, c'est la prédétermination d'une instance architectonique, à la fois lieu de formation et unité de légitimation, de codification, d'organisation et de distribution du pouvoir, au profit de l'hypothèse selon laquelle le lieu de la formation du pouvoir est multiple, les mécanismes de pouvoir dépendent d'affrontements locaux et se modifient selon les lieux de son exercice.

La question posée par l'usage du concept de pouvoir est liée à ce que Foucault nomme une « analyse ascendante du pouvoir », qui cherche à « partir des mécanismes infinitésimaux, lesquels ont leur propre histoire, leur propre trajet, leur propre technique et tactique [pour] voir comment ces mécanismes de pouvoir [...] ont été et sont encore investis, colonisés, utilisés, infléchis, transformés, déplacés, étendus, etc., par des mécanismes de plus en plus généraux et des formes de domination globale »[1]. Si l'examen ne se donne pas au départ une instance architectonique, fût-elle implicite, comment comprendre que par les déplacements, les extensions et les transformations est assurée une cohésion des pouvoirs ? Une chose, dénoncer la « facilité » de l'hypothèse unitaire, subsumante et descendante, qui pose qu'est d'emblée identifiable un lieu de formation et d'organisation des pouvoirs ; autre chose, montrer que et comment s'opère une « solidification » des pouvoirs – et non seulement des « transformations » –,

1. M. Foucault, *« Il faut défendre la société »*, Leçon du 14 janvier 1976, *op. cit.*, p. 27.

davantage un « système » des pouvoirs – et non seulement des « migrations » –. Pour répondre à la question de la cohésion des pouvoirs, Foucault propose en première instance le concept de « pouvoir disciplinaire », en seconde instance l'articulation de « l'anatomo-pouvoir » et du « bio-pouvoir », en cherchant à montrer que par ces concepts est rendue intelligible l'organisation tendancielle des pouvoirs pour la séquence historique qui débute en Europe au XVIIe siècle.

Le « pouvoir disciplinaire » est construit différentiellement, en fonction de la « théorie de la souveraineté ». Ne comprenons pas que Foucault prend chemin faisant au sérieux la conception juridique du pouvoir au départ disqualifiée. Si l'hypothèse juridique fournit un anti-concept heuristique, la théorie de la souveraineté est convoquée comme une construction qui comporte une efficace explicative : elle est un édifice juridico-politique construit autour du pouvoir royal à partir de la réactivation médiévale du droit romain et vise à légitimer un monarque et, corrélativement, l'obéissance qui lui est due. Cette théorie, Foucault la construit pour montrer, d'une part en quoi elle a été historiquement efficace, d'autre part que les pouvoirs qui s'exercent à partir du XVIIe siècle lui sont remarquablement étrangers. De la théorie de la souveraineté, Foucault isole les caractères suivants : c'est en premier lieu une théorie qui vise à établir comment un sujet, compris comme un individu doté de capacités ou de puissances, peut et doit devenir un sujet, compris comme un élément assujetti à un rapport de pouvoir ; c'est en deuxième lieu une théorie qui se donne nécessairement une unité fondatrice, l'unité du pouvoir qu'est l'instance souveraine – que celle-ci soit le personnage du monarque ou la forme de l'État – pour que les pouvoirs – capacités ou puissances – puissent être compris comme des pouvoirs politiques ; c'est en troisième lieu une théorie qui se donne nécessairement une légitimité fondamentale, celle de la loi comme telle, précédant et commandant à la fois les lois, pour que l'obéissance à l'instance souveraine soit une obligation. En quoi la théorie de la souveraineté est-elle différentiellement heuristique ? En ce qu'elle est incapable de faire la lumière sur l'exercice suivant des pouvoirs :

– Une mécanique de pouvoir qui porte d'abord sur les corps pour en extraire du travail plus que sur la terre pour en extraire des richesses.

– Un type de pouvoir qui s'exerce continûment par surveillance et non pas d'une façon discontinue par des systèmes de redevance et d'obligation.

– Un système de pouvoir qui suppose un quadrillage serré de coercitions matérielles plus que l'existence physique d'un souverain.

– Une économie de pouvoir qui vise à la fois à faire croître les forces assujetties et à augmenter l'efficacité de ce qui les assujettit plus qu'à obliger des sujets à l'obéissance d'un souverain.

Cette mécanique de pouvoir, ce type de pouvoir, ce système de pouvoir, cette économie de pouvoir, Foucault les place sous le concept de « pouvoir disciplinaire ». Le pouvoir disciplinaire est l'instrument recherché en ce qu'il permet de comprendre qu'à un moment donné – les XVIIe et XVIIIe siècles – il n'y a pas seulement des pouvoirs locaux ni des déplacements de pouvoirs, mais une cohésion des pouvoirs : la « discipline » est ce par quoi communiquent les pouvoirs, leur invariant, ce qui ne signifie pas que les variations sont négligeables.

Le pouvoir disciplinaire est un concept opératoire de deuxième ordre, d'une part distinct du concept opératoire de premier ordre, celui de pouvoir local, identifiable par son lieu d'exercice et le mode d'assujettissement des sujets qui l'exercent, des sujets par lesquels il passe et des sujets sur lesquels il est exercé, d'autre part irréductible au concept de circulation de pouvoirs locaux. Nous pouvons dire que *le* pouvoir est un concept d'ordre zéro, un concept vide qui ne définit aucun niveau de pertinence : le pouvoir n'a pas de réalité historique et est inapte à rendre intelligibles *des* pratiques de pouvoir. Les micro-pouvoirs sont des concepts opératoires de premier ordre ; ils définissent un niveau de pertinence, celui de l'exercice et de la circulation des pouvoirs. Le pouvoir disciplinaire est un concept opératoire de second ordre ; il définit un niveau de pertinence spécifique, celui de la cohésion des pouvoirs, irréductible à leur circulation. Le premier niveau de pertinence est celui des « dispositifs de pouvoirs » et de leur communication, le niveau de la réalité du pouvoir tel qu'il s'exerce dans des lieux et institutions différents, une famille, une école, un hôpital, une manufacture, un casernement. Le second niveau de pertinence est celui des « configurations de pouvoirs », ce qui rend intelligible la cohésion des pouvoirs exercés dans différentes institutions. Entendons-nous sur le statut *opératoire* des niveaux de pertinence : il ne s'agit pas de dire qu'ils définissent des réalités historiques spécifiques. Le premier niveau de pertinence répond à ce que Foucault nomme une « analyse généalogique », qui « reconstitue tout un réseau d'alliance, de communications, de points d'appui ». Il est vrai que l'analyse généalogique vise aussi le second niveau de pertinence puisque, si communication des pouvoirs il y a, c'est qu'est défini « quelque chose d'extérieur et de général ». Ainsi, explique Foucault, l'institution psychiatrique est au XIXe siècle un dispositif de pouvoir en tant que les individus y sont « minorisés » sans que la minorisation soit propre à l'institution psychiatrique – les individus sont également minorisés dans une caserne ou une prison –, en tant également qu'y sont mises en œuvre des techniques de contrôle qui ont cours dans d'autres lieux – l'éducation des enfants, l'assistance des pauvres ou le patronage ouvrier –. Ce qui réunit les institutions est « l'hygiène publique ». Laissons-en suspens le fait que l'hygiène publique a partie liée, non pas avec le pouvoir disciplinaire, mais avec ce que Foucault va nommer le bio-pouvoir. En tout cas, semble-t-il, la distinction des niveaux de pertinence est nulle et non avenue, puisqu'un micro-pouvoir ne pourrait pas avoir d'efficace s'il n'y avait pas ce que Foucault nomme assez curieusement « un projet absolument global, visant la société tout entière et qu'on peut appeler, en gros, l'hygiène publique », expression assez curieuse sauf à neutraliser le volontarisme impliqué par la notion de « projet ». La distinction des niveaux de pertinence tient. Car, si la réalité historique est globalement donnée – l'espace asilaire est dans une société qui se soucie de l'hygiène publique –, il revient précisément à l'analyse généalogique de procéder au « décrochage » des niveaux, qui sont pertinents par et pour l'analyse : le pouvoir disciplinaire n'est pas seulement ce qui passe d'une institution à une autre, mais ce par quoi il y a une cohésion des pouvoirs. « Il ne faut pas confondre la genèse et la filiation avec la généalogie – une analyse généalogique [...] reconstitue tout un réseau d'alliances, de communications, de points d'appui »[1]. L'énigme, pour la généalogie, est en fait double : non seulement comment rendre intelligible la cohésion des pouvoirs par le pouvoir disciplinaire, mais aussi comment comprendre que la circulation des pouvoirs est un « processus ». Dans les notes écrites pour ce cours – et qui n'ont pas été reprises dans la leçon du 8 février 1978 –, Foucault écrit :

> Les technologies de pouvoir ne sont pas immobiles : ce ne sont pas des structures rigides visant à immobiliser par leur immobilité des processus vivants. Les technologies de pouvoir ne cessent de se modifier sous l'action de très nombreux facteurs. Et quand une institution craque, ce n'est pas forcément parce que le pouvoir qui la sous-tendait a été mis hors circuit. Ce peut être parce qu'elle est devenue incompatible avec quelques mutations fondamentales de ces technologies[2].

Pourquoi, à un moment donné, n'y a-t-il plus de « compatibilité » entre des pouvoirs ? Et déjà : pourquoi le « processus » qu'est la circulation des pouvoirs définit-il à un moment donné une stabilité ? Le pouvoir disciplinaire rend-il intelligible qu'à un moment donné, ou tendanciellement, la circulation des pouvoirs est leur cohésion ?

1. M. Foucault, *Sécurité, territoire, population*, Leçon du 8 février 1978, *op. cit.*, p. 121.

2. *Ibid.*, Leçon du 8 février 1978, p. 123-124.

Quelle charge explicative le pouvoir disciplinaire peut-il porter quant à la stabilisation des pouvoirs ? Le pouvoir disciplinaire est un concept intégrateur et incomplet ou fragmentaire. Un concept intégrateur : assurant la cohésion de micro-pouvoirs, il constitue la pièce générale qui autorise à parler d'une époque homogène, ou partiellement homogène, que Foucault nomme « bourgeoise » ou « capitaliste ».

> Ce nouveau type de pouvoir, qui n'est plus réinscriptible dans les termes de la souveraineté, c'est [...] l'une des grandes inventions de la société bourgeoise. Il a été l'un des instruments fondamentaux de la mise en place du capitalisme industriel et du type de société qui lui est corrélatif. Ce pouvoir non souverain, étranger donc à la forme de la souveraineté, c'est le pouvoir « disciplinaire »[1].

Et un concept incomplet ou fragmentaire, parce qu'il doit être articulé avec le concept de bio-pouvoir. Comment comprendre l'articulation des deux concepts ? Foucault procède d'une manière homogène : le bio-pouvoir, pas plus que le pouvoir disciplinaire, ne peut être codé par la théorie de la souveraineté. Et le bio-pouvoir est complémentaire du pouvoir disciplinaire en ce qu'il porte, non pas sur des corps individuels mais sur des corps collectifs, non pas sur des organismes mais sur des « populations ». Le pouvoir disciplinaire est un « anatomo-pouvoir », qui vise à dresser, utiliser, surveiller, éventuellement punir des corps individuels : rendre les corps « utiles et dociles ». Le bio-pouvoir cherche à avoir prise sur la naissance, la reproduction,

1. M. Foucault, *« Il faut défendre la société »*, Leçon du 14 janvier 1976, *op. cit.*, p. 32-33.

les maladies et la mort des membres d'un corps collectif. Une prise de pouvoir, non pas individualisante, mais globalisante, portant sur « l'homme-espèce », et non sur « l'homme-corps »[1]. Retenons les éléments suivants.

– La théorie de la souveraineté constitue la différence heuristique pour le bio-pouvoir, et non seulement pour l'anatomo-pouvoir. Ainsi, la théorie de la souveraineté implique que le souverain détient un droit de vie et de mort sur les sujets. Mais c'est parce que le souverain a un droit sur la mort des sujets qu'il a sur eux un droit de vie : c'est un droit de glaive. Le droit du souverain, c'est le droit de « faire mourir et laisser vivre ». Le bio-pouvoir implique la puissance sur la vie et la mort ; c'est le droit de « faire vivre et laisser mourir », également de « faire vivre et ne pas laisser mourir », puisque le bio-pouvoir vise à avoir une prise détaillée sur les processus de la dégradation de la vie. Non pas le droit massif sur la mort des sujets, mais le pouvoir continu sur ce qui affecte la vie des hommes.

– Le bio-pouvoir s'investit dans des savoirs – non seulement la médecine, mais aussi la démographie et l'économie –, dans des pratiques de contrôle de la natalité, dans des politiques d'hygiène publique et de médicalisation des populations, visant non seulement à contrecarrer les épidémies, mais à prévenir et contrôler les endémies ; le bio-pouvoir s'investit également dans la prise en charge des accidents, de la vieillesse, des infirmités – non seulement par des institutions d'assistance, mais aussi par des mécanismes d'assurance, d'épargne, de sécurité – et dans la prise en

1. M. Foucault, *« Il faut défendre la société »*, Leçon du 17 mars 1976, *op. cit.*, p. 216.

charge des milieux d'existence – ainsi ce qui concerne l'aménagement des territoires et, tout spécialement, des villes.

– Le bio-pouvoir vise à avoir prise sur des « populations » en considérant des phénomènes de masse, des phénomènes individuellement aléatoires mais aussi sériels, susceptibles de constances collectives, et en mettant en place des mécanismes afin de produire des effets de régulation : stimuler la natalité, retarder la mortalité, intervenir sur les accidents, afin de contrôler ce qui est hasardeux au sein d'une population.

Les deux techniques de pouvoir ont sans doute des lieux d'exercice et des modes de prise distincts : des techniques d'utilisation des capacités organiques face à des techniques de sécurisation des populations. Mais les techniques sont aussi articulées : le pouvoir « par en bas », grâce à des mécanismes de dressage et de surveillance au sein d'institutions locales – l'école, l'hôpital, la caserne, l'atelier – va avec le pouvoir « par en haut », le pouvoir sur des « processus biologiques ou bio-sociologiques des masses humaines », qui implique « des organes complexes de coordination et de centralisation »[1]. Que veut dire « aller avec » ? Non seulement que l'apparition du bio-pouvoir est postérieure à celle de l'anatomo-pouvoir à cause de sa « complexité » – l'apparition de l'anatomo-pouvoir au XVIIe et au début du XVIIIe siècles, celle du bio-pouvoir dans la seconde moitié du XVIIIe et au XIXe siècles –, mais aussi qu'elle est un « processus » qui s'investit dans une instance centrale de distribution des pouvoirs : c'est par l'État que la bio-régulation est possible. L'entrée d'un « pouvoir par

1. *Ibid.*, p. 223.

en haut » et de l'État signifie-t-elle que va être défini un troisième niveau de pertinence, celui de l'organisation et de la distribution des pouvoirs, et non seulement de leur cohésion ? Si tel est le cas, à quel concept en appeler, s'il est vrai que l'articulation de l'anatomo-pouvoir et du bio-pouvoir ne peut rendre intelligible le processus qu'est son avènement ?

Dans un premier temps, Foucault se tient à la mise en évidence de points de croisement des deux pouvoirs. Ainsi, la cité ouvrière, au croisement des mécanismes de contrôle des corps – par le découpage des habitations, la visibilité des individus et la normalisation des comportements – et des mécanismes de régulation ou de régularisation des comportements – par l'organisation des conduites d'épargne et d'assurance, par la mise en place de règles d'hygiène. Autre point de croisement des pouvoirs : la sexualité, visée à la fois par le contrôle des corps – d'où, en particulier, la surveillance de la sexualité précoce – et par le contrôle des populations – d'où, en particulier, la surveillance de la transmission des maladies sexuelles sur le fond de la grande peur de la « dégénérescence » qui frapperait une population du fait des « débauchés » –. Foucault va au-delà du repérage de points de croisement, en retenant la « norme » et en plaçant l'articulation des pouvoirs dans l'horizon historique de la « société de normalisation ».

> D'une façon plus générale encore, on peut dire que l'élément qui va circuler du disciplinaire au régularisateur, qui va s'appliquer, de la même façon, au corps et à la population, qui permet à la fois de contrôler l'ordre disciplinaire du corps et les événements aléatoires d'une multiplicité biologique,

> […] c'est la « norme ». […] La société de normalisation, c'est une société où se croisent, selon une articulation orthogonale, la norme de la discipline et la norme de la régulation[1].

Dire que la norme « circule » de l'anatomo-pouvoir au bio-pouvoir, ce n'est pas faire la lumière sur ce qui commande les déplacements et la généralisation modernes du pouvoir. Dans un second temps – dans le cours de 1977-1978, *Sécurité, territoire, population* –, la « gouvernementalité » va constituer la pièce architectonique, *le concept opératoire de troisième ordre*, l'unité d'intégration de l'anatomo-pouvoir et du bio-pouvoir. Mais que demander à la gouvernementalité ? En définissant un ordre propre de pertinence, va-t-elle permettre de faire la lumière sur le caractère processuel de la séquence historique isolée ? Comment envisager la logique évolutive du processus ?

La demande nous semble problématique et acceptable. Demande problématique, étant donné la neutralisation explicative du concept de « cause », auquel Foucault substitue celui de « composition des effets ». Expliquer ne consiste pas en « l'assignation d'une cause toujours plus ou moins métaphorisée dans la source », mais consiste à « partir […] de la multiplicité de processus extraordinairement divers » et à montrer « quels ont été les phénomènes de coagulation, d'appui, de renforcement réciproque, de mise en cohésion, d'intégration ; bref tout le faisceau des processus, tout le réseau de relations qui ont finalement induit comme effet de masse » ce

1. M. Foucault, *« Il faut défendre la société »*, Leçon du 17 mars 1976, *op. cit.*, p. 225.

qui est apparu comme il est apparu[1]. Nous pouvons certes penser que par l'équivoque des métaphores est à la fois exprimée et masquée la fragilité ou la faiblesse de l'explication. Nous pouvons aussi comprendre que l'équivoque des métaphores est l'index de la complexité appelée « composition des effets » : si les effets sont ce qu'ils sont, c'est qu'il y a *à la fois* coagulation, mise en cohésion et intégration. La coagulation signifie que la multiplicité des processus n'est pas leur juxtaposition, la mise en cohésion signifie que le rapport des processus est une organisation, l'intégration signifie que l'organisation définit une réalité spécifique, supérieure à celle de ce qui est organisé. Aussi la demande nous semble-t-elle acceptable : si la discipline des corps est à l'œuvre dans les institutions régionales que sont l'école ou l'atelier et si le contrôle des populations est à l'œuvre dans les mesures d'hygiène publique et les mécanismes d'assurance, n'est-ce pas que les différents contrôles sont intelligibles en tant que la « composition des effets » est selon une ligne évolutive, qui rend raison que « le plus complexe » succède au « moins complexe » comme moments du processus qui les intègre ? Ou faut-il faire le deuil de l'intérêt accordé à la mise en évidence d'une ligne de force historique générale ?

La thématisation du concept de gouvernementalité répond à la question visant l'intellection de l'organisation des pouvoirs qui apparaissent, se déplacent, se transforment, se solidifient depuis le XVIIe siècle. Comme s'agissant de l'anatomo-pouvoir et du bio-pouvoir, la thématisation est effectuée différentiellement. Et, comme

1. M. Foucault, *Sécurité, territoire, population*, Leçon du 8 mars 1978, *op. cit.*, p. 244.

s'agissant du concept de pouvoir, l'examen comporte un enjeu polémique : lutter contre « la survalorisation du problème de l'État »[1].

La procédure adoptée par Foucault est sélective et discriminante. Procédure sélective : Foucault se contente « d'un tout petit repérage dans l'histoire même du mot [gouvernement], à une période où il n'avait pas encore le sens politique, le sens étatique qu'il commence à avoir de façon rigoureuse au XVIe-XVIIe siècles »[2]. Point n'est besoin d'examiner extensivement le concept de gouvernement – le gouvernement des enfants, des familles, d'une maison, de soi, des âmes… – pour faire de « l'art de gouverner » la cible de l'interrogation, en tant non seulement qu'il est caractéristique du « gouvernement des hommes », mais aussi qu'il définit « l'instance de la réflexion dans la pratique de gouvernement et sur la pratique de gouvernement ».

> Je n'ai pas étudié, je ne veux pas étudier la pratique gouvernementale réelle, telle qu'elle s'est développée en déterminant ici et là la situation qu'on traite, les problèmes posés, les tactiques choisies, les instruments utilisés, forgés ou remodelés, etc. J'ai voulu étudier l'art de gouverner, c'est-à-dire la manière réfléchie de gouverner au mieux et aussi et en même temps la réflexion sur la meilleure manière possible de gouverner. C'est-à-dire que j'ai essayé de saisir l'instance de la réflexion dans la pratique de gouvernement et sur la pratique de gouvernement[3].

1. *Ibid.*, Leçon du 1er février 1978, p. 112.
2. *Ibid.*, p. 124.
3. M. Foucault, *Naissance de la biopolitique*, Leçon du 10 janvier 1979, *op. cit.*, p. 4.

L'art de gouverner est un complexe théorico-pratique, une instance qui fait tenir ensemble des pouvoirs généraux et de détail en les organisant selon des règles cohérentes ; l'art de gouverner n'est ni un ensemble de pratiques concrètes ni un corpus doctrinal, mais la rationalité à l'œuvre dans une pratique qui sera dite gouvernementale en tant qu'elle fédère l'exercice des pouvoirs. Seulement, il ne s'agit pas de commencer par définir le concept d'art de gouverner pour le spécifier ensuite en fonction de la détermination de séquences historiques, mais de chercher si et comment émerge, à un moment donné, un type remarquable de rationalité qui règle des pratiques homogènes. Pourquoi procéder ainsi ? Foucault met en rapport la procédure qu'il adopte avec la « critique des universaux sociologiques » que sont le souverain, le peuple, les sujets, l'État, la société civile. « Supposons que les universaux n'existent pas » et demandons-nous ce qu'il en est de ce qui passe pour être des universaux en fonction de la considération de pratiques concrètes. « Je voudrais partir de ces pratiques concrètes et passer en quelque sorte les universaux à la grille de ces pratiques »[1]. Est-ce à dire que Foucault va également mettre l'art de gouverner à l'épreuve des pratiques concrètes ? Non, précisément : les universaux sociologiques sont des concepts subsumants qu'il faut neutraliser, quand l'art de gouverner est un concept discriminant qui a, lui, une valeur heuristique en tant qu'il vise à distinguer des « types », non pas abstraitement, mais en étant mis en rapport avec des pratiques. User du concept d'art de gouverner, ce n'est pas descendre d'une

1. M. Foucault, *Naissance de la biopolitique*, Leçon du 10 janvier 1979, *op. cit.*, p. 5.

généralité conceptuelle à des spécifications en fonction d'enquêtes de terrain, mais c'est chercher si et comment par la distinction des arts de gouverner sont distinguées des époques.

Comment user d'une procédure différentielle s'agissant de l'art de gouverner moderne dont nous supposons, au point où nous sommes, qu'il est « un certain type de rationalité qui [permet] de régler la manière de gouverner sur quelque chose qui s'appelle l'État, […] un État qui se donne comme étant déjà là […], mais [qui est] en même temps un objectif à construire »[1], un investissement rationnel dans un État permettant d'articuler l'anatomo-pouvoir et le bio-pouvoir ? Quel art de gouverner est pertinent différentiellement ? L'art de gouverner apparu sous l'Antiquité, dans l'Orient méditerranéen, intelligible selon un « modèle pastoral ». Selon ce modèle, celui qui gouverne est intelligible comme un berger. Il est vrai que le recours à cet art de gouverner – dont l'explication occupe une grande partie du cours de 1977-1978 – n'est pas sans difficulté. Lorsqu'il récupère au début du cours de l'année suivante le parcours exposé dans *Sécurité, territoire, population*, Foucault envisage l'investissement de la pratique gouvernementale dans l'État. Or l'art de gouverner pastoral ne donne précisément pas de statut à l'État. Certes, nous pouvons penser que telle est la singularité de l'art de gouverner moderne. Mais faire appel à un art de gouverner qui ne s'investit pas dans l'État, n'est-ce pas poser une différence trop forte pour être heuristique ? Ne faudrait-il pas convoquer d'autres rationalités gouvernementales politiques pour mettre en évidence

1. *Ibid.*.

des différences plus fines, dont la vertu explicative serait plus solide ? Ou faut-il penser que Foucault trace une différence large pertinente – celle du type pastoral et du type étatique – et des différences fines pertinentes, celles qui affectent le type étatique, différences auxquelles correspondent des périodes de l'âge moderne ?

Comment le type pastoral de l'art de gouverner est-il construit ? Celui qui dirige est comme un berger :

– qui exerce un pouvoir, moins sur un territoire que sur un troupeau qu'il faut mener à bon port ou dont il faut assurer le salut ;

– qui exerce sur le troupeau un pouvoir bienfaisant, prenant soin des êtres qui lui sont confiés, donc qui fait preuve de zèle pour le troupeau ;

– qui prend soin à la fois de tous et de chacun, mais qui est aussi décidé à abandonner le troupeau pour sauver la brebis égarée.

Ce type rend intelligible l'organisation de la communauté ecclésiale au sein du christianisme, et la Réforme ne l'a pas mis en cause, la grande question étant de savoir qui est berger. Chez les Hébreux, le pasteur est Dieu, et seul David, le roi fondateur, est désigné comme pasteur. Au sein de l'Église romaine, non seulement Dieu est pasteur, mais aussi le Christ, les Apôtres, Pierre, fondateur de l'Église, et les évêques, qui ont pour charge de « garder le troupeau », mais non pas ceux qui sont en charge des paroisses, les curés. La Réforme ne va pas mettre en cause le type pastoral du gouvernement, mais opposer à la construction verticale et centralisée une organisation horizontale et capillaire du gouvernement. Le pouvoir pastoral fut l'enjeu de luttes variables par leur intensité, mais durables.

> [...] Du XIIIe au XVIIIe siècle, toutes ces luttes qui ont culminé dans les guerres de religion étaient fondamentalement des luttes pour savoir qui aurait effectivement le droit de gouverner les hommes, gouverner les hommes dans leur vie quotidienne, dans le détail même et dans la matérialité qui fait leur existence, pour savoir qui a ce pouvoir, de qui il le tient, comment il l'exerce, avec quelle marge d'autonomie pour chacun, quelle qualification pour ceux qui exercent ce pouvoir, quelle limite de leur juridiction, quel recours on peut avoir contre eux, quel contrôle se fait les uns sur les autres ; tout ceci, cette grande bataille de la pastoralité, a traversé l'Occident du XIIIe au XVIIIe siècle, et sans que jamais finalement le pastorat ait été effectivement liquidé[1].

Nous avons un type de gouvernementalité qui définit une rationalité spécifique, la distribution du pouvoir en fonction de la notion de soin due à un troupeau, qui rend intelligible la spécificité des conflits qui affectent l'exercice du pouvoir, conflits qui portent sur l'identité de ceux qui prodiguent des soins et le mode de leur administration, et qui est étrangère à la question du pouvoir politique.

En quoi le type pastoral est-il différentiellement pertinent pour rendre intelligible la gouvernementalité moderne ? En ce que le type est organisé en fonction des trois notions solidaires de troupeau, de soin et de protection des individus, dont se distinguent remarquablement les trois notions solidaires de territoire, de prospérité et de gestion des groupes. Comment émerge le type de la gouvernementalité moderne ? Par l'organisation des

1. M. Foucault, *Sécurité, territoire, population*, Leçon du 15 février 1978, *op. cit.*, p. 152-153.

pouvoirs autour des notions de « raison d'État », de « police » et de « population ».

– L'émergence de la notion de raison d'État. Ce qu'un prince doit savoir, c'est qu'il dirige un territoire en fonction de la conscience d'un environnement hostile : les États luttent les uns contre les autres pour assurer leur survie, de telle sorte que l'État est viable s'il se dote d'un appareil militaire – pour attaquer et se défendre – et d'un appareil diplomatique – pour passer des alliances. Par les alliances est assurée une composition de forces potentiellement conflictuelles afin de maintenir un équilibre entre les États. La grande préoccupation des princes est celle de la « balance » : faire en sorte que par la composition des forces aucun État ne l'emporte sur les autres. L'émergence de la notion de raison d'État signifie qu'à la notion de troupeau est substituée celle de territoire.

– L'émergence de la notion de police, au sens de l'organisation des moyens qui permettent de faire croître de l'intérieur les forces de l'État : non pas seulement une dynamique des forces des États en vue d'une statique, l'équilibre des forces, mais la production de forces au sein d'un corps politique. D'où le souci de la production par la formation de la main-d'œuvre, l'organisation du commerce en vue de l'exportation afin que le volume des richesses augmente. Plus un État est riche, plus il est fort. L'émergence de la notion de police signifie qu'à la notion de soin est substituée celle de prospérité.

– L'émergence de la notion de population : la police n'est pas seulement l'organisation des moyens qui permettent de faire croître les forces de l'État, mais aussi l'organisation de ceux qui produisent, achètent, vendent, sur lesquels des impôts sont prélevés, afin que ne soient ni la misère, ni le vagabondage, ni la mendicité. L'émergence de la notion de population signifie qu'à la notion de protection des individus – fût-ce au prix du sacrifice de tous – est substituée la notion de gestion des groupes.

Dire que la trinité du territoire, de la prospérité et de la gestion des groupes, distinguée de la trinité du troupeau, du soin et de la protection des individus, est constitutive de l'art de gouverner moderne, c'est comprendre qu'à celui-ci ne correspond pas simplement l'exercice de l'autorité politique, mais qu'il définit « le point de vue global de la technologie de pouvoir »[1]. Définir ce point de vue, c'est comprendre que l'organisation des pouvoirs passe par l'investissement dans l'État, qui est au point de croisement de la prise en charge d'un territoire, du souci de la prospérité et de la gestion d'une population. L'art de gouverner est l'unité de troisième ordre, dont l'identification rend intelligible le couplage de l'anatomo-pouvoir et du bio-pouvoir par leur intégration à un « régime » qui les excède. Au moment d'entamer l'examen de la gouvernementalité, Foucault déclare :

> Est-ce qu'il est possible de replacer l'État moderne dans une technologie générale de pouvoir qui aurait assuré ses mutations, son développement, son fonctionnement? Est-ce qu'on peut parler de quelque chose comme une « gouvernementalité », qui serait à l'État ce que les techniques de ségrégation étaient à la psychiatrie, ce que les techniques de discipline

1. M. Foucault, *Sécurité, territoire, population*, Leçon du 15 février 1978, *op. cit.*, p. 121.

> étaient au système pénal, ce que la biopolitique était aux institutions médicales ? Voilà un petit peu l'enjeu de ce cours[1].

Et un an plus tard :

> [...] Il me semble que l'analyse de la biopolitique ne peut se faire que lorsqu'on a compris le régime général de cette raison gouvernementale dont je vous parle, ce régime général que l'on peut appeler la question de la vérité, premièrement de la vérité économique à l'intérieur de la raison gouvernementale, et par conséquent si on comprend bien de quoi il s'agit dans ce régime qui est le libéralisme, lequel s'oppose à la raison d'État – ou plutôt la modifie fondamentalement sans peut-être en remettre en question les fondements –, c'est une fois qu'on aura su ce [qu'est] ce régime gouvernemental appelé libéralisme qu'on pourra, me semble-t-il, saisir ce qu'est la biopolitique[2].

Premièrement, supposer que la gouvernementalité est à l'État ce qu'est l'anatomo-pouvoir aux institutions pénales et le bio-pouvoir aux institutions médicales, c'est remonter à une unité qui, par un effet de retour, va rendre intelligible, non pas l'émergence de l'anatomo-pouvoir et du bio-pouvoir, mais leur cohésion. La cohésion suppose la distribution des pouvoirs par l'investissement de la raison gouvernementale dans l'État. « Est-ce qu'il y a, par rapport à l'État, un point de vue englobant comme le point de vue des disciplines l'était par rapport

1. M. Foucault, *Sécurité, territoire, population*, Leçon du 8 février 1978, *op. cit.*, p. 124.

2. M. Foucault, *Naissance de la biopolitique*, Leçon du 10 janvier 1979, *op. cit.*, p. 24.

aux institutions locales et définies ? »[1]. Oui, mais la gouvernementalité ne définit pas simplement un point de vue englobant le pouvoir disciplinaire, comme celui-ci définit un point de vue englobant les institutions de l'asile, de la prison, de la caserne. Pour rester dans le même ordre métaphorique, ce qui est obtenu en passant du couplage de l'anatomo-pouvoir et du bio-pouvoir à la gouvernementalité, ce n'est pas un point de vue plus large, mais un *géométral*, c'est-à-dire, non pas une vue cavalière de l'édifice, mais un « plan » qui représente l'agencement, les formes, les dimensions des différentes parties de l'édifice. Le géométral ne représente pas l'édifice de tel ou tel point de vue, mais *rend raison* de ce qui peut être appréhendé de différents points de vue. La gouvernementalité est ce qui rend raison de l'organisation et de la distribution des pouvoirs pour une séquence historique déterminée.

Deuxièmement, il n'en reste pas moins que l'analyse construit un géométral en tant qu'est considéré un processus. Il est possible de reprendre la métaphore perspectiviste. Les différents moments du processus dont le géométral est l'art de gouverner sont différents points de vue. Les points de vue ne sont pas extérieurs au processus mais lui sont immanents, et le processus est le déplacement des points de vue. Non pas des points de vue sur le processus, mais le processus comme intégration des points de vue. Quels sont ces « points de vue » ? L'investissement de la rationalité gouvernementale dans la raison d'État, *puis* dans l'État de police.

1. M. Foucault, *Sécurité, territoire, population*, Leçon du 8 février 1978, *op. cit.*, p. 122.

> […] La notion de population n'est pas présente et n'est pas opératoire dans cette première analyse de la raison d'État. […] La raison d'État a bien défini un art de gouverner dans lequel la référence à la population était implicite, mais précisément n'était pas encore entrée dans le prisme réflexif. Ce qui va se passer, du début du XVIIe siècle au milieu du XVIIIe, ça va être une série de transformations grâce auxquelles et à travers lesquelles […] cette notion de population va être élaborée. Elle va être élaborée à travers un appareil qui a été mis en place pour faire fonctionner la raison d'État. Cet appareil, c'est la police[1].

Ce que Foucault nomme « un premier ensemble technologique caractéristique de ce nouvel art de gouverner : le système diplomatico-militaire », système qui émerge au XVIIe siècle, ne se fixe pas sur la population, cible du « deuxième ensemble caractéristique du nouvel art de gouverner selon la raison d'État : la police », calcul et technique permettant d'assurer le bon emploi des forces de l'État, ensemble élaboré du XVIIe siècle jusqu'au milieu du XVIIIe siècle. Telle est la différence fine, ou une différence fine immanente à l'art moderne de gouverner, rendant intelligible l'évolution du processus, et distincte de la différence systématique et massive de l'art de gouverner pastoral et de l'art de gouverner moderne. Différence fine, c'est-à-dire *du* processus, ce qui permet de comprendre que, dès lors que se substitue à l'idée de la rivalité des princes celle de la concurrence des États pour régler la « balance de l'Europe », l'introduction de l'idée de la concurrence provoque des

1. M. Foucault, *Sécurité, territoire, population*, Leçon du 15 mars 1978, *op. cit.*, p. 283-284.

« transformations » qui concernent les investissements de l'État.

– On cesse de penser l'affrontement à partir de la puissance du prince, mais à partir de celle de l'État.

– On cesse d'estimer la puissance de l'État par l'étendue de ses possessions, mais par les ressources dont il dispose.

– On cesse d'envisager l'affrontement en fonction des alliances dynastiques, mais en fonction de combinaisons provisoires d'intérêts.

À plus ou moins long terme, la question de la croissance des forces de l'État sera décisive pour envisager ce qu'avait investi la raison d'État, la protection d'un territoire.

Qu'est-ce qu'un art de gouverner? Un « prisme pratico-réflexif »[1]. Un art de gouverner fait intervenir une pluralité d'éléments, en particulier des idées, des théories, des doctrines qui définissent une cohérence et possèdent un statut « stratégique » en organisant des pratiques concrètes. Qu'il y ait une cohérence entre différents éléments ne signifie pas qu'ils sont simultanément décisifs : c'est par le déplacement du statut stratégique des éléments qu'est intelligible un processus. Un art de gouverner définit un « régime de vérité », ce qui donne une forme rationnelle aux intérêts que l'art de gouverner prend en charge pour être conforme à ce qu'il doit être. Le « régime de vérité » est un « principe de rationalisation » par lequel n'est pas seulement assurée une cohérence entre les différents éléments du prisme, mais qui autorise à évaluer la rectitude des pratiques.

1. *Ibid.*, Leçon du 15 janvier 1978, p. 282.

Ainsi, déclare Foucault, au XVIIe siècle est appelée par le régime de vérité la position de la question :

> [...] Est-ce que je gouverne [...] avec assez de détail pour porter l'État jusqu'au point fixé par son devoir-être, pour porter l'État à son maximum de force ? Et maintenant [à la fin du XVIIIe siècle], le problème va être : est-ce que je gouverne assez bien à la limite de ce trop et de ce trop peu, entre ce maximum et ce minimum que me fixe la nature des choses – je veux dire : les nécessités intrinsèques aux opérations du gouvernement ?[1]

Mais si cette question à finalité évaluative « du trop et du trop peu de gouvernement » est pertinente au sein de l'espace de problématisation qu'est le régime de vérité, c'est que le prisme pratico-réflexif est modifié, c'est qu'est décisive une différence autre que celles de la raison d'État et de l'État de police, la différence à laquelle le nom de « libéralisme » a été donné. D'où la question : qu'est-ce qui conduit à affirmer qu'avec le « libéralisme » l'art de gouverner moderne est remarquablement et durablement altéré ? Si nous supposons qu'avec le libéralisme n'émerge pas un art de gouverner radicalement nouveau, qui romprait avec la trinité du territoire, de la prospérité et de la gestion des populations, qu'est-ce qui singularise la rationalité gouvernementale libérale ? L'art de gouverner libéral n'est-il pas placé dans un état de tension entre le principe qu'il se donne, « le principe de l'autolimitation de la raison gouvernementale » et ce qui résulte de l'art moderne de gouverner, « l'étatisation progressive,

1. M. Foucault, *Naissance de la biopolitique*, Leçon du 10 janvier 1979, *op. cit.*, p. 21.

morcelée à coup sûr, mais continue d'un certain nombre de pratiques »[1] ?

Qu'un art de gouverner ait une stabilité pluriséculaire, l'art de gouverner pastoral pourrait en témoigner. Que la stabilité ne soit pas exclusive de transformations, l'art pastoral pourrait également être convoqué, et Foucault met les transformations en rapport avec les « luttes » dont l'enjeu est l'identité des détenteurs de l'autorité pastorale et les modes de l'administration des soins. Il n'en va pas de même s'agissant de l'art moderne de gouverner : si le « libéralisme » est décisif et durable, il est intégré selon sa différence propre au développement du processus qui se met en place avec l'investissement dans la raison d'État. « Ce n'est pas autre chose que la raison d'État, [...] c'est plutôt le point d'inflexion de la raison d'État dans la courbe de son développement »[2]. En quels termes envisager le libéralisme, non pas doctrinalement, mais stratégiquement, en tant qu'il est l'élément architectonique de l'économie des pouvoirs à partir de la deuxième moitié du XVIIIe siècle ? Est propre à la gouvernementalité libérale « la mise en place d'un principe de limitation », « une régulation interne de la rationalité gouvernementale », qui définit « l'âge de la raison gouvernementale critique »[3]. À l'autolimitation de la raison gouvernementale, Foucault attache trois caractères décisifs : le marché, principe de véridiction et non pas lieu de juridiction, la limitation par le calcul de l'utilité gouvernementale, la mondialisation de l'enjeu de l'art de gouverner.

1. *Ibid.*, Leçon du 31 janvier 1979, p. 79.
2. *Ibid.*, Leçon du 17 janvier 1979, p. 30.
3. *Ibid.*, Leçon du 10 janvier 1979, p. 12 et p. 14.

Premier caractère remarquable. Que veut dire que le marché est un « principe de véridiction », et non pas un lieu de juridiction ? Le marché est un lieu de juridiction en tant qu'il est un lieu de réglementation, non seulement quant aux objets proposés et aux procédures de leur vente, mais aussi quant à leur prix, qui doit « entretenir un certain rapport avec le travail fait, avec les besoins des marchands, avec les besoins [...] et les possibilités des consommateurs »[1]. La réglementation répond à un principe de justice : d'une part les prix des produits fondamentaux que sont les produits alimentaires sont fixés afin que le plus grand nombre puisse les acheter, d'autre part les acheteurs sont protégés du risque des fraudes et de la mauvaise qualité des objets. Le marché est un principe de véridiction – ce qui advient selon Foucault au milieu du XVIIIe siècle – s'il est supposé être doté de mécanismes « naturels », de telle sorte que le « bon prix » ou « prix normal » se fixe spontanément comme expression du rapport adéquat du coût de la production d'un objet et de l'étendue de la demande des acheteurs. Le bon prix n'a pas à être fixé, il est une « oscillation » entre deux variables. Le présupposé de l'établissement spontané du « bon prix » est le caractère heureux du jeu de la concurrence : si les prix des marchandises ne sont pas fixés pour être bénéfiques aux acheteurs – telle est la visée de la réglementation des prix –, le prix leur est néanmoins profitable, un vendeur ne pouvant fixer un prix sans tenir compte de la concurrence d'autres vendeurs, de telle sorte que la liberté des prix est bénéfique à tous ceux que le marché réunit. « Maximum

1. M. Foucault, *Naissance de la biopolitique*, Leçon du 17 janvier 1979, *op. cit.*, p. 32.

de profit du côté du vendeur, minimum de dépenses pour les acheteurs », équilibre qui est envisagé comme un « mécanisme d'enrichissement mutuel »[1].

> [...] Ce qu'on découvre à ce moment-là, à la fois dans la pratique gouvernementale et dans la réflexion de cette pratique gouvernementale, c'est que les prix, dans la mesure où ils sont conformes aux mécanismes naturels du marché, vont constituer un étalon de vérité qui va permettre de discerner dans les pratiques gouvernementales celles qui sont correctes et celles qui sont erronées[2].

Le marché définit un « régime de vérité » : il détermine ce qu'est en vérité un gouvernement et ce qu'il doit être en pratique, les mesures qu'il a à prendre et les règles qu'il doit fixer.

Deuxième caractère remarquable : « la limitation par le calcul de l'utilité gouvernementale ». C'est en ces termes que Foucault récapitule l'examen[3]. Mais lorsque l'examen est mené à bien, Foucault envisage comme deuxième caractère « les bornes juridiques [mises] à l'exercice d'une puissance publique »[4]. Si est prise au pied de la lettre la formulation terminale, il faut comprendre que la limitation de l'exercice gouvernemental est directement déductible du principe de véridiction constitué par les mécanismes du marché : le critère de l'action gouvernementale est sa possible nuisance à l'égard de ce sur quoi il n'a pas à intervenir – le libre jeu du marché – et sa souhaitable utilité à

1. *Ibid.*, Leçon du 24 janvier 1979, p. 55.
2. *Ibid.*, Leçon du 17 janvier 1979, p. 33.
3. *Ibid.*, Leçon du 24 janvier 1979, p. 62.
4. *Ibid.*, Leçon du 17 janvier 1979, p. 40.

l'égard de ce sur quoi il a à intervenir – ce qui entrave le libre jeu.

> La limite de la compétence du gouvernement sera définie par les frontières de l'utilité d'une intervention gouvernementale. [Il faut] poser à un gouvernement, à chaque instant, à chaque moment de son action, à propos de chacune de ses institutions, vieilles ou récentes, la question : est-ce utile, à quoi [est-ce] utile, dans quelles limites [est-ce] utile, à partir de quoi ça devient[-il] inutile, à partir de quoi ça devient[-il] nuisible ?[1]

Il en est ainsi parce qu'est conféré un statut central à la notion d'intérêt au sein de l'espace de problématisation. D'un côté, si le marché fonctionne spontanément d'une manière correcte, c'est que ceux qu'il réunit par l'échange des marchandises y trouvent leur compte ; d'un autre côté, en tant que la puissance publique « manipule des intérêts », il est de son intérêt de leur être utile. L'intérêt du gouvernement n'est pas le bien propre à l'État, il est de veiller au « jeu complexe des intérêts ».

> Cet intérêt [du gouvernement] n'est plus [...] celui de l'État entièrement référé à lui-même et qui ne cherche que sa croissance, sa richesse, sa population, sa puissance, comme c'était le cas dans la raison d'État. L'intérêt maintenant au principe duquel la raison gouvernementale doit obéir, ce sont des intérêts, c'est un jeu complexe entre les intérêts individuels et les intérêts collectifs, l'utilité sociale et le profit économique, entre l'équilibre du marché et le régime de la puissance publique[2].

1. M. Foucault, *Naissance de la biopolitique*, Leçon du 17 janvier 1979, *op. cit.*, p. 42.
2. *Ibid.*, p. 46.

Que le jeu des intérêts soit un rapport harmonieux, qu'il y ait un équilibre entre l'utilité sociale et le profit économique est à la fois le présupposé et l'objectif de l'action gouvernementale : si l'harmonie du rapport n'était pas présupposée, l'action gouvernementale serait impossible ; et si l'harmonie était réalisée, l'action serait inutile. « Question fondamentale du libéralisme : quelle est la valeur d'utilité du gouvernement et de toutes les actions du gouvernement dans une société où c'est l'échange qui détermine la vraie valeur des choses ? »[1]. Question fondamentale, dans la mesure où des mécanismes du marché est directement déductible ce qui est du ressort du gouvernement. Néanmoins, Foucault fait intervenir un élément tiers, celui du « droit public ». Pourquoi et comment ? Foucault procède de nouveau différentiellement, distinguant sous le rapport du droit l'État de police et l'État de moindre gouvernement. L'État de police confond le gouvernement avec l'administration ; mais si celle-ci n'est ni arbitraire ni illimitée, c'est que l'exercice du pouvoir souverain est doublement encadré, par les discours juridiques d'une part, par les institutions judiciaires et les magistrats d'autre part : les discours juridiques posent la question de la légitimité du souverain et délimitent ses droits, les institutions judiciaires et les magistrats veillent à ce que l'action du souverain s'inscrivent à l'intérieur des limites du droit. Le « gouvernement frugal » convoque le droit, non pas pour veiller à ce que le pouvoir du souverain ne soit ni arbitraire ni illimité, mais pour délimiter ce qui est de la compétence de la pratique gouvernementale, pour « constituer la régulation de la puissance publique ».

1. *Ibid.*, p. 48.

Deux voies ont été proposées, celle qui délimite ce qui est de la compétence du souverain « à partir des droits de l'homme », et celle qui part, non pas du droit, mais de la pratique gouvernementale elle-même. La première voie, qui détermine « les droits imprescriptibles » des hommes, Foucault la nomme « juridico-déductive » en l'attachant au nom de Rousseau et à la Révolution française ; l'autre voie, Foucault la nomme « radicale » et lui attache l'utilitarisme. L'art moderne de gouverner fait coexister deux conceptions hétérogènes. Si le marché est le principe de véridiction architectonique de l'art de gouverner libéral, la compréhension « radicale », qui abaisse la pertinence de la question de la fondation pour prendre au sérieux celle de la pratique gouvernementale, est strictement solidaire du principe de véridiction, quand l'autre compréhension, « juridico-déductive », est une pièce rapportée.

> [...] Il est bien évident [...] que, dans les deux systèmes, il y en a un qui a tenu et qui a été fort et l'autre, au contraire, qui a régressé. Celui qui a tenu et [...] qui a été fort, c'est bien entendu la voie radicale qui consistait à essayer de définir la limitation juridique de la puissance publique en termes d'utilité gouvernementale. Et c'est cette ligne de pente-là qui va caractériser non seulement l'histoire du libéralisme européen proprement dit, mais l'histoire de la puissance publique en Occident. [...] On est entré, depuis le début du XIXe siècle, dans un âge où le problème de l'utilité recouvre de plus en plus tous les problèmes traditionnels du droit[1].

1. M. Foucault, *Naissance de la biopolitique*, Leçon du 17 janvier 1979, *op. cit.*, p. 45.

Si relève du prisme pratico-réflexif de l'art de gouverner moderne une conception hétérogène à la thématisation de l'intérêt – et c'est en tant qu'elle a eu une efficace historique qu'elle n'est pas seulement une conception –, la pratique gouvernementale déductible de la « vérité » du marché a été tendanciellement dominante.

Troisième caractère remarquable : la mondialisation de l'enjeu de l'art de gouverner. L'art libéral de gouverner définit à nouveaux frais l'espace international. Ici encore, il faut procéder par différence, en distinguant l'État de police et l'État de moindre gouvernement. De l'État de police, qui vise à faire croître la richesse, donc la puissance de chaque État, est solidaire la « balance de l'Europe », qui cherche, par la composition des forces des États, à faire en sorte qu'aucun État ne domine les autres : c'est l'équilibre des puissances comme correctif de la propension expansive de chaque puissance. Pour l'art libéral de gouverner, il ne s'agit pas de corriger par des alliances la menace que les États font peser les uns sur les autres, mais d'étendre à l'Europe, et même au monde la réalité du marché, en fonction du présupposé selon lequel le marché fait fonctionner un mécanisme d'enrichissement mutuel. Ce qui vaut pour un État, qui est d'abord un marché, doit valoir pour les relations entre les États, qui ont à constituer un marché mondial.

> On trouve [...] cette idée, qui va être maintenant au centre du jeu économique tel qu'il est défini par les libéraux, qu'en fait l'enrichissement d'un pays, comme l'enrichissement d'un individu, ne peut effectivement s'établir à long terme et se maintenir que par un enrichissement mutuel. [...] Il faut que mon voisin soit riche, et mon voisin sera riche dans la

> mesure où je m'enrichirai par mon commerce mutuel avec lui. Enrichissement par conséquent corrélatif, enrichissement en bloc, enrichissement régional : ou l'Europe tout entière sera riche, ou l'Europe tout entière sera pauvre[1].

La mondialisation du marché ne signifie pas que les États européens sont à la recherche de vendeurs et d'acheteurs extra-européens, mais qu'ils s'enrichiront mutuellement par la mondialisation de ce qu'il y a à acheter et à vendre. « L'Europe est maintenant en état d'enrichissement permanent et collectif par sa propre concurrence, à condition que ce soit le monde entier qui constitue son marché. [...] Le jeu est en Europe, mais l'enjeu c'est le monde »[2]. Donc, non pas bloquer la concurrence des États par le jeu des alliances, mais ouvrir au monde le jeu de la concurrence. Or Foucault reconnaît que si l'idée de la mondialisation du marché guide l'art de gouverner depuis le XVIIIe siècle, les choses n'ont pas été conformes à cette idée.

> [...] S'il est vrai que se découvre à cette époque [dans la deuxième moitié du XVIIIe siècle] quelque chose comme un marché mondial et planétaire, si s'affirme à ce moment-là la position privilégiée de l'Europe par rapport à ce marché mondial, si s'affirme également à cette époque l'idée que la concurrence entre États européens est un facteur de l'enrichissement commun, *bien entendu* – l'histoire le prouve par tous les bouts –, ça ne veut pas dire pour autant qu'on entre dans une époque de paix européenne et de planétarisation pacifique de la politique. [...] Je crois, et c'est ce que

1. M. Foucault, *Naissance de la biopolitique*, Leçon du 24 janvier 1979, *op. cit.*, p. 55-56.
2. *Ibid.*, p. 57.

> j'ai voulu vous montrer, qu'apparaît *simplement* à ce moment-là *une certaine forme de réflexion, d'analyse et de calcul* qui s'intègre en quelque sorte à des pratiques politiques qui peuvent obéir parfaitement à un autre type de calcul, à une autre économie de pensée, à une autre pratique du pouvoir[1].

Affirmation problématique. Ou bien l'art libéral de gouverner est « une certaine forme de réflexion, d'analyse et de calcul » sans efficace, et l'examen considère le libéralisme doctrinalement, et non pas stratégiquement. Ou bien le rapport de l'art libéral de gouverner et de ce qui s'est passé en Europe et dans le monde est pertinent, et l'examen doit poser la question : ce qui s'est passé en Europe doit-il être mis en rapport avec un autre art de gouverner, indéterminable à partir du libéralisme ? Ou faut-il prendre au sérieux l'élément de la « résistance » à l'exercice de l'art libéral de gouverner, notion que l'examen de l'art pastoral de gouverner a thématisée ? Laissons la difficulté en suspens, ou envisageons pour le moment la question sous le rapport de l'extension de la prise étatique sur les individus et les populations.

Qu'en est-il de la tension de l'autolimitation de la pratique gouvernementale et de « l'étatisation progressive, morcelée et continue d'un certain nombre de pratiques » ? L'étatisation est-elle un élément extérieur, sur lequel l'art libéral de gouverner viendrait butter et qu'il tenterait de réduire autant que faire il peut ? Il faut plutôt envisager un rapport à la fois conditionnel et consécutif de la pratique gouvernementale libérale et des mécanismes de contrôle des individus et des populations. D'un côté, l'art moderne de gouverner commande une

1. *Ibid.*, p. 60, nous soulignons.

pratique « consommatrice de liberté dans la mesure où elle ne peut fonctionner que [s'il] y a effectivement un certain nombre de libertés : liberté du marché, liberté du vendeur et de l'acheteur, libre exercice du droit de propriété, liberté de discussion, éventuellement liberté d'expression, etc. ». D'où la tâche assignée à la pratique gouvernementale : « Se présenter comme gestionnaire de la liberté », au sens de produire les conditions qui permettent aux libertés d'être exercées. Mais, d'un autre côté, produire les conditions de l'exercice des libertés, ce n'est pas simplement délimiter cet exercice, c'est le limiter, le contrôler, le borner, voire l'empêcher. « Il faut d'une main produire la liberté, mais ce geste même implique que, de l'autre, on établisse des limitations, des contrôles, des coercitions, des obligations appuyées sur des menaces, etc. »[1]. D'où la situation « paradoxale » de l'exercice des libertés tout au long du XIXe siècle. Ainsi, la liberté de commerce dont est solidaire la mondialisation du marché, a comme « envers et condition » l'instauration de tarifs douaniers protecteurs par les États-Unis pour contrecarrer l'hégémonie britannique. De même, la liberté du marché intérieur productrice des « bons prix » a comme condition et envers la nécessité de mesures d'assistance afin de créer des acheteurs et de soutenir le marché. Ou, encore, la liberté du marché du travail, favorable à la souplesse de la production des biens, a comme condition et envers, non seulement l'organisation des compétences, mais aussi des mesures destinées à « désarmer politiquement les travailleurs ». Que veut dire comprendre stratégiquement le libéralisme?

1. M. Foucault, *Naissance de la biopolitique*, Leçon du 24 janvier 1979, *op. cit.*, p. 65.

Que la pratique gouvernementale libérale s'investit d'une manière à la fois massive et détaillée dans des « stratégies de sécurité » visant à déterminer jusqu'à quel point les intérêts individuels sont compatibles ou harmonieux, jusqu'à quel point ils sont divergents ou antagonistes, également jusqu'à quel point les intérêts collectifs sont pour les intérêts individuels protecteurs ou coercitifs. Stratégies de sécurité qui sont des « calculs de risques », élaborés en fonction de la prise au sérieux, non seulement de la notion d'intérêt, mais de celle de *danger*.

> […] Si d'un côté […] le libéralisme […] est un art de gouverner qui manipule fondamentalement des intérêts, il ne peut pas – et c'est là le revers de la médaille –, il ne peut pas manipuler les intérêts sans être en même temps gestionnaire des dangers et des mécanismes de sécurité/liberté, du jeu sécurité/liberté qui doit assurer que les individus ou la collectivité seront le moins possible exposés aux dangers [1].

La prise au sérieux du jeu complexe de l'exercice des libertés et des mécanismes de sécurité invite à retenir les deux éléments suivants : « la formidable extension des procédures de contrôle, de contrainte, de coercition » et « l'apparition de mécanismes qui ont pour fonction de produire, d'insuffler, de majorer les libertés, d'introduire un plus de liberté par un plus de contrôle et d'intervention ». En premier lieu, que la pratique libérale ait pour condition et envers les mécanismes de sécurité rend intelligible, non pas l'apparition, mais le développement de « ces fameuses techniques disciplinaires qui reprennent en charge le comportement

1. *Ibid.*, p. 67.

des individus au jour le jour et jusque dans le détail le plus fin »[1]. Au lieu de penser que l'extension et le raffinement des mécanismes de surveillance et de contrôle viennent par surcroît du libéralisme, donc au lieu de séparer le bon grain des libertés de l'ivraie des disciplines, il faut soutenir que les pratiques libérales, prenant en charge les dangers, sont disciplinaires. Et Foucault, considérant que le libéral Bentham est l'auteur du *Panopticon*, déclare : « Le panoptisme n'est pas une mécanique régionale et limitée à des institutions. Le panoptisme, pour Bentham, c'est bien une formule politique générale qui caractérise un type de gouvernement »[2]. En second lieu, Foucault dessine une ligne évolutive des mécanismes de contrôle, qui sont au XIXe siècle des « contrepoids » nécessaires à l'exercice des libertés et tendent à devenir au XXe siècle le « principe moteur » de l'exercice des libertés. Foucault se réfère au *New Deal* mis en place par Roosevelt en 1932 qui, au nom du danger constitué par le chômage de masse, vise à produire et garantir l'exercice des libertés par une série d'interventions étatiques sur le marché, interventions qui sont également appréhendées comme des menaces pour l'exercice des libertés.

À quoi Foucault veut-il en venir en considérant le jeu de bascule de l'exercice des libertés et des mécanismes de contrôle tendanciellement étatiques, jeu produit par la conscience de dangers collectifs et éventuellement producteurs de danger pour les individus ? Au concept de « crise de gouvernementalité ». Si l'étatisation croissante des mécanismes de contrôle par la prise en charge de phénomènes de masse n'est pas une réalité extérieure à

1. M. Foucault, *Naissance de la biopolitique*, Leçon du 24 janvier 1979, *op. cit.*, p. 68.

2. *Ibid.*, p. 69.

la pratique libérale mais est intelligible par les conditions et les conséquences de l'exercice périlleux des libertés, vient un moment où est posée la question du « coût » des interventions étatiques.

> On peut dire que autour de Keynes, autour de la politique économique interventionniste qui a été mise au point entre les années 1930 et 1960, immédiatement avant la guerre, immédiatement après, toutes ces interventions ont amené quelque chose que l'on peut appeler une crise du libéralisme, et c'est cette crise du libéralisme qui se manifeste dans un certain nombre de réévaluations, réestimations, nouveaux projets dans l'art de gouverner, formulés en Allemagne avant la guerre et immédiatement après la guerre, formulées en Amérique actuellement[1].

En quoi le « néolibéralisme » n'est-il pas seulement un symptôme de « la crise du dispositif général de gouvernementalité », mais définit-il une « réestimation » remarquable, voire durable de l'art libéral de gouverner ?

Sans décider de l'homogénéité du « néolibéralisme », attachons-nous à la conception formalisée dans le cadre de l'École de Chicago à partir de la fin des années 1950 – en particulier par Theodor Schultz et Gary Becker –, en concentrant l'attention sur « la théorie du capital humain » qui constitue une « mutation épistémologique essentielle » et comporte des implications stratégiques décisives[2].

1. *Ibid.*, p. 71.

2. Nous mettons de côté l'examen de « l'ordolibéralisme » allemand et de « l'économie sociale de marché », à laquelle Foucault associe Valéry Giscard d'Estaing. *Cf.* M. Foucault, *Naissance de la biopolitique*, Leçons des 31 janvier, 7, 14 et 21 février 1979, *op. cit.*, p. 77 *sq.*

1. Le travail ne doit pas être considéré comme une variable quantitative au sein du processus de la production, c'est-à-dire sous le rapport du temps de travail, comme l'envisageait Ricardo. Le travail ne doit pas non plus être considéré comme ce qui est vendu par le travailleur, c'est-à-dire sous le rapport de la force de travail, comme l'envisageait Marx. Considérer le travail sous le rapport du temps de travail, c'est l'envisager abstraitement, laisser échapper sa réalité concrète ou qualitative. Pourquoi en a-t-il été ainsi? Parce que les économistes ont pris pour objet le processus de la production, dans lequel interviennent le capital, l'investissement, le travail, les machines, le produit et les mécanismes de la production en rapport avec les mécanismes de l'échange et les faits de la consommation.

2. La mutation consiste à considérer comme objet pertinent, non pas des processus, mais des « activités », c'est-à-dire à identifier comme cible de l'analyse, non pas le travail, mais le travailleur comme « sujet économique actif », en tant qu'il est, non l'une des pièces du processus de la production, mais qu'il « utilise les ressources dont il dispose ». « Se placer du point de vue du travailleur », tel est l'impératif méthodique. Cette mutation peut être comprise comme une révolution anticopernicienne : non pas intégrer le travailleur au processus de la production, comme la terre a été intégrée au système solaire, mais partir du travailleur, comme la terre a été considérée comme le centre du monde. Foucault cite un économiste anglais, Lionel Robins, qui écrit en 1932 : « L'économie, c'est la science du comportement humain [...] comme une relation entre des fins et des moyens rares qui

ont des usages mutuellement exclusifs »[1]. Le concept pertinent pour la science comportementale que doit être l'économie est celui de « choix substituable » : étudier « la manière dont sont allouées des ressources rares à des fins qui sont concurrentes, c'est-à-dire à des fins qui sont alternatives ». Concept large, qui ne concerne pas exclusivement la conduite du travailleur, mais des individus qui usent de ressources rares pour des fins exclusives les unes des autres. Concept pertinent non seulement pour celui qui étudie des conduites, mais déjà pour le sujet d'une conduite : les conduites ne sont pas rationalisables, mais rationnelles.

3. Comment rendre opératoire le concept de « choix substituable » en l'appliquant à la conduite du travailleur ? En considérant qu'un sujet travaille pour la fin qu'est l'obtention d'un salaire, alors qu'il pourrait se proposer une fin alternative, la jouissance. Le choix de l'obtention d'un salaire est rationnel : espérer le « revenu » d'un « capital ». De quel capital ? De celui dont dispose celui qui travaille en fonction de ses aptitudes, psychologiques et/ou physiques. C'est-à-dire : le schéma classique capital-investissement-rendement-revenu est pertinent, non pas parce qu'il serait caractéristique de la réalité à laquelle le travailleur est intégré par le temps qu'il consacre au travail ou la force dont il dispose, mais en tant qu'il est lui-même justiciable du schéma. Le capital est le travailleur, qui dispose d'aptitudes, et du capital qu'il est le travailleur attend le revenu que lui procure l'usage de ses aptitudes.

1. L. C. Robbins, *Essay on the nature and significance of economic science*, cité par M. Foucault dans *Naissance de la biopolitique*, Leçon du 14 mars 1979, p. 228.

> [...] Vu du côté du travailleur, le travail ce n'est pas une marchandise réduite par abstraction à la force de travail et au temps pendant lequel on l'utilise. Décomposé du point de vue du travailleur en termes économiques, le travail comporte un capital, c'est-à-dire une aptitude, une compétence ; comme ils disent : c'est une « machine ». Et d'un autre côté c'est un revenu, c'est-à-dire un salaire ou plutôt un ensemble de salaires ; comme ils disent : un flux de salaires[1].

Le travailleur-machine : « la compétence fait corps avec le travailleur ». Le travail-performance : l'action remarquable par l'usage de la compétence. Le revenu-flux : les salaires obtenus en fonction des modes variables de l'usage de la compétence et de ce qui l'affecte, puisque le travailleur-machine est polyvalent, également soumis à des dysfonctionnements et à l'usure, aux accidents, aux maladies, à la fatigue, au vieillissement. Flux variable, plus ou moins intense, mais aussi discontinu, si le sujet substitue au choix du rendement du capital celui de la jouissance du loisir. « Le travailleur [...] apparaît comme étant lui-même une sorte d'entreprise »[2]. Le travailleur comme micro-entreprise et une économie, ou plutôt « une société faite d'unités-entreprises », tel est « le principe de déchiffrement » de l'économie et de la société.

4. La mutation enveloppe une conséquence théorique stricte : l'effacement du sujet économique, partenaire dans un processus d'échange en vue de l'utilité qu'il en tire pour la satisfaction de besoins et la thématisation du sujet économique comme « un entrepreneur et un

1. M. Foucault, *Naissance de la biopolitique*, Leçon du 14 mars 1979, *op. cit.*, p. 230.

2. *Ibid.*, p. 231.

entrepreneur de lui-même », de telle sorte que même une conduite de consommation est intelligible en termes de production. « Il faut considérer la consommation comme une activité d'entreprise par laquelle l'individu, à partir précisément d'un certain capital dont il dispose, va produire quelque chose qui va être sa propre satisfaction »[1].

5. La mutation enveloppe une conséquence théorique large. Nous pouvons penser qu'est en cause la valeur paradigmatique conférée à la conduite économique. Toute conduite n'est-elle pas justiciable du schéma capital-investissement-rendement-revenu, le sujet économique rendant exemplaire le rapport rationnel de l'investissement et du rendement ? Dans ce cas, l'analyse économique rend en quelque sorte avec profit à l'analyse des conduites ce que celle-ci lui a donné. Foucault retient en effet que les néolibéraux entendent « appliquer des analyses économiques à des champs et à des domaines qui sont tout à fait nouveaux »[2]. Mais s'il s'agit d'étendre à des conduites qui ne sont pas économiques le schéma mis en œuvre pour la conduite du travailleur, c'est que la notion de « capital humain » est envisagée sous le rapport des investissements nécessaires à sa constitution, à son accumulation et à son amélioration. En effet : en posant qu'il n'y a pas de revenus sans l'investissement d'un capital, comment comprendre que des caractères sont des ressources investissables en vue d'un revenu, sinon parce que ces caractères ont été constitués en capital ? Le premier champ d'analyse, ou le plus évident, est celui des « investissements éducatifs ». Que des individus

1. *Ibid.*, p. 232.
2. *Ibid.*, p. 233.

soient aptes à occuper des postes de travail pour des fins multiples suppose leur formation, qui est le capital que la société investit ainsi ou autrement selon un système de demandes. La question est alors : qu'est-ce qui intervient pour la formation des individus ? Comment rendre intelligible que les individus sont formés, donc aptes à occuper des postes de travail fixes ou mobiles ?

> [...] Les néolibéraux font remarquer [...] que ce qu'il faut appeler investissement éducatif, ou en tout cas les éléments qui entrent dans la constitution d'un capital humain, sont bien plus larges, bien plus nombreux que le simple apprentissage scolaire ou que le simple apprentissage professionnel. Cet investissement, ce qui va former une compétence-machine, il va être constitué par quoi ? On sait expérimentalement, on sait par observation, qu'il est constitué, par exemple, par le temps que les parents consacrent à leurs enfants en dehors même des simples activités d'éducation proprement dite »[1].

À quoi les néolibéraux veulent-ils en venir ? S'agit-il seulement de satisfaire un intérêt théorique en considérant la formation des individus comme un capital dont la constitution suppose des éléments multiples ? Que veut dire investir par une analyse économique des champs autres qu'économiques ?

6. La mutation est solidaire d'implications stratégiques. S'agissant des investissements éducatifs, ce qui intéresse les néolibéraux est le calcul des modes des investissements afin de chiffrer leurs coûts. Où et comment investir pour que les individus soient formés

1. M. Foucault, *Naissance de la biopolitique*, Leçon du 14 mars 1979, *op. cit.*, p. 235.

au moindre coût en fonction des fins que l'on prescrit à la formation ? « On va ainsi arriver à toute une analyse environnementale […] de la vie de l'enfant, que l'on va pouvoir calculer et jusqu'à un certain point chiffrer, en tout cas que l'on va pouvoir mesurer en termes de possibilités d'investissement en capital humain »[1]. Il y a plus important, ou plus grave, que l'intérêt accordé aux investissements éducatifs, l'intérêt accordé à l'équipement génétique. « Quelque chose est en train de naître qui pourrait être, selon ce que vous voudrez, intéressant ou inquiétant ». La constitution du capital humain productif vise-t-elle exclusivement des caractères perméables à l'apprentissage ? Non. Soit le capital humain que constitue la compétence reproductive, l'aptitude qu'ont les individus à produire de nouveaux individus. La bonne compétence, qui a pour résultat l'apparition d'individus qui ne souffriront pas de pathologies lourdes, n'est-elle pas une ressource rare ?

> […] Dès lors que l'on peut établir quels sont les individus à risque, et quels sont les risques pour que l'union d'individus à risque produise un individu qui aura lui-même telle et telle caractéristique quant au risque dont ils sont porteurs, on peut parfaitement imaginer ceci : c'est que les bons équipements génétiques – c'est-à-dire ceux qui pourront produire des individus à risque bas ou dont le taux de risque ne sera pas nuisible soit pour eux, soit pour leur entourage, soit pour la société – […] vont devenir certainement quelque chose de rare, et […] ça peut

1. *Ibid.*, p. 236.

> parfaitement entrer [...] à l'intérieur de circuits ou de calculs économiques, c'est-à-dire de choix alternatifs[1].

Les investissements génétiques consisteront à trier au sein d'une population donnée les individus au capital génétique « fiable », afin que soient produits des individus dont le maintien en vie sera d'un coût acceptable pour la société, ou dont le coût sera moindre que celui d'individus dont la production, aléatoire, comporte des risques élevés. Est en cause un « eugénisme à la carte » que Foucault ne mentionne pas, envisageant l'application de la génétique aux populations humaines sur un mode seulement hypothétique ou prévisionnel : « C'est à peine de la science-fiction que je fais ». Ce qui est davantage pressenti que thématisé par Foucault, c'est le passage de la micro-entreprise qu'est un individu à la méga-entreprise que sera une population par la gestion étatique des risques.

Le néolibéralisme américain définit-il un art de gouverner? Foucault trace en pointillé ses linéaments. Foucault formalise, d'une part « la critique marchande » de toute décision gouvernementale, d'autre part la gestion néolibérale des crimes, mais sans déterminer ce qu'est l'art de gouverner néolibéral. S'agissant du premier point : les néolibéraux retiennent de la grille économique d'intellection des comportements individuels et sociaux l'invitation à « tester l'action gouvernementale, jauger sa validité, [...] objecter à l'activité de la puissance publique ses abus, ses excès, ses inutilités, ses dépenses pléthoriques »[2]. Mettre en place des organismes

1. M. Foucault, *Naissance de la biopolitique*, Leçon du 14 mars 1979, *op. cit.*,p. 234.

2. *Ibid.*, Leçon du 21 mars 1979, p. 252.

destinés à poser à toute décision gouvernementale la question de son coût : quel est le prix de la décision publique, mise en rapport avec ce qu'il sera nécessaire de prélever sur la richesse nationale – qui est la richesse des entreprises et des particuliers – pour donner corps à la décision ? De quel côté penche la balance des effets de la décision publique et du prélèvement sur les entreprises et les particuliers ? Mais, évidemment, cette « critique marchande », ce regard permanent et détaillé porté sur les décisions de la puissance publique ne définit pas un art général de gouverner. S'agissant du deuxième point, que veut dire gérer au moindre coût les crimes ? L'idée de la politique pénale néolibérale est qu'il faut mettre en rapport « l'offre de crime » et « la demande négative » de la société pour calculer le coût de la réponse à la menace des crimes, la question étant de déterminer s'il est plus avantageux pour la société de réprimer tous les crimes ou de fixer un certain étiage de gravité en deçà duquel est envisageable la permissivité de certains crimes[1]. L'idée est qu'il ne convient pas pour définir une politique pénale d'en rester à la distinction du légal et de l'illégal, mais qu'il faut faire intervenir les notions de coût et d'investissement en tenant compte de la distinction du tolérable et de l'intolérable en fonction de ce qui est considéré comme socialement acceptable et scandaleux, c'est-à-dire de normes de comportement.

Faut-il donner une portée générale à ce qui est mis en œuvre dans la pratique punitive et poser que par la notion d'une action qui vise, non pas à ramener à la

1. *Vide supra* chapitre II, p. 89 *sq.*, la notion d'*enforcement of law* et la politique pénale du traitement du « problème de la drogue » aux États-Unis dans les années 1970.

règle ce qui lui échappe, mais à le gérer au mieux, c'est-à-dire selon des considérations de coût, est défini un art de gouverner ? Il faut du moins opposer à la « société disciplinaire » une « idée » ou un « projet » général, celui d'une société dans laquelle les mécanismes de normalisation ne signifieraient pas « l'exclusion du non-normalisable ».

> On a […], à l'horizon de cela, l'image ou l'idée ou le thème-programme d'une société dans laquelle il y aurait optimisation des systèmes de différence, dans laquelle le champ serait laissé libre aux processus oscillatoires, dans laquelle il y aurait une tolérance accordée aux individus et aux pratiques minoritaires, dans laquelle il y aurait […] une intervention qui ne serait pas du type de l'assujettissement interne des individus, mais une intervention de type environnemental[1].

Comment comprendre les « systèmes de différences » que la technologie environnementale entend gérer ? Ce ne sont pas seulement les actions qui transgressent les lois, donc les actes codés selon la distinction du licite et de l'illicite, mais les conduites qui s'écartent des normes, les conduites que Foucault déclare « minoritaires ». Ces conduites ne sont pas intolérables, n'ont donc pas à être « normalisées », mais sont considérables sous le seul rapport des « dommages » qu'elles peuvent provoquer et du coût de leur prise en charge. Telle est « l'optimisation des systèmes de différences, qu'il faut opposer au « mécanisme de la normalisation générale et de l'exclusion du non-normalisable ». Dans les notes qu'il n'utilisa pas lors de la leçon, Foucault précise que

1. M. Foucault, *Naissance de la biopolitique*, Leçon du 21 mars 1979, *op. cit.*, p. 265.

la technologie gouvernementale des néolibéraux abaisse l'importance des « règles du jeu ».

> Technologie environnementale qui a pour aspects principaux : – [1] la définition autour de l'individu d'un cadre assez lâche pour qu'il puisse jouer ; – [2] la possibilité pour l'individu de la régulation des effets [:] se définir son propre cadre ; – [3] la régulation des effets environnementaux [:] – le non-dommage – la non absorption – [4] l'autonomie des espaces environnementaux. Non pas une individualisation uniformisante, identificatoire, hiérarchisante, mais une environnementalité ouverte aux aléas et aux phénomènes transversaux. Latéralité. Technologie de l'environnement, des aléas, des libertés de (jeux ?) entre des demandes et des offres[1].

Non pas encadrer le jeu concurrentiel, mais s'intéresser à « l'environnement » des conduites, afin qu'elles soient le moins dommageable possible les unes pour les autres. Nous nous rappelons qu'en 1976 Foucault déclarait que l'horizon de la société dans laquelle le couplage de l'anatomo-pouvoir et du bio-pouvoir est dominant est celui de la normalisation des comportements[2]. Nous nous rappelons aussi que Foucault ne voit aucune incompatibilité entre le libéralisme classique et les contrôles disciplinaires : « Les stratégies de sécurité sont [...] l'envers et la condition même du libéralisme »[3]. À suivre Foucault, du moins d'après la leçon du 21 mars 1979 et les notes préparatoires – puisque Foucault,

1. *Ibid.*, p. 266.

2. M. Foucault, *« Il faut défendre la société »*, Leçon du 17 mars 1976, *op. cit.*, p. 225.

3. M. Foucault, *Naissance de la biopolitique*, Leçon du 24 janvier 1979, *op. cit.*, p. 67.

annonçant à la fin de la leçon que « c'est un petit peu toutes ces choses qu'[il essaiera] de développer la prochaine fois » ne reviendra par sur la technologie environnementale au cours des deux dernières leçons du cours –, l'innovation du néolibéralisme américain est « l'optimisation des systèmes de différences » par une régulation négative : éviter les dommages autant que faire se peut et au moindre coût.

La question nous semble la suivante : si l'art de gouverner néolibéral laisse une grande marge de manœuvre aux conduites, les régulant selon le double critère du « non-dommage » et de la « non-absorption », qu'en est-il du modèle de l'entreprise dont use le néo-libéralisme pour rendre intelligibles les individus ? Est-ce en tant que les conduites des individus sont envisageables selon ce modèle qu'apparaissent des « systèmes de différences » ? Ou apparaissent-ils parce que les individus ne sont pas réductibles à des micro-entreprises ? Car, si les individus sont intelligibles comme entrepreneurs d'eux-mêmes en étant placés dans un cadre concurrentiel, il y a à plus ou moins long terme une normalisation spontanée des conduites : chacun aspire à tirer au mieux profit de ses compétences et à éliminer les concurrents. Les systèmes de différences sont alors simplement codables par la distinction du licite et de l'illicite, et nous devons donner un statut, non pas local, mais central à la considération des crimes. Ou le néolibéralisme prend au sérieux que quelque chose échappe à la compréhension économique des comportements, la propension des individus à ne pas se conformer à des normes, et comprend que la gestion au moindre coût de cette propension est de laisser « la possibilité pour l'individu de la régulation des effets : se définir son propre cadre ». Dans ce cas, la gestion des dommages est marginale, sauf à expliquer pourquoi les individus, malgré la neutralisation des mécanismes de normalisation, sont les uns pour les autres causes de dommages sérieux et durables. Néanmoins, que la gestion des crimes soit ou non pour l'action gouvernementale une préoccupation prioritaire, ne faut-il pas louer le néolibéralisme, qui substitue au projet d'une société disciplinaire le minimalisme de l'évitement au moindre coût des dommages comportementaux ? Et n'est-ce pas la défense du néolibéralisme qui est à l'ordre du jour ?

Est en cause le mode d'investissement de l'intérêt pratique. « Si vous voulez lutter, voici quelques points clés ». Mais y a-t-il à lutter contre le néolibéralisme ? S'il y a à lutter, n'est-ce pas contre le retour en force toujours possible de mécanismes de normalisation, donc en faisant vivre l'idée rectrice du néolibéralisme ? Est déjà en cause, non seulement le sérieux de l'investissement pratique, mais aussi la leçon de l'investissement théorique. D'une part, le concept pertinent n'est-il pas celui d'un « processus sans sujet » frappant d'inanité celui d'« action politique » ? D'autre part, est-il pertinent de chercher à évaluer les effets de l'art de gouverner néolibéral ?

Il est vrai que l'examen du néolibéralisme est laissé en suspens par Foucault, qui déplace l'intérêt dans le cours de 1979-1980, *Du gouvernement des vivants*, en interrogeant le concept de « gouvernement des hommes par la vérité », mais sans faire de l'art politique de gouverner la cible de l'examen, passant même sous silence l'attention accordée à la gouvernementalité, comme si le déplacement était directement celui « de la notion de savoir-pouvoir [qui avait retenu l'attention de Foucault dans les cours antérieurs à celui de 1975-1976, *« Il faut défendre la société »*] à la notion de gouvernement par la vérité »[1]. Et l'examen du gouvernement par la vérité va conduire Foucault à thématiser le « gouvernement de soi », non pas à réinvestir l'art politique de gouverner. Néanmoins, si nous poursuivons l'interrogation du néolibéralisme, un double point nous semble notable. En premier lieu, le néolibéralisme ne doit être considéré ni comme doctrine ni même comme projet, mais comme instance pratico-réflexive. Et, de même que le libéralisme classique, comme pratique gouvernementale, a pour « envers et condition » le développement des mécanismes de sécurité, le néolibéralisme n'a-t-il pas pour envers et condition la prise en charge comptable des investissements éducatifs, des investissements de soins, jusqu'aux investissements génétiques, la prise en charge comptable, non pas des individus, mais des populations ? Ce qui est spécifique du néolibéralisme, ce n'est pas simplement l'abaissement des mécanismes disciplinaires, mais l'élévation des mécanismes de rentabilité : à la limite, non pas normaliser les déviants, mais laisser mourir les inutiles. En deuxième lieu, l'investissement théorique ne disqualifie pas la prétention évaluative. Lorsqu'il se demande si et comment la pratique libérale est en rapport avec la liberté, Foucault déclare qu'il faut envisager la liberté, non comme « un universel qui présenterait, à travers le temps, un accomplissement progressif ou des variations

1. M. Foucault, *Du gouvernement des vivants*, Leçon du 9 janvier 1980, *op. cit.*, p. 12.

quantitatives ou des amputations plus ou moins graves », mais comme un rapport variable des gouvernants et des gouvernés, rapport réglé par ce qui est demandé par ceux-ci et ce qui est accordé par ceux-là.

> La liberté, ce n'est jamais rien d'autre – mais c'est déjà beaucoup – qu'un rapport actuel entre gouvernants et gouvernés, un rapport où la mesure du « trop peu » de liberté qui existe est donnée par le « encore plus » de liberté qui est demandé[1].

Selon la considération de ce rapport, le libéralisme classique est ambivalent, l'exercice des libertés supposant et impliquant un arsenal de mécanismes de contrôle des individus. Le néolibéralisme est également ambivalent, l'optimisation des différences individuelles supposant et impliquant des mécanismes de rentabilisation des populations. On ajoutera que si le néolibéralisme prend au sérieux un État minimal ou minimaliste dont le champ d'intervention se réduit aux tâches de police et de justice, aux fonctions de sécurité des individus et de prise en charge des crimes, à l'exclusion de la redistribution des richesses et de la correction des inégalités – comme l'envisage Nozick dans *Anarchie, État et utopie* –, il est permis de penser que ce qui est considéré théoriquement comme une « différentielle » d'intervention étatique, une « grandeur évanouissante » qui ne peut être réduite à zéro guidera une pratique gouvernementale répressive au nom des dangers présentés par les rencontres des individus sur le fond de leur concurrence. Le minimalisme étatique ne va pas avec la neutralisation des dispositifs policiers de sécurité.

1. M. Foucault, *Naissance de la biopolitique*, Leçon du 24 janvier 1979, *op. cit.*, p. 64.

Faut-il penser que « l'action politique » n'a pas de statut, la gouvernementalité étant selon un processus sur lequel aucun sujet déterminable n'a de prise ? Ce serait oublier que l'art de gouverner est envisagé en relation avec le concept de « résistance ». Ainsi, pour l'art pastoral de gouverner, l'autorité de l'Église catholique romaine a rencontré des « contre-conduites », concept sous lequel Foucault place des éléments hétérogènes, puisque sont réunis des exercices, des croyances et des modes d'application aux textes sacrés : les exercices ascétiques, les communautés anti-papistes, les expériences mystiques, le retour à l'Écriture et les croyances eschatologiques. Non seulement des résistances locales et éparpillées, également la définition d'un front de lutte massif : la Réforme, « la plus grande des révoltes de conduite »[1], *insurrection* de conduite, et non pas contre-conduite spécifique. Foucault se demande également s'il est possible d'envisager des « correspondances » entre les contre-conduites caractéristiques de la gouvernementalité pastorale et « ce qu'on pourrait appeler les contre-conduites dans le système moderne de la gouvernementalité »[2] et identifie des conduites qui s'opposent en premier lieu à la prise en charge étatique des territoires, qui s'opposent en deuxième lieu à la prise en charge étatique des populations, qui s'opposent en troisième lieu à l'aide que la science économique est supposée procurer à la prise en charge des populations. Sous le premier rapport est envisagée une contre-conduite qui oppose à la nécessité de la protection et de la gestion étatique d'un territoire

1. M. Foucault, *Sécurité, territoire, population*, Leçon du 1er mars 1978, *op. cit.*, p. 199.

2. *Ibid.*, Leçon du 5 avril 1978, p. 363.

l'annonce du dépérissement de l'État, du temps pendant lequel la société se prendra elle-même en charge. Sous le deuxième rapport est envisagée une conduite qui oppose à la nécessité du maintien en ordre de la population par l'État la désobéissance au nom des droits fondamentaux des hommes. Sous le troisième rapport est envisagée une contre-conduite qui oppose à la nécessité du recours à ceux qui sont supposés détenir la vérité de l'organisation étatique la revendication d'une nation de détenir la vérité de ce qu'elle est et doit faire. Foucault en reste à des formulations générales, plaçant ces trois contre-conduites sous le signe d'une « revendication eschatologique ». Il serait possible de rapporter plus particulièrement la première contre-conduite à la revendication socialiste, la deuxième à la revendication anarchiste, la troisième à la revendication démocratique. Quel statut donner aux résistances ? Une double lecture est possible : retenir le caractère indissociable de la gouvernementalité et des oppositions qui, visant précisément ce sur quoi se fixe la gouvernementalité, sont intégrées à ce à quoi elles s'opposent ; ou considérer que les oppositions témoignent de la marge de manœuvre laissée aux initiatives qui ne sont pas sans efficace sur ce à quoi elles s'opposent. D'un côté : « Que l'on oppose la société civile à l'État, que l'on oppose la population à l'État, que l'on oppose la nation à l'État, […] ce sont bien ces éléments qui ont été mis en jeu à l'intérieur de cette genèse de l'État et de l'État moderne. […] L'histoire de la *ratio* gouvernementale […] et l'histoire des contre-conduites qui se sont opposées à elle ne peuvent pas être détachées l'une de l'autre »[1]. D'un autre côté : « La politique n'est rien de

1. *Ibid.*, p. 365.

plus rien de moins que ce qui naît avec la résistance à la gouvernementalité, le premier soulèvement, le premier affrontement »[1]. Le surgissement qu'est la résistance n'est pas une simple pièce intégrée au jeu de ce à quoi elle s'oppose. Seulement, s'il faut affirmer le statut moteur du « soulèvement », en quoi la résistance est-elle politique ? L'insurrection est-elle l'élément premier de la *détermination* politique, quand le champ d'affrontement des déterminations *politiques* est défini par ce qu'investit la gouvernementalité ?

Les choses se compliquent, dès lors que sont, ou que doivent être considérés les rapports de gouvernementalités simultanées, et non seulement le jeu immanent à une gouvernementalité. « Qu'est-ce que c'est que la politique, [...] sinon à la fois le jeu de ces différents arts de gouverner avec leurs différents index et le débat que ces différents arts de gouverner suscitent ? C'est là, me semble-t-il, que naît la politique »[2]. En quoi y a-t-il à un moment donné coexistence de gouvernementalités ? Et cette coexistence définit-elle un champ d'affrontement ? C'est principalement sur ce double point, pourtant décisif, que l'examen est inachevé. En premier lieu, Foucault envisage la « gouvernementalité de parti », dont l'extension est vaste puisqu'en relèvent les « régimes totalitaires », mais dont la compréhension est faible : sa généalogie, distincte de celle de la gouvernementalité libérale, est laissée en suspens.

1. Note insérée entre les textes des leçons du 21 février et du 7 mars 1979 de *Naissance de la biopolitique*, publiée dans *Sécurité, territoire, population*, *op. cit.*, p. 409.

2. M. Foucault, *Naissance de la biopolitique*, Leçon du 4 avril 1979, *op. cit.*, p. 317.

> Il faut en chercher [de l'État totalitaire] le principe non pas dans la gouvernementalité étatisante ou étatisée que l'on voit naître au XVIIe et au XVIIIe siècle, il faut le chercher du côté d'une gouvernementalité non étatique, [...] dans ce qu'on pourrait appeler une gouvernementalité de parti. C'est le parti, c'est cette très extraordinaire, très curieuse, très nouvelle organisation, c'est cette très nouvelle gouvernementalité de parti apparue en Europe à la fin du XIXe siècle qui est vraisemblablement – enfin, c'est en tout cas ce que j'essaierai peut-être de vous montrer l'an prochain, si j'ai toujours ces idées-là en tête –, c'est cette gouvernementalité de parti qui est à l'origine historique de quelque chose comme les régimes totalitaires, de quelque chose comme le nazisme, de quelque chose comme le fascisme, de quelque chose comme le stalinisme[1].

Est seulement formulée l'hypothèse d'une gouvernementalité politique hétérogène à la gouvernementalité libérale. En deuxième lieu, Foucault envisage en détail comment la social-démocratie est entrée dans le jeu politique de l'Allemagne de l'après-guerre en se ralliant « aux thèses du néolibéralisme, sinon aux thèses économiques ou scientifiques ou théoriques, du moins à la pratique générale en tant que pratique gouvernementale du néolibéralisme »[2]. Le renoncement aux thèses concernant la « dictature du prolétariat » – affirmé en 1959 à Bad Godesberg – est la face théorique négative de ce dont la face pratique productive est d'« entrer enfin dans le jeu de la gouvernementalité ». Foucault use d'un concept inédit, celui de « correctif » : « Gouvernementalité

1. M. Foucault, *Naissance de la biopolitique*, Leçon du 7 mars 1979, *op. cit.*, p. 196-197.

2. *Ibid.*, Leçon du 31 janvier 1979, p. 91.

libérale, et à ce moment-là le socialisme et ses formes de rationalité jouent le rôle de contrepoids, de correctif, de palliatif à des dangers intérieurs »[1]. Foucault pose la question : « Quelle gouvernementalité est possible comme gouvernementalité strictement, intrinsèquement, autonomement socialiste ? »[2]. La question reste en suspens. Nous pouvons penser que le rapport des gouvernementalités est un *concept opératoire de quatrième ordre* qui permet de définir un niveau spécifique de pertinence, celui des déterminations politiques en tant qu'elles ne sont ni les simples contre-conduites d'une gouvernementalité préexistante, ni des projets coupés d'implications stratégiques, en tant qu'elles sont davantage que des soulèvements, qu'elles définissent des espaces de débats et de combats en fonction desquels une forme est conférée à un moment donné à la gouvernementalité, forme stable, mais aussi altérable parce qu'elle est d'une part perméable aux rapports de force, d'autre part susceptible d'intégrer des formes de rationalité qui lui sont au départ étrangères.

La lacune théorique concernant le rapport des gouvernementalités nous laisse-t-elle dans un état de dénuement pratique ? En déclarant que « ce problème du libéralisme se trouve effectivement pour nous posé dans notre actualité immédiate et concrète », Foucault rend-il problématique le mode politique de sa considération ? L'usage du concept d'« indicateur tactique » signifie l'investissement *politique* de luttes locales, sans que soit prédéterminable leur efficace sur l'économie générale des pouvoirs, sans non plus que cette efficace présomptive

1. M. Foucault, *Naissance de la biopolitique*, Leçon du 7 mars 1979, *op. cit.*, p. 93.

2. *Ibid.*, p. 95.

mette nécessairement en cause la gouvernementalité dans son ensemble. Sont en question, non seulement « la volonté de lutter » – « si vous voulez lutter, voici quelques points clés, voici quelques lignes de force » –, non seulement le refus de l'ambition prescriptive de l'examen au profit d'un « impératif conditionnel », mais les effets concrets et la pertinence stratégique de telle lutte locale. Est-ce pour autant dire que la double question de l'efficace politique et de la pertinence stratégique de luttes locales est théoriquement indécidable et remise aux aléas des rapports de force ? L'examen n'a certes aucune ambition prescriptive, mais prend en charge un intérêt que Foucault nomme de « moralité critique » : dénoncer la confusion des « différentes formes d'État, l'État administratif, l'État-providence, l'État bureaucratique, l'État fasciste, l'État totalitaire », comme s'il y avait une continuité génétique et une expansion indéfinie des formes d'État, confusion théorique dont les effets sont politiques. Pourquoi ? En considérant l'État comme une réalité *sui generis*, donc en pensant que, quelles que soient les différences apparemment remarquables des formes étatiques, c'est du pareil au même, d'une part nous sommes tentés d'en venir à « une disqualification générale par le pire », d'autre part « ces analyses permettent d'éviter que l'on paie le prix du réel et de l'actuel »[1]. Que veut dire payer le prix du réel et de l'actuel ? C'est saisir le néolibéralisme « dans sa singularité »[2], de telle sorte que nous saurons ce qui se joue avec un « gouvernement frugal » inédit, un gouvernement qui laisse d'un côté le plus possible aux individus le soin de « définir leur propre cadre » et

1. *Ibid.*, p. 194.
2. *Ibid.*, Leçon du 19 février 1979, p. 136.

s'applique d'un autre côté à réguler les effets de masse en considérant la productivité des populations : comment constituer, accumuler et bonifier un capital-population dont on tirera le rendement maximal ou que l'on gérera au moindre coût ? Faire œuvre de moralité critique, ce n'est pas en rester à des indicateurs tactiques, mais envisager un indicateur stratégique, qui permet aux déterminations de se fixer des objectifs en fonction d'un horizon général et d'enjeux qui excèdent les intérêts particuliers de luttes locales.

« Si vous voulez lutter ». L'examen du néo-libéralisme se fixe sur la complémentarité de la promotion entrepreunariale des individus et de la gestion des populations. Foucault repère *par ailleurs*, à défaut de la thématiser, « l'innovation », qui « ne passe plus par les partis, les syndicats, les bureaucraties, la politique, mais relève d'un souci individuel, moral. On ne demande plus à la théorie politique de dire ce qu'il faut faire, on n'a plus besoin de tuteurs. Le changement est idéologique, et profond »[1]. Que veut dire prendre politiquement au

1. M. Foucault, « Une mobilisation culturelle », septembre 1977, dans *Dits et écrits*, t. 2, *op. cit.*, texte n° 207, p. 330. Si l'innovation n'est pas thématisée, elle rend du moins intelligible le statut politique que Foucault assigne à l'examen : « C'est une réalité de luttes possibles que je cherche à faire apparaître. [...] Il est absolument vrai que je me refuse – quand j'écris un livre – à prendre une position prophétique qui consiste à dire aux gens : voilà ce que vous devez faire, ou encore : ceci est bien, cela ne l'est pas. Moi je leur dis : voilà comment, *grosso modo*, il me semble que les choses se sont passées, mais je les décris de telle manière que les voies d'attaque soient tracées. Mais en cela je ne force ni ne contrains personne à attaquer » (« Précisions sur le pouvoir. Réponses à certaines critiques », février 1978, dans *Dits et écrits*, t. 2, texte n° 238, p. 633-634). *Cf.* également *Dits et écrits*, t. 2, textes n° 184, 216 et 218.

sérieux l'innovation ? Non seulement considérer qu'elle a des effets sur la répartition des pouvoirs au sein d'un corps politique, mais aussi en appeler à la revendication d'un « droit nouveau : celui des individus privés à intervenir effectivement dans l'ordre des politiques et des stratégies internationales ». Par-delà l'affirmation selon laquelle « le malheur des hommes ne doit jamais être un reste muet de la politique », se pose la question du statut de ce que Foucault nomme « un devoir de cette citoyenneté internationale » : relève-t-il seulement d'une conscience juridique cosmopolitique ou définit-il une contre-conduite, « toujours faire valoir aux yeux et aux oreilles des gouvernements les malheurs des hommes dont il n'est pas vrai qu'ils ne sont pas responsables »[1] ?

1. M. Foucault, « Face aux gouvernements, les droits de l'homme », juin 1981, dans *Dits et écrits*, t. 2, *op. cit.*, texte n° 355, p. 1527. Foucault considère rapidement l'effet de la mondialisation néolibérale que sont les grandes migrations de populations. *Cf.* « Le problème des réfugiés est un présage de la grande migration du XXIe siècle », août 1979, *ibid.*, texte n° 271, p. 798-800.

CHAPITRE V

PRAGMATIQUE DU SUJET ET DRAMATIQUE DU DISCOURS

Même si la glose des énoncés performatifs est devenue un « pont-aux-ânes », il est « commode » de les considérer « à titre de repère » pour leur opposer ce qui va intéresser Michel Foucault pendant les deux dernières années de son enseignement au Collège de France, la *parrêsia*. Nous connaissons « l'exemple archi-banal : le président de séance s'assoit et dit : "La séance est ouverte" », sans parler de « Je m'excuse », ou de : « Je te baptise » ! Qu'est-ce qui est caractéristique d'un énoncé performatif ? Premièrement, « l'énoncé étant prononcé, [...] il s'ensuit un effet, effet connu d'avance, réglé d'avance, effet codé ». Deuxièmement, si « dans un énoncé performatif le statut du sujet de l'énonciation est très important », « peu importe [...] qu'il y ait un rapport en quelque sorte personnel entre celui qui énonce et l'énoncé lui-même », peu importe l'état d'esprit du sujet au moment où il profère l'énoncé. Troisièmement, « un énoncé performatif suppose que celui qui parle ait le statut qui lui permet, en prononçant son énoncé, d'opérer ce qui est énoncé »[1]. Ainsi, s'agissant de l'énoncé : « La séance

1. M. Foucault, *Le gouvernement de soi et des autres*, Leçon du 12 janvier 1983, Paris, Éditions de l'EHESS-Gallimard-Seuil, 2008, p. 61-63.

est ouverte » : l'énonciation est suivie d'effet (la séance est effectivement ouverte lorsque l'énoncé est formulé), mais l'effet est produit par l'énonciation à la condition qu'elle soit l'acte du sujet statutairement habilité à proférer l'énoncé et quelle que soit sa disposition propre, son humeur du moment. Il faut non seulement que le sujet soit en situation de proférer l'énoncé, mais qu'il ait le titre ou la qualité requise, et l'effet est dans ce contexte ce qui est strictement attendu de l'acte de langage. Qu'en est-il, en regard, de la *parrêsia*? À quelles conditions un énoncé relève-t-il de la *parrêsia*? Celle-ci définit-elle un type d'énonciation, auquel on peut faire correspondre une famille d'énoncés, concurrente de celle des énoncés performatifs ? Premièrement, « la *parrêsia* ne produit pas un effet codé, elle ouvre un risque indéterminé ». Deuxièmement, « le sujet engage ce qu'il pense dans ce qu'il dit, où il atteste la vérité de ce qu'il pense dans l'énonciation de ce qu'il dit ». Troisièmement, « le parrèsiaste est celui qui fait valoir sa propre liberté d'individu qui parle »[1]. Est décisif, pour déterminer si un énoncé relève de la *parrêsia*, le rapport que le sujet de l'énonciation entretient avec l'énoncé qu'il profère eu égard à la vérité, à sa prétention de dire la vérité, ou plutôt à son engagement à dire la vérité en proférant l'énoncé qu'il profère. Est en cause le « dire-vrai » du sujet de l'énonciation, non seulement en tant qu'il entend énoncer une vérité, mais en tant qu'il se lie par l'énonciation avec lui-même, qu'il noue un « pacte » avec lui-même par l'énonciation :

1. M. Foucault, *Le gouvernement de soi et des autres*, Leçon du 12 janvier 1983, *op. cit.*, p. 61-63.

> D'une part le sujet dans la *parrêsia* dit : Voilà la vérité. Il dit qu'il pense effectivement cette vérité, et en cela il se lie lui-même à l'énoncé et au contenu de l'énoncé. Mais il fait pacte aussi en ceci qu'il dit : Je suis celui qui a dit cette vérité ; je me lie donc à l'énonciation et je prends le risque de toutes ses conséquences[1].

L'engagement du sujet à l'égard de la vérité de l'énoncé n'est pas tributaire de son statut ni de sa qualité dans un contexte déterminé : le sujet exprime la liberté qui est la sienne de se poser par l'énonciation de la vérité et, par son engagement, prend le risque des conséquences de son affirmation de la vérité. C'est par le courage de dire le vrai que le sujet de l'énonciation exprime la qualité du parrèsiaste. « La *parrêsia*, c'est le libre courage par lequel on se lie soi-même dans l'acte de dire vrai. Ou encore la *parrêsia*, c'est l'éthique du dire-vrai, dans son acte risqué et libre »[2]. Foucault donne un statut exemplaire à l'acte de dire le vrai à Denys, le tyran de Syracuse, acte d'abord de Platon, qui déclare à Denys qu'un tyran n'est pas courageux et qu'un homme injuste est malheureux, acte ensuite de Dion, le beau-frère de Denys qui a suivi l'enseignement de Platon et qui déclare à Denys qu'après l'avoir vu à l'œuvre nul homme n'inspirera de la confiance. « Il y a *parrêsia* à partir du moment où Platon accepte le risque en effet d'être exilé, tué, vendu, etc., en disant la vérité »[3].

Qu'est-ce qui distingue d'un énoncé performatif un énoncé qui relève de la véridicité ? Quand l'énonciation

1. *Ibid.*, p. 62.
2. *Ibid.*, p. 64.
3. *Ibid.*, p. 65. L'épisode est rapporté par Plutarque, *Vies parallèles*, 959d *sq.* et commenté par M. Foucault, p. 47-56.

de celui-là a un effet déterminé sur la situation dans laquelle le sujet est placé, l'énonciation de celui-ci a un « effet de retour » incertain sur le sujet. Pour déterminer si un énoncé est performatif, il faut envisager le statut du sujet étant donné la situation; dans une réunion, l'énoncé : « La séance est ouverte » est performatif si le sujet de l'énonciation est le président de la séance, il ne l'est pas s'il est proféré par un assistant qui rend compte de ce qui se passe. Pour déterminer si un énoncé relève de la *parêssia*, il faut envisager si le sujet de l'énonciation soutient l'énoncé quel que soit le risque encouru; en présence d'un tyran, l'énoncé : « le tyran n'est rien moins que courageux » est caractéristique de la *parrêsia* si le sujet, quel que soit son statut, ne transige pas sur la vérité de ce qu'il affirme. D'où deux types d'analyse des actes de discours, d'une part la pragmatique du discours, définie par la prise au sérieux de la question : « en quoi la situation ou le statut du sujet parlant se trouvent-ils modifier ou affecter le sens et la valeur de l'énoncé ? », d'autre part ce que Foucault nomme la dramatique du discours, « l'analyse des faits de discours qui montre comment l'événement même de l'énonciation peut affecter l'être de l'énonciateur »[1]. La question est double : pourquoi Foucault en vient-il à concentrer l'intérêt de l'examen sur ce mode spécifique du rapport du sujet de l'énonciation et de l'énoncé ? Et comment cet intérêt est-il pris en charge par l'examen ?

Avant d'en venir à la raison et au mode de l'intérêt accordé à la *parrêsia*, remarquons le caractère « tardif » de la problématisation du sujet de l'énonciation. Car

1. M. Foucault, *Le gouvernement de soi et des autres*, Leçon du 12 janvier 1983, *op. cit.*, p. 65-66.

Foucault a déjà rencontré, ou plutôt a manqué de rencontrer la pragmatique du discours mais, conférant à l'énonciation un statut minimaliste, a neutralisé l'intérêt que l'on peut attacher au sujet de l'énonciation.

Dans *L'archéologie du savoir*, Foucault a interrogé « ce "*speech act*", cet acte "illocutoire" dont parlent les analystes anglais », lorsqu'est en question le concept d'« énoncé ». Pourquoi l'intérêt est-il concentré sur l'énoncé ? Parce qu'il s'agit de définir le niveau de pertinence de « ces figures un peu étranges, un peu lointaines » que sont les « formations discursives », formations que les historiens des sciences regroupent sous le nom de discipline, comme la médecine, la biologie ou l'économie politique. Jusqu'où remonter pour définir ce qu'est un discours, en deçà du découpage d'objets, de la constitution de théories, de la formation de concepts opératoires ? Jusqu'à la notion d'énoncé ? Un discours est-il une articulation d'énoncés, la construction de séquences d'énoncés ? Mais qu'est-ce qu'un énoncé ? « Un élément dernier, indécomposable, susceptible d'être isolé en lui-même et capable d'entrer dans un jeu de relations avec d'autres éléments semblables à lui »[1] ? Question qui conduit Foucault à chercher si l'énoncé est identifiable avec la proposition ou avec la phrase. Non, s'agissant de la proposition : deux propositions peuvent être logiquement indiscernables et distinctes en tant qu'elles sont des énoncés, c'est-à-dire les unités pertinentes d'un discours. Ainsi, les propositions : « Personne n'a entendu » et « Il est vrai que personne n'a entendu », logiquement équivalentes, sont des énoncés

1. M. Foucault, *L'archéologie du savoir*, chapitre III-I, « Définir l'énoncé », *op. cit.*, p. 111.

distincts par les places qu'elles occupent au sein du discours constitué par tel roman. Non plus, s'agissant de la phrase : si une phrase est formée par le respect des règles qui permettent dans une langue donnée de construire un énoncé acceptable, certains discours comportent des énoncés qui ne sont pas des phrases, ainsi dans un discours mathématique une équation du n^{ième} degré ou, dans un discours économique, une courbe de croissance. D'où la troisième hypothèse : il y a un énoncé dès lors qu'est identifié et isolé un acte d'énonciation, qui n'est ni « l'acte matériel » consistant à parler ou à écrire, ni « l'intention de l'individu » – ainsi sa volonté de convaincre –, ni « le résultat éventuel » de ce qu'il dit – ainsi parvenir à convaincre –, mais « l'opération qui a été effectuée par la formule elle-même, dans son émergence : promesse, ordre, décret, contrat, engagement, constatation »[1]. Isoler l'acte d'énonciation ne permet néanmoins pas de définir ce qu'est un énoncé, parce que si l'énonciation est la condition de l'énoncé, celui-ci est aussi la condition de celle-là. Pourquoi ce cercle ?

> C'est qu'il faut souvent plus d'un énoncé pour effectuer un « *speech act* » : serment, prière, contrat, promesse, démonstration, demandent la plupart du temps un certain nombre de formules distinctes ou de phrases séparées : il serait difficile de contester à chacune d'elles le statut d'énoncé sous prétexte qu'elles sont toutes traversées par un seul et même acte illocutoire[2].

1. M. Foucault, *L'archéologie du savoir*, chapitre III-I, « Définir l'énoncé », *op. cit.*, p. 114-115.

2. *Ibid.*, p. 115.

Une proposition est un énoncé par son mode d'intégration à l'unité plus haute qu'est un discours, tel discours ; un acte d'énonciation est la condition d'un énoncé par la répétition, la juxtaposition, l'articulation d'énoncés, la constitution d'une « série d'énoncés ». La question de ce qu'est un énoncé demeure. Pour répondre, il ne faut pas définir l'énoncé comme une unité minimale – proposition ou phrase – ni par un acte singularisant – l'énonciation –, mais comme « fonction ». Et la fonction énonciative, Foucault la définit par la notion de « champ d'utilisation » : il n'y a pas d'énoncés libres, indépendants, qui seraient des « atomes de discours », mais un énoncé est singularisé en tant qu'il prend place au sein d'un champ énonciatif, qui constitue l'espace de la coexistence et de la distinction des énoncés. Ainsi la même phrase : « Longtemps, je me suis couché de bonne heure » sera un énoncé dans le champ d'utilisation constitué par le roman de Proust, et un autre énoncé si son champ d'utilisation est une conversation ; ou la « proposition » : « Les rêves réalisent les désirs » n'est pas le même énoncé chez Platon et chez Freud. D'où la tâche impartie à « l'archéologie » : identifier les règles qui confèrent un usage et une organisation aux énoncés au sein d'ensembles stables, les « positivités », et les transformations qui rendent intelligible la constitution de champs d'utilisation nouveaux, au sein desquels des énoncés peuvent être réinscrits.

En retenant les notions de champ d'utilisation et de règles de formation et de transformation des énoncés, l'archéologie neutralise l'intérêt que la pragmatique du discours confère à l'énonciation. Car, si la notion de *speech act* est pertinente, c'est sans doute pour mettre en rapport l'énonciation et l'énoncé, c'est aussi pour isoler le sujet parlant comme instance de performance ou de production d'effets. C'est-à-dire : l'archéologie, en considérant d'une manière minimaliste ou rudimentaire l'acte d'énonciation – insuffisant pour rendre intelligible ce que sont les énoncés – laisse en suspens la notion de sujet d'énonciation, notion qui va être investie par Foucault, mais en fonction de l'intérêt visant la véridicité, intérêt qui est, lui, neutralisé par la pragmatique des discours pour investir le sujet de l'énonciation. Un Chassé-croisé déconcertant ! Pour investir le sujet de l'énonciation, il faut à la pragmatique neutraliser la question de la prétention à la vérité d'un discours ; il faut au contraire prendre au sérieux cette prétention pour investir le sujet de l'énonciation et envisager une dramatique du discours.

Comment l'énonciation est-elle prise au sérieux pour investir le sujet comme instance de performance ? À suivre Austin[1], il faut, pour éclairer le statut de l'acte de discours, distinguer trois types d'acte, l'acte locutoire, l'acte illocutoire et l'acte perlocutoire. L'acte de « dire quelque chose » est un acte locutoire. Et, à ce sujet, il faut distinguer l'acte phonétique, l'acte phatique et l'acte rhétique. L'acte phonétique est la simple production de sons. L'acte phatique est la production de vocables ou de mots, c'est-à-dire de sons d'un certain type – non pas simplement des phonèmes, mais des monèmes –, appartenant à un vocabulaire déterminé et conformément

1. *Cf.* J. L. Austin, *Quand dire, c'est faire* (1962), Huitième conférence, trad. fr. B. Ambroise, Paris, Seuil, 2024, p. 147-162. La traduction est celle de la seconde édition (1975).

à des règles déterminées d'usage, en fonction d'une grammaire et non seulement d'un lexique. L'acte rhétique est l'acte d'employer ces mots dans un certain sens et avec un référent plus ou moins déterminé. Ainsi l'énoncé : « Il a dit : "le chat est sur le tapis" » rapporte un acte phatique. L'énoncé : « Il a dit que le chat était sur le tapis » rapporte un acte rhétique. La distinction de l'acte phatique et de l'acte rhétique est évidemment capitale. L'acte phatique suppose l'acte phonétique et la pertinence de l'acte phatique est possible par l'usage d'un vocabulaire et d'une grammaire, ce qui n'est évidemment pas le cas de l'acte phonétique. L'énoncé : « Il a dit : "chat minutieusement le si" » ne rapporte pas un acte phatique. L'acte rhétique suppose l'acte phatique, c'est-à-dire la possibilité de construire des phrases admissibles en fonction d'un vocabulaire et d'une grammaire donnés, mais le propre de l'acte rhétique est de parler de – le référent – et d'affirmer quelque chose de ce dont il est parlé. C'est ce qu'Austin nomme la signification, *meaning*. L'acte rhétique ne formule pas seulement des phrases cohérentes, mais construit un discours en rapport avec une situation et d'une manière telle que le sujet parlant prend position par ce qu'il dit face à la situation. La concentration sur l'acte rhétique suffit-elle pour rendre intelligible la production d'un discours ? Non. Un acte illocutoire est un acte locutoire – donc un acte qui dit quelque chose – et qui est effectué en tant qu'il dit ce qu'il dit. Un acte illocutoire produit par lui-même un certain effet, sans pour autant produire des suites ou des conséquences. Ainsi, prononcer une sentence, annoncer une intention, poser une question, donner un ordre. L'énoncé : « Je baptise ce bateau le

Queen Elizabeth » a pour effet de nommer le bateau, mais n'a pas de conséquence sur le bateau, si ce n'est qu'un acte du même type – nommer le bateau autrement – est désormais nul et non avenu. L'acte illocutoire ne peut évidemment produire un effet que s'il est compris – et c'est en quoi il est un acte locutoire – et peut, mais non pas nécessairement, requérir en retour un acte locutoire ou un acte illocutoire. Ainsi, il faut distinguer « demander de » et « demander oui ou non ». Un acte perlocutoire n'a pas seulement un effet en lui-même, mais comporte des conséquences. Dire quelque chose peut avoir des effets sur les sentiments, les pensées, les actes de l'émetteur et/ou du récepteur. Ainsi, l'assentiment est un acte illocutoire quand la persuasion est un acte perlocutoire. L'énoncé : « En disant cela, je l'ai averti » est l'expression d'un acte illocutoire. L'énoncé : « Par le fait de dire cela, je l'ai convaincu » est l'expression d'un acte perlocutoire. Un acte illocutoire a un objectif, mais n'a pas nécessairement de suite ; un acte perlocutoire a, lui, nécessairement une suite. Mais nous pouvons aussi envisager un acte illocutoire qui a une suite perlocutoire. Ainsi, l'énoncé : « Je l'ai dissuadé » exprime un acte perlocutoire, quand l'énoncé : « J'ai essayé de l'avertir, je n'ai réussi qu'à l'effrayer » exprime un acte illocutoire avec une suite perlocutoire.

Quel est l'intérêt de la trinité affectant la compréhension de l'acte de discours ? Montrer, non pas que correspondent aux actes identifiés des actes concrets de parole, mais que ceux-ci superposent ou confondent ce qui a un statut pour l'analyse au titre d'« abstractions », et chercher à se repérer parmi les énoncés grâce à elles. « De manière générale, l'acte locutoire n'est, comme l'acte illocutoire, qu'une abstraction : tout acte de parole réel est les deux à la fois »[1]. L'abstraction, qui vise à distinguer, est, non pas un obstacle, mais une condition de l'intellection des actes de parole. Quel usage heuristique faire de la distinction des énoncés performatifs et des énoncés constatifs ? Et qu'en retenir pour l'intellection des énoncés effectivement proférés ?

En première instance, si les énoncés constatifs sont susceptibles d'être dits vrais ou faux, les énoncés performatifs effectuent une action, qui sera dite heureuse si l'énoncé est adapté à la situation de sa profération, malheureuse dans le cas contraire – comme dans le cas où l'on profère l'énoncé : « Je vous marie » sans être statutairement habilité à le proférer. En seconde instance, il faut retenir l'ambiguïté des énoncés performatifs. Car, à côté de ce qu'Austin nomme des énoncés performatifs explicites – ainsi l'énoncé : « Je promets d'être là » – existent des énoncés performatifs primaires. Ainsi, l'énoncé : « Je serai là » peut être compris comme une promesse ; en disant : « Je serai là », je m'engage à être présent, que je sois ou non sincère, que je tienne ou non parole. En outre, un même énoncé performatif reçoit des statuts distincts en étant contextualisé. Ainsi l'énoncé performatif explicite : « Fermez la porte ! » est l'expression d'un ordre, mais peut aussi être compris selon le contexte de son énonciation comme l'expression d'une demande, d'une supplication ou d'une recommandation. Davantage, existent des cas où le même énoncé semble tantôt un énoncé performatif explicite, tantôt un énoncé

1. J. L. Austin, *Quand dire, c'est faire*, *op. cit.*, Onzième conférence, p. 201.

constatif, et où il est possible d'exploiter l'ambivalence. Ainsi, l'énoncé : « Je vous remercie » est un énoncé performatif explicite, quand l'énoncé : « J'éprouve de la reconnaissance » est un énoncé constatif. Entre les deux énoncés, il faut placer l'énoncé mixte : « Je suis reconnaissant ». Ou encore, l'énoncé : « Je m'excuse » est un énoncé performatif explicite, quand l'énoncé : « Je me repens » est un énoncé constatif. Entre les deux énoncés, il faut placer l'énoncé mixte : « Je suis désolé ». Les énoncés mixtes sont des énoncés comportatifs, c'est-à-dire des énoncés qui affirment un jugement – en quoi ils sont constatifs – et qui valent comme actes – en quoi ils sont performatifs. Ainsi, face à l'énoncé : « Je remercie », la position de la question : est-il vrai ou faux que je remercie ? est nulle et non avenue. Face à l'énoncé : « J'éprouve de la reconnaissance », la position de la question : est-il vrai ou faux que j'éprouve de la reconnaissance ? est pertinente. Et face à l'énoncé : « Je suis reconnaissant », la position de la question : est-il vrai ou faux que je suis reconnaissant est tantôt pertinente, tantôt impertinente. Il en va pour les énoncés expositifs comme pour les énoncés comportatifs. Ainsi, l'énoncé : « Je prophétise que » est un énoncé performatif pur, puisque nous ne pouvons poser la question : est-il vrai que je prophétise ? L'énonciation de la prophétie vaut comme acte. L'énoncé : « J'établis que » est un énoncé constatif, puisque l'on peut poser la question : est-il vrai que j'établis ce que je déclare établir ? Et l'énoncé : « Je tiens pour établi que » est un énoncé mixte[1].

1. J. L. Austin, *Quand dire, c'est faire*, Sixième conférence, *op. cit.*, p. 117-133.

Dans ces conditions, quel usage faire de la distinction des énoncés constatifs et des énoncés performatifs, dès lors que nous comprenons qu'il n'y a pas nécessairement exclusion entre, d'une part le fait que, en produisant l'énonciation, j'effectue quelque chose, d'autre part le fait que l'énoncé est vrai ou faux, – comme dans le cas où je profère l'énoncé : « Je vous avertis que le taureau va charger » ? Ne faut-il pas revenir sur la pertinence de distinguer des énoncés susceptibles d'être dits vrais ou faux et des énoncés susceptibles d'être dits heureux ou malheureux ? Nous remarquons en effet que les énoncés constatifs connaissent des « échecs » qui rendent les énoncés performatifs malheureux et, inversement, que la question de savoir si le sujet a raison d'affirmer ce qu'il affirme, décisive pour les énoncés constatifs, est également pertinente pour les énoncés performatifs. Soit ainsi l'énoncé : « Le chat est sur le tapis ». En proférant cet énoncé, je laisse entendre que je crois que le chat est sur le tapis. C'est un énoncé putatif, sur lequel je peux faire porter le soupçon d'insincérité que je peux porter sur l'énoncé : « Je promets de ». Et, de même qu'un énoncé performatif connaît des échecs si nous ne proférons pas un énoncé dans la situation opportune et en respectant la procédure convenable, de même il nous arrive de commettre des bévues s'agissant des énoncés constatifs, disant ainsi : « Le rat est sur le tapis », au lieu de dire : « Le chat est sur le tapis ». En fonction de la situation du sujet de l'énonciation, un énoncé constatif, qui peut être considéré exclusivement en première instance comme l'expression d'un acte locutoire, peut aussi être considéré comme l'expression d'un acte illocutoire. Et, inversement, un énoncé performatif, qui peut être considéré en première instance comme l'expression d'un acte illocutoire ou perlocutoire, peut aussi être considéré comme l'expression d'un acte locutoire. En affirmant quelque chose, j'avertis, je conseille, je persuade. Inversement, en avertissant, conseillant, persuadant, j'affirme quelque chose.

Reprenons la question visant la compréhension du sujet comme instance de performance linguistique. S'agit-il d'envisager les modes de l'implication du sujet dans le discours ? Non, semble-t-il. Austin cite la formule d'Hippolyte dans la tragédie éponyme d'Euripide, « ma langue prêta serment mais pas mon cœur », pour récuser la distinction de l'intérieur et de l'extérieur. Il faut dire tout simplement : « Notre parole nous engage »[1]. Conférer un statut exemplaire à la promesse, comme Austin le propose en débutant l'examen, semble, il est vrai, ouvrir la voie à une interrogation visant non seulement l'acte de promettre, mais le rapport du sujet avec la promesse puisque, si la promesse est « effective » par l'acte ou comme acte de promettre, elle peut être « donnée de mauvaise foi » : une promesse « correcte » peut être, non pas « fausse », mais « mensongère ». Que « la parole nous engage » peut s'entendre, non seulement au sens où la parole donne à l'engagement sa réalité, mais aussi au sens où nous nous engageons ainsi ou autrement par la parole que nous donnons. Or, les modes de l'implication, *a fortiori* de l'engagement du sujet dans les actes de discours ne constituent pas la cible de l'examen. Envisager le sujet comme instance de production discursive, c'est faire de « l'acte de discours intégral » la cible de l'examen, tout en renonçant à en

1. J. L. Austin, *Quand dire, c'est faire*, Première conférence, *op. cit.*, p. 54.

proposer une compréhension unitaire et univoque. Formulons deux remarques.

En premier lieu, que veut dire prendre au sérieux les « circonstances de l'énonciation » ? Au départ, le concept de situation est pertinent pour décider si et comment un énoncé est performatif, l'usage du concept étant variable selon qu'est en cause l'habilitation de l'émetteur à user d'une procédure convenant à une situation ou l'adaptation de l'émetteur à une situation, puisque nous distinguons l'acte de marier et l'acte de promettre, l'acte de commander et l'acte de conseiller. Mais, dès lors que la considération de la situation est nécessaire pour décider si le même énoncé est pour le sujet qui le profère un énoncé performatif et/ou constatif, la pertinence est déplacée, du rapport du sujet de l'énonciation et de la situation, vers le rapport du sujet et de l'énonciation : d'une part, l'examen de la situation de l'énonciation est pertinent pour décider ce qu'il en est de l'énoncé pour l'émetteur; d'autre part, c'est par la variation de ce rapport que nous distinguons l'acte d'estimer, l'acte de commander, l'acte de s'engager, l'acte de s'excuser, l'acte de démontrer. Ce n'est nullement dire que le rapport de l'émetteur et de la situation est indifférent, mais ce rapport est solidaire du rapport que l'émetteur entretient avec l'acte qui est le sien : être un émetteur de discours, c'est être ainsi ou autrement sujet de discours. Sont pertinents les modes par lesquels le sujet se constitue en sujet de discours et se constitue en sujet en étant sujet de discours.

En deuxième lieu, si l'implication du sujet dans les actes de discours n'est pas considérée eu égard à sa qualité morale ou affective, est prise au sérieux la réalité sociale de l'implication : les actes de discours sont pour une large part des « actes conventionnels » et, s'ils excèdent ce statut, ils participent à la socialisation des sujets. Ce sont des actes conventionnels dans la mesure où la valeur performative des énoncés dépend des situations sociales dans lesquelles les énonciations ont lieu et des modes de distribution de l'autorité : le cas de l'acte de marier est ici exemplaire. Et, au-delà de ces actes conventionnels de discours, un grand nombre d'énonciations ont une efficace sociale, permettant aux sujets de se reconnaître comme partenaires sociaux. Non seulement les émetteurs sont socialement qualifiés, mais aussi les émetteurs et les récepteurs s'engagent les uns à l'égard des autres par les actes de discours. Ce sont, pour certains, des actes qui prennent place au sein de procédures sociales qui sont à la limite de rites. Ainsi, les énoncés : « Je vous salue », « Je vous remercie ». Ce sont, pour d'autres, des actes qui produisent des procédures de socialisation. Ainsi, les énoncés performatifs : « Je m'engage à », « Je promets de », ou les énoncés comportatifs : « Je m'excuse de », « Je vous présente mes condoléances », parce que ces énoncés permettent aux sujets de recevoir le statut de sujets responsables – ainsi en s'engageant – et de sujets de confiance – ainsi en reconnaissant être obligés à l'égard de tiers. Et, entre les énoncés par lesquels les sujets prennent place au sein de procédures rituelles de socialisation et ceux par lesquels ils se constituent en sujets de responsabilité et d'obligation sociales, il faut placer les énoncés qui permettent la reconnaissance sociale des sujets. Ainsi, les énoncés : « Je te conseille de », « Je t'avertis que » ou « Je t'engage à » ne concernent pas seulement la reconnaissance des sujets les uns par les autres, mais le ciment social qu'est la confiance. Donc, la prise au sérieux des actes d'énonciation retient les sujets parlants comme instances de performance en faisant varier la compréhension des effets sociaux produits par l'énonciation : l'énonciation produit des effets sociaux en tant que les sujets parlants sont des sujets sociaux et en tant que la socialisation requiert les performances linguistiques.

De la pragmatique des énoncés envisagés par Austin, il est possible de rapprocher la conception du discours défendue par Foucault dans les premières années de l'enseignement au Collège de France : le discours est producteur d'effets. Mais la conception mise à l'épreuve par Foucault est en position critique, dans la mesure où la production d'effets par le discours est comprise en termes de production de pouvoir.

1. Alors que les instances de discours sont pour Austin des sujets individuels, elles ne sont pas nécessairement pour Foucault des sujets personnels. Le discours produit des effets par des instances variables, qui peuvent sans doute être des sujets individuels, également des groupes sociaux.

2. Alors que les éléments pertinents des actes de discours sont pour Austin des propositions ou des segments de discours, agir par le discours peut consister pour Foucault à articuler des propositions, construire des ensembles discursifs auxquels le nom de science sera donné.

3. Alors que les énoncés performatifs sont pour Austin imperméables à la distinction du vrai et du faux – à moins de soutenir qu'un énoncé performatif est aussi, implicitement, un énoncé constatif –, les discours sont pour Foucault efficaces en tant que producteurs de

vérité, en établissant ce qui sera reconnu comme vrai par ceux qui émettent et reçoivent les discours.

4. Alors que les performances linguistiques prennent place pour Austin au sein de processus de socialisation ou contribuent à ces processus, c'est-à-dire ont pour effet d'intégrer les individus aux sociétés auxquelles ils appartiennent, les discours ont également pour Foucault des effets de discrimination, d'exclusion, de partition des membres d'une société.

Comment cette conception de la production d'effets de pouvoir par les discours, que nous disons être en position critique face à la pragmatique des énoncés, est-elle rendue opératoire par Foucault ? Soit à envisager les effets produits par les propositions émises par un psychiatre dans la situation définie par l'espace asilaire au XIXe siècle[1]. Qu'est-ce qui est produit ? Qui produit ? Sur qui l'effet est-il produit ? Comment l'effet est-il produit ? Que veut dire que le discours psychiatrique a des effets de pouvoir en tant qu'il a des effets de vérité ? La formation discursive cohérente qu'est la psychiatrie, qui peut se targuer de l'élaboration de concepts – ainsi ceux de « monomanie », de « folie furieuse », plus tard d'« hystérie » –, de l'application de ces concepts à des cas et de la rétention de leçons de cette application – par la correction ou l'abandon des concepts –, produit des effets en ce qu'elle assigne un statut aux « malades », ainsi qualifiés non pas en vertu de représentations délirantes qui les hanteraient, mais par la force qu'ils libèrent ou par

1. *Cf.* M. Foucault, *Le pouvoir psychiatrique*, Leçon du 7 novembre 1973, *op. cit.*, p. 3-20 ; Leçon du 19 décembre 1973, p. 143-170 ; Leçon du 30 janvier 1974, p. 267-298 ; Leçon du 6 février 1974, p. 299-337.

la levée d'inhibitions. Et ces effets de pouvoir sont des effets de vérité en ce que le statut assigné aux malades est supposé leur être attribué par la qualité scientifique des propositions : les malades ont à reconnaître qu'ils sont tels, étant posée l'autorité que confère la science à ceux qui déclarent que les individus souffrent de telle ou telle pathologie. En déclarant au malade : « Tu souffres d'idée fixe », le psychiatre asilaire produit un effet sur le patient en tant qu'il est qualifié par le savoir dont il dispose et qu'il peut exposer d'une manière rationnelle. On dira qu'il en va ici comme dans le cas du maire qui produit un effet sur des individus en déclarant : « Je vous marie » en tant qu'il est détenteur de l'autorité que lui confère sa qualité de maire. Oui, mais d'une part ce qui produit un effet sur le patient est la science que détient le médecin, et non pas le corps politique dont il serait le représentant ; d'autre part, ce que produit ou est supposé produire la proposition de la part du patient est « l'aveu » : le malade a à se reconnaître tel en donnant son consentement à la proposition authentifiée par l'autorité du savoir, consentement distinct de celui des mariés à l'acte du mariage. On dira que la proposition : « Tu souffres d'idée fixe » est caractéristique d'un acte perlocutoire, et non pas d'un acte illocutoire, en ce que des « suites » sont attendues de l'énonciation : alors que par l'acte illocutoire du maire les individus sont mariés, à moins de refuser de consentir, par l'acte perlocutoire du médecin le patient n'est guéri que s'il avoue être malade, s'il profère en retour la proposition : « Oui, je souffre d'idée fixe ». Et si le patient avoue qu'il est malade, c'est précisément en tant que la proposition : « Tu souffres d'idée fixe » est considérée par lui comme une parole de vérité, une proposition qui énonce ce qu'il en est de lui. Le médecin déclare ce qu'est le patient – la proposition est constative –, elle est performative par la qualification scientifique de celui qui la profère : le médecin ne se contente pas de proférer qu'un individu souffre d'idée fixe, mais lui confère par la proposition le statut de malade. Que le malade consente ou non au statut qui lui est donné, il est considéré comme malade : l'acte est illocutoire. Que le malade reconnaisse souffrir d'idée fixe, qu'il donne son consentement, il est en voie d'être guéri : l'acte est alors perlocutoire, accompli par les suites de la proposition sur le comportement du malade. Mais que l'acte soit illocutoire ou perlocutoire, est requise l'autorité conférée par la détention d'un corpus discursif, qui donne sa raison d'être à celui qui porte un jugement sur un tiers en s'adressant à lui. D'une part, c'est parce que la proposition du médecin est supposée être une parole de vérité qu'elle a sur le patient un effet de pouvoir : lui assigner le statut de malade ainsi qualifié. D'autre part, c'est par l'appropriation par le patient de la proposition du médecin comme parole de vérité que le pouvoir est accompli. Et dès lors que le patient ne consent pas à la parole de vérité qu'est supposée être la proposition du médecin, il ne considère plus cette parole que comme une parole de pouvoir et est susceptible de résister à ce pouvoir par le mutisme, par d'autres paroles que l'aveu attendu par le médecin, ou par l'adoption de comportements qui déconcertent le médecin.

Reprenons les quatre éléments envisagés pour distinguer la perspective de Foucault de celle d'Austin.

1. L'identité socialement variable des instances discursives en face de l'individuation des sujets parlants : ici, les sujets parlants pertinents ne sont pas les médecins

et les patients considérés comme individus, mais comme représentants de « populations », qui occupent non pas le même lieu, mais des lieux semblables, des hôpitaux.

2. La construction de séquences discursives en face de la segmentation des énoncés : ici, les propositions proférées ne valent que pour autant qu'elles prennent place au sein d'un corpus discursif organisé, la science psychiatrique.

3. La production d'effets de vérité par le discours en face de la neutralisation du critère de la vérité par les énoncés performatifs : ici, il est nécessaire que le discours soit reconnu comme vrai par celui qui l'émet et celui qui le reçoit pour qu'il produise l'effet escompté.

4. La production par le discours de partages sociaux en face de l'intégration sociale des sujets parlants : ici, l'effet de pouvoir du discours psychiatrique est l'assignation aux membres d'une population – les individus placés dans des lieux ainsi organisés par la science psychiatrique – du statut de malades, ce qui va avoir pour conséquence, d'une part l'imposition de contraintes aux individus qui ne pourront se comporter comme bon leur semble, d'autre part la sollicitation de la reconnaissance de leur statut de malades.

Peut-être la rencontre manquée avec l'acte de l'énonciation est-elle un « acte manqué », puisque Foucault tiendra à envisager son travail dans les termes d'une « philosophie analytique du pouvoir ». Mais la référence à « la philosophie analytique des Anglo-Américains » est minimaliste, consistant à établir une analogie entre la décision de s'abstenir de réfléchir « sur l'être du langage ou sur les structures profondes de la langue » pour, en prenant au sérieux « l'usage quotidien qu'on fait de la langue dans les différents types de discours », envisager des « jeux de langage », et entre la décision de s'abstenir d'une réflexion sur la légitimité ou l'illégitimité, comme sur les bienfaits ou les méfaits du pouvoir, pour, en prenant au sérieux la réalité historique des rapports de pouvoir, envisager des « jeux de pouvoir ». « Les relations de pouvoir, également, cela se joue ; ce sont des jeux de pouvoir qu'il faudrait étudier en termes de tactique et de stratégie, en termes de règle et de hasard, en termes d'enjeu et d'objectif »[1]. L'analogie laisse en suspens la compréhension des jeux de langage en termes de jeux de pouvoir, donc la question des effets de pouvoir de discours prétendant à la qualité du vrai.

Après avoir considéré la rencontre manquée de la pertinence du *speech act* d'une part, la position implicitement critique de la production discursive d'effets de pouvoir d'autre part, revenons à l'investissement par Foucault de la *parrêsia.* Pourquoi en venir à l'intérêt accordé au rapport du sujet de l'énonciation et de l'énoncé par le pacte qui lie le sujet à la vérité ? Il faut considérer les modifications affectant la compréhension de la gouvernementalité.

Foucault a élaboré le concept de gouvernementalité en fonction d'une demande précise[2]. Les enquêtes ont conduit Foucault à s'intéresser à l'exercice de pouvoirs locaux et distincts, qui concernent la discipline des corps dans les lieux que sont les manufactures et les asiles – ce que Foucault nomme l'anatomo-pouvoir –,

1. M. Foucault, « La philosophie analytique de la politique » dans *Dits et écrits*, t. 2, *op. cit.*, texte n° 232, p. 542. Texte d'une conférence prononcée à Tokyo le 22 avril 1978.

2. *Vide supra* chapitre IV, p. 136 *sq.*

des pouvoirs qui visent aussi des « populations » sous la forme de l'hygiène publique et de la distribution de soins – ce que Foucault nomme le bio-pouvoir –, du XVIIe au XIXe siècle. D'où la position de la question de l'instance, sinon unitaire, du moins d'unification de ces pouvoirs. Pour identifier cette instance d'unification, nous pouvons penser à l'État, et nous n'avons pas tort. Seulement, s'il est une instance organisatrice, l'État se constitue, se forme, se développe et se transforme en fonction d'un art de gouverner. La gouvernementalité n'est pas une réalité historique plus générale que celle de l'État, dont la formation et le développement seraient commandés par elle, mais ce qui donne à l'organisation et à la distribution des pouvoirs une rationalité d'ensemble. Il n'y a pas de cohésion des pouvoirs s'il n'y a pas de cohérence. La cohésion est assurée par une instance architectonique, ainsi par l'État ; la cohérence, ce qui rend raison de l'organisation des pouvoirs, c'est cela l'art de gouverner. Un art de gouverner est « un prisme pratico-réflexif » qui organise des pratiques concrètes en constituant un espace évaluatif et évolutif de problématisation à finalité pratique ; un art de gouverner définit un « régime de vérité », ce qui ne signifie pas qu'il serait « dans le vrai », mais qu'il évalue les pratiques dont il rend raison et organise en posant la question de la vérité. C'est ainsi que le concept d'art de gouverner a été rendu opératoire pour la séquence historique allant jusqu'à la seconde moitié du XXe siècle.

Après l'enquête qui l'a conduit à investir « l'autolimitation gouvernementale » caractéristique de l'art de gouverner libéral, Foucault modifie l'usage, l'objet et la séquence de pertinence de la gouvernementalité.

Certes, est toujours en question « le gouvernement des hommes par la vérité », mais il s'agit à présent d'envisager, non pas ce qui rend raison de l'articulation de pouvoirs par le moyen de l'État, mais le mode d'articulation d'un pouvoir et de ce que Foucault nomme « l'alèthurgie », « l'ensemble des procédés possibles, verbaux ou non, par lesquels on amène au jour ce qui est posé comme vrai par opposition au faux, au caché, à l'indicible, à l'imprévisible, à l'oubli »[1]. Comment rendre heuristique l'hypothèse selon laquelle l'exercice d'un pouvoir suppose son « indexation » à la vérité, puisqu'il va de soi que l'examen ne va pas chercher à constituer une alèthurgie générale et univoque, valant pour l'exercice de tout pouvoir, mais va se fixer sur des pouvoirs qui s'exercent spécifiquement et prennent en charge des objets singuliers pendant des séquences historiques déterminées ? Foucault fait intervenir un élément qui va décider de l'usage de la gouvernementalité, donc du lieu d'exercice et de la séquence historique pertinents : la « subjectivation ». Ne sont pas seulement en question les modes de l'articulation de l'exercice d'un pouvoir et de la référence à la vérité, mais les modes de l'articulation en tant que les sujets sont impliqués dans l'exercice d'un pouvoir par la référence à la vérité.

> [...] Pourquoi et comment [...] l'exercice du pouvoir comme gouvernement des hommes, demande-t-il non seulement des actes d'obéissance et de soumission, mais des actes de vérité où les individus, qui sont sujets dans la relation de pouvoir, sont aussi sujets comme acteurs, spectateurs, témoins ou comme objets dans la procédure de manifestation de vérité ?

1. M. Foucault, *Du gouvernement des vivants*, Leçon du 9 janvier 1980, *op. cit.*, p. 8.

> Pourquoi, dans cette grande économie des relations de pouvoir, s'est développé un régime de vérité indexé à la subjectivité ?[1]

Que l'exercice de pouvoirs passe par des processus de subjectivation, certes : les relations de pouvoir sont effectives en impliquant les sujets, qu'ils soient les agents, les cibles ou les relais de pouvoirs. Mais il ne va pas s'agir de réexaminer les rapports de pouvoir étudiés les années précédentes pour chercher comment les sujets sont constitués et se constituent en sujets de pouvoir, parce qu'est en question l'implication des sujets dans l'exercice de pouvoirs en tant que le « régime de vérité » est en jeu, en tant que les sujets reconnaissent être reliés au pouvoir en étant impliqués par la vérité, en tant qu'ils sont « obligés » par la vérité à des actes spécifiques.

Que veut dire que les sujets sont « obligés » par la vérité ? Car, si l'hypothèse générale concernant « la notion de gouvernement des hommes par la vérité » est « qu'il n'y a pas d'exercice du pouvoir sans quelque chose comme une alèthurgie »[2], s'agit-il de montrer que tout pouvoir suppose une alèthurgie ? Dire que l'exercice des pouvoirs ne met pas en jeu la même alèthurgie, est-ce devoir montrer qu'à l'exercice spécifique d'un pouvoir correspond une alèthurgie spécifique ? Et, déjà, comment user de la notion de « régime de vérité » ? Notion fragile : soutenir que la vérité oblige ou contraint les sujets à adopter des actes spécifiques, par lesquels ils reconnaissent être engagés à son égard, n'est-ce pas annuler la distinction du vrai et du faux, n'est-ce pas faire

1. *Ibid.*, Leçon du 30 janvier 1980, p. 80-81.
2. *Ibid.*, Leçon du 9 janvier 1980, p. 8.

comme si ce qui est admissible s'agissant de ce qui n'est précisément pas vrai et qui, donc, exige de la part des sujets des éléments extérieurs pour s'imposer, vaut aussi pour ce qui s'impose aux sujets par sa force propre ? Mais, même dans le cas où le vrai est évidemment accepté ou démonstrativement établi, l'élément qu'est le consentement donné au vrai, ou l'affirmation du vrai, est caractéristique du régime de vérité : dans ce cas, « le régime de vérité et l'auto-indexation du vrai sont identifiés », « c'est un régime dans lequel le pouvoir de la vérité est organisé de façon que la contrainte y soit assurée par le vrai lui-même »[1]. Ce n'est pas annuler l'examen des procédures grâce auxquelles est établi le vrai, mais c'est soutenir que « la force du vrai » demande à être envisagée en prenant au sérieux l'histoire des régimes de vérité. D'où le projet général, dont Foucault va, sinon restreindre l'ambition, du moins limiter l'objet :

> Au fond, ce que je voudrais faire et ce que je sais que je ne serais pas capable de faire, ce serait écrire une histoire de la force du vrai, une histoire du pouvoir de la vérité, une histoire, donc, pour prendre la même idée sous un autre aspect, de la volonté de savoir. [...] Je ne serais tout au plus capable que de donner quelques fragments que je voudrais centrer autour de cette question plus précise : comment les hommes, en Occident, se sont-ils liés ou ont-ils été amenés à se lier à des manifestations bien particulières de vérité, manifestations de vérité dans lesquelles, précisément ce sont eux-mêmes qui doivent être manifestés en vérité ?[2]

1. M. Foucault, *Du gouvernement des vivants*, Leçon du 6 février 1980, *op. cit.*, p. 96-97.
2. *Ibid.*, p. 98-99.

Nous comprenons comment Foucault va traiter l'affirmation selon laquelle « il n'y a pas d'exercice du pouvoir sans quelque chose comme une alèthurgie » : il ne va pas s'agir de déterminer comment tel régime de vérité est en jeu, comment tel « système de vérité » s'impose à des sujets quand tel pouvoir est exercé sur eux et par eux, mais comment tel régime de vérité s'est imposé aux hommes par un exercice spécifique de pouvoir. Non pas l'exercice d'un pouvoir par une alèthurgie spécifique, mais une alèthurgie spécifique comme exercice de pouvoir sollicitant d'une manière propre les sujets. À la question : la vérité a-t-elle le pouvoir de s'imposer aux hommes en tant qu'un pouvoir est exercé sur et par eux, ou la vérité a-t-elle le pouvoir de s'imposer ainsi aux hommes ? la réponse est donnée par la seconde branche : ce qui est à l'ordre du jour, c'est de montrer comment un exercice spécifique de pouvoir s'est exprimé et développé par l'exécution d'actes spécifiques sollicités par la « manifestation de la vérité ». D'où la question : à quel régime de vérité en appeler, ou conférer un statut stratégique, pour soutenir que, tout en étant spécifique, il constitue un seuil important pour ce qui concerne « le gouvernement des hommes par la vérité » ?

La tâche est plus aisée que ce nous pouvons penser. L'hypothèse est qu'est stratégique le régime de vérité qui, en Occident, s'est imposé aux hommes en les obligeant ou les contraignant « à dire vrai sur eux-mêmes », à envisager l'alèthurgie en termes d'auto-alèthurgie : les sujets sont impliqués par le régime de vérité en tant que, dans les « actes de vérité » qui sont de leur ressort, ils sont à la fois les « opérateurs » et les « objets ». C'est à ce régime de vérité qu'il faut conférer un statut décisif, c'est ce régime de vérité qui exerce un pouvoir spécifique et durable.

> Pourquoi est-ce que le pouvoir (et ceci depuis des millénaires dans nos sociétés) demande aux individus de dire non seulement « me voilà, me voilà moi qui obéis », mais leur demande de plus de dire : « voilà ce que je suis, moi qui obéis, voilà ce que je suis, voilà ce que j'ai vu, voilà ce que j'ai fait » ? […] Il va de soi […] que c'est du côté du christianisme et du christianisme primitif que je vais essayer de resserrer un petit peu ce problème historique de la constitution d'un rapport entre le gouvernement des hommes et les actes de vérité, enfin, les actes réfléchis de vérité[1].

Faire du christianisme primitif la cible de l'examen, c'est envisager, non pas un corpus doctrinal ou dogmatique, ni le contenu de croyances, mais les actes par lesquels les fidèles ne déclarent pas simplement leur adhésion à une vérité intangible et révélée, mais reconnaissent être engagés à se manifester eux-mêmes en vérité. Quels sont ces actes réfléchis, distincts d'actes de foi, par lesquels les sujets se soumettent au régime de vérité ? Les « actes d'aveu ». L'examen porte sur la pratique de la confession, la verbalisation des fautes commises, en mettant en évidence les instruments, les pratiques, les tactiques qui, depuis le IIe siècle, ont assuré une articulation entre la manifestation de la vérité individuelle, le contrôle de soi et la rémission des fautes, « l'extinction de la dette du mal », et en suivant leur évolution en fonction des opérateurs constitués par les éléments que sont le baptême, la pénitence, la direction de conscience. Ainsi, s'agissant du baptême, le moment de

1. M. Foucault, *Du gouvernement des vivants*, Leçon du 30 janvier 1980, *op. cit.*, p. 81.

Tertulien, « qui a eu cette pensée merveilleuse d'inventer le péché originel »[1], pensée dont les effets sont pour le sujet – qu'il se prépare au baptême ou qu'il soit baptisé – de vivre dans la « crainte de soi » et d'avoir à mener une vie de « discipline ». Ainsi, également, l'évolution de la pénitence, depuis une profession ou une supplication collective du statut de pécheur jusqu'au moment « où la *publicatio sui*, la mise en public de ce qu'on est comme pécheur ne passera plus que par le filtre verbal et le quadrillage juridique d'une *expositio casus* »[2], évolution qui fait de l'aveu, de « la verbalisation auto-accusatrice de la faute par le pécheur » la pièce centrale du « drame pénitentiel ». L'attention se porte tout spécialement sur la direction de conscience, spécifique en ce que, étrangère à la contrainte politique comme à l'obligation juridique, elle constitue une pratique permanente de véridiction qui exige le renoncement à sa volonté propre pour s'en remettre à la volonté d'un tiers. Or, si est caractéristique du christianisme le lien entre la production d'un discours de vérité sur soi, la tâche indéfinie de pénétrer dans les plis les plus secrets de la conscience et la mortification de soi, est mis en place un schéma constitutif de la subjectivation moderne, qui définit une structure d'obéissance éminemment discursive.

> Subjectivité et vérité [...] ne communiqueront plus seulement dans l'accès du sujet à la vérité. Il faudra toujours qu'il y ait cette flexion du sujet vers sa propre vérité par l'intermédiaire de la mise en discours perpétuelle de soi-même. [...] Nous, pour être obligés

1. *Ibid.*, Leçon du 6 février 1980, p. 104. *Cf.* Leçons du 13 février et du 20 février 1980, p. 111 *sq.*

2. *Ibid.*, Leçon du 5 mars 1980, p. 206. *Cf.* Leçons du 27 février, du 5 mars et du 12 mars 1980, p. 165 *sq.*

> et pour dire la vérité sur nous-mêmes, [...] nous avons simplement à nous interroger, nous, et ceci à l'intérieur d'une structure d'obéissance à l'égard d'un autre et de n'importe quel autre[1].

Nous n'en sommes pas encore à la thématisation de la *parrêsia*. Pourquoi remonter en deçà du seuil constitué par le rapport que le sujet entretient avec lui-même par la conduite de l'aveu, puisque nous comprenons que le mode de la subjectivation auto-accusatrice définit un régime de vérité pertinent, même en l'absence des actes de foi solidaires du corpus doctrinal lié au christianisme ? Parce qu'une modification majeure affecte la compréhension des rapports de la vérité et du sujet. Si l'examen a isolé le christianisme primitif comme seuil pertinent, c'est en fonction de l'hypothèse selon laquelle « les sujets dans la relation de pouvoir, sont aussi sujets comme acteurs, spectateurs, témoins ou comme objets dans la procédure de la manifestation de la vérité »[2]. Or, Foucault disjoint l'examen des modes historiques de la subjectivation de l'intérêt accordé aux modes d'exercice du pouvoir pour constituer en objet pertinent « l'histoire des pratiques de la subjectivité » en fonction de l'inflexion suivante :

> La question que je voudrais aborder cette année, c'est celle-ci : dans quelle forme d'histoire se sont noués en Occident les rapports entre ces deux éléments, qui ne relèvent pas de la pratique, de l'analyse historienne habituelle, le « sujet » et la « vérité »[3].

1. M. Foucault, *Du gouvernement des vivants*, Leçon du 26 mars 1980, *op. cit.*, p. 305-306.
2. *Ibid.*, Leçon du 30 janvier 1980, p. 81.
3. M. Foucault, *L'herméneutique du sujet*, Leçon du 6 janvier 1982, Paris, Éditions de l'EHESS-Gallimard-Seuil, 2001, p. 4.

En thématisant la subjectivation, Foucault envisageait, non pas la question générale de la convocation de la vérité par tout pouvoir, mais la question du régime de vérité qui impose aux sujets des actes par lesquels ils sont à la fois des opérateurs et des objets. En émancipant l'intérêt accordé à l'histoire des pratiques de la subjectivité des « structures d'obéissance », Foucault entend thématiser ce qu'il nomme la « spiritualité ». Est en cause, non pas la question des conditions et des limites de l'accès à la vérité – question qui intéresse ce que l'on peut appeler « philosophie » –, mais la question des opérations qui sont du ressort du sujet pour accéder à la vérité, du « travail » que le sujet doit effectuer sur lui pour être rendu disponible à la vérité. « [La spiritualité] postule qu'il faut que le sujet se modifie, se transforme, se déplace, devienne, dans une certaine mesure et jusqu'à un certain point, autre que lui-même pour avoir droit à l'accès à la vérité »[1]. Faire du travail nécessaire au sujet pour qu'il puisse accéder à la vérité l'objet de l'examen, c'est neutraliser l'attention accordée à la structure du sujet connaissant comme aux opérations constitutives de la connaissance. Et, dès lors que l'hypothèse de la pertinence de l'application du sujet à lui-même pour accéder à la vérité est retenue, il va de soi que cette application n'a pas été envisagée d'une manière unitaire, qu'elle a été l'objet de modifications. D'où la question : à quelle pratique réfléchie remonter pour définir un seuil pertinent, étant entendu que, comme s'agissant des conduites d'aveu, la détermination d'un seuil signifie aussi la nécessité de prendre au sérieux l'évolution de la pratique ? Le seuil pertinent est identifié avec

1. *Ibid.*, p. 17.

« l'apparition de l'*epimeleia heautou* dans la réflexion philosophique », « le moment socratico-platonicien », et Foucault isole d'emblée, outre ce moment, la « période de l'âge d'or du souci de soi-même » aux deux premiers siècles et le « passage de l'ascèse philosophique païenne à l'ascétisme chrétien », aux IVe-Ve siècles.

Ne nous méprenons pas. L'intérêt de l'examen est concentré sur l'apparition dans le discours philosophique, c'est-à-dire dans l'*Alcibiade* de Platon, de la formule : « prendre soi-même en souci ». Ce n'est pas pour autant neutraliser la pertinence de la question du « gouvernement », précisément parce que le rapport de l'*epimeleia heautou* et du gouvernement de la cité, du gouvernement des autres, est directement envisagé par le dialogue et constitue selon Foucault son enjeu. « L'enjeu du dialogue est [...] celui-ci : quel est ce soi dont je dois m'occuper pour pouvoir m'occuper comme il faut des autres que je dois gouverner ? »[1]. Nous sommes en quelque sorte ramenés à l'intérêt du gouvernement des autres par la neutralisation de cet intérêt, neutralisation consécutive à la concentration de l'intérêt sur le souci de soi, concentration elle-même consécutive à l'intérêt accordé aux modes spirituels de la subjectivation ! Mais c'est aussi que l'enjeu de l'histoire des pratiques de la subjectivité concerne directement le gouvernement. L'intérêt accordé aux rapports de pouvoir et à l'articulation des rapports de pouvoir et de la vérité n'est pas abandonné, mais déplacé en envisageant le « sujet » comme instance pertinente de gouvernement.

1. M. Foucault, *L'herméneutique du sujet*, Leçon du 6 janvier 1982, *op. cit.*, p. 40.

La question n'est pas de savoir si, en opérant sur lui pour être disponible à la vérité, le sujet est étranger aux rapports de pouvoir, mais comment le gouvernement de soi et des autres est impliqué par le rapport que le sujet instaure avec lui-même pour accéder à la vérité.

D'où la question : comment l'examen de l'*epimeleia heautou* met-il en évidence l'articulation de la subjectivation, de la véridiction et du gouvernement ? À suivre l'*Alcibiade* de Platon, le souci de soi est une exigence pour ceux qui, aspirant à gouverner les autres, ont à se connaître, c'est-à-dire à connaître l'âme et, pour ce faire, ont à se tourner vers le principe divin du savoir[1]. Et à l'époque hellénistique et dans la Rome impériale, le souci de soi définit une pratique du sujet. Le souci de soi n'est pas le propre de ceux qui aspirent à gouverner les autres, mais une exigence générale, un impératif qui s'impose d'une manière permanente à tous en tant qu'il est sa propre fin. À la fois objet et fin de ceux qui ont à le prendre en charge, le souci de soi, commandé par la nécessité de la « conversion à soi », prend une double forme complémentaire, l'usage d'un savoir et la mise place d'exercices. Se référant principalement aux stoïciens, secondairement aux cyniques et aux épicuriens, Foucault explique que le savoir qui contribue à la conversion à soi n'est pas une connaissance de soi, mais une connaissance des choses sous le mode qui la rend « utile » au sujet, un savoir des choses infléchi de « telle manière qu'il prenne, pour le sujet, dans l'expérience du sujet […] une certaine forme et une certaine valeur

1. Cf. *ibid.*, Leçon du 13 janvier 1982, p. 64-76. Foucault commente Platon, *Alcibiade*, 127e *sq.*

spirituelle »[1]. Quant au mode pratique qu'exige la conversion à soi, il n'est pas plus une renonciation à soi que la connaissance utile n'est une connaissance de soi, mais ce qui est appelé *askêsis*, un exercice ou un ensemble d'exercices articulé autour, d'une part de l'examen de la vérité de ce qui est pensé, d'autre part de la mise à l'épreuve de soi comme sujet de vérité. D'une part, il revient au sujet de s'appliquer aux représentations qui sont les siennes, de décomposer leur contenu, afin de distinguer de ce qui est représenté ce qui est ajouté aux représentations par les opinions et les passions, et donc de décider de l'usage des représentations[2]. D'autre part, à côté de cette « surveillance » des représentations, le sujet s'applique à lui-même, non seulement par la mise en évidence de sa capacité à se détacher de ce qui ne dépend pas de lui, donc des occurrences malheureuses de la vie, mais aussi par l'instauration d'un rapport de maîtrise avec ce qu'il est comme être de pensée, c'est-à-dire comme un être qui a à se conduire en tant qu'il est un être de pensée. D'où les exercices de pensée – la préméditation des maux, la méditation de la mort et l'examen de conscience – organisés en fonction de la question : « Dans quelle mesure, jusqu'où, jusqu'à quel point est-ce qu'effectivement je suis bien quelqu'un qui est capable d'être identique comme sujet d'action et comme sujet de vérité ? »[3]. Est ainsi définie une « ascétique »

1. M. Foucault, *L'herméneutique du sujet*, Leçon du 24 février 1982, *op. cit.*, p. 304. Sur les cyniques, *cf.* Leçon du 10 février 1982, p. 221-228 ; sur les épicuriens, *ibid.*, p. 228-233 ; sur les stoïciens, *cf.* Leçons du 17 février et du 24 février 1982, p. 249-297.

2. *Ibid.*, Leçon du 24 février 1982, p. 278 *sq.*, l'étude des Pensées de Marc Aurèle.

3. *Ibid.*, Leçon du 24 mars 1982, p. 463. Les exercices étudiés par la leçon du 24 mars 1982, p. 435 *sq.*, sont stoïciens.

qui, tout en s'inscrivant dans la préoccupation générale de la *tekhnê tou biou*, de l'art de vivre, tend à la subordonner à l'épreuve qu'est pour le sujet le souci de soi : non pas se soucier de soi pour mieux vivre, ni pour gouverner les autres, mais « vivre pour faire en sorte d'avoir à soi le meilleur rapport possible »[1]. Nous comprenons comment envisager l'articulation de la subjectivation, de la véridiction et du gouvernement. La pratique du sujet doit être envisagée en tant qu'est en cause, non seulement l'accès à la vérité, mais aussi « la question de la constitution de la vérité du sujet » : « Au fond, la question que je me pose c'est celle-ci : comment a pu se constituer, à travers cet ensemble de phénomènes et processus historiques que nous appelons notre « culture », la question de la vérité du sujet ? »[2]. L'ascétique qui se développe à l'époque hellénistique et dans la Rome impériale – principalement avec les stoïciens – nous apprend que le sujet se constitue en être de vérité comme sujet qui se met à l'épreuve en fonction de la volonté d'un gouvernement de soi compris comme une maîtrise de soi.

Pourquoi, dans ces conditions, Foucault ouvre-t-il le cours de l'année suivante, *Le gouvernement de soi et des autres*, par la formulation du soupçon d'avoir séparé subjectivation, véridiction et gouvernementalité et de l'exigence de les articuler ? Le point de butée est constitué par la question de la *parrêsia*. Pourquoi ? La *parrêsia* a été rencontrée à l'occasion de l'examen des exercices par lesquels le sujet se constitue en sujet de véridiction : pour être maître de soi, il est nécessaire

1. *Ibid.*, Leçon du 17 mars 1982, p. 430.
2. *Ibid.*, p. 243.

au sujet de s'appliquer à connaître ce qui est vrai, à l'énoncer, à l'avoir à sa disposition, « sous la main ». Or, la subjectivation des discours vrais suppose, non seulement des exercices personnels – ainsi l'écriture, la lecture, la mémorisation de maximes –, mais aussi l'établissement d'un rapport avec un maître que l'on écoute – d'où l'exigence du silence – en fonction de la confiance qui est accordée au discours qu'il tient. La *parrêsia*, dont le sens premier est la franchise, le franc-parler, est la vertu, l'*êthos* du maître, vertu supposée pour que s'établisse le « pacte » implicite du directeur et du dirigé, et du directeur avec lui-même. Est alors à l'ordre du jour d'envisager la *parrêsia*, non simplement comme ce par quoi le maître est tenu au disciple et à lui-même au sein du pacte implicite de discours, mais comme pratique de véridiction qui implique à la fois le gouvernement de soi et le gouvernement de l'autre. Une pratique de véridiction qui n'a pas comme lieu exclusif l'ascétique développée avec la promotion du souci de soi à l'époque hellénistique et dans la Rome impériale, mais une notion dont l'extension va avec la complication.

> [...] Elle est utilisée aux confins de ce qu'on pourrait appeler la direction individuelle et le champ politique, et très précisément autour de ce problème de l'âme du Prince : comment doit-on diriger l'âme du Prince, et quelle est la forme du discours vrai qui est nécessaire à la fois pour que le Prince, en tant qu'individu, se constitue à lui-même un rapport adéquat qui garantisse sa vertu, et de manière aussi que, par là-même et par cet enseignement, on fasse du Prince un individu qui soit moralement valable, un gouvernant qui prenne en

charge et prenne soin non seulement de lui-même mais des autres[1] ?

En concentrant l'attention sur l'articulation de la subjectivation, de la véridiction et du gouvernement, est opéré, avec une extension du lieu de l'examen, un déplacement, ou plutôt une complication de l'intérêt. Est en cause une pratique de discours, dont l'objet est directement politique – la direction de la cité –, et dont l'enjeu est à la fois politique et éthique : non seulement en quoi le gouvernement des autres suppose-t-il le gouvernement de soi, mais aussi en quoi le gouvernement de soi suppose-t-il le gouvernement d'un autre, puisqu'il ne saurait être question de neutraliser la compréhension de la *parrêsia* à l'œuvre dans l'ascétique ? Mais si l'examen de la *parrêsia* est appelé par la prise au sérieux de la subjectivation et excède sa limitation au statut qui lui est conféré par l'ascétique solidaire du souci de soi, quel intérêt attacher à la concentration sur le mode de la véridiction qui co-implique le gouvernement de soi et le gouvernement des autres ? Quelle est la demande de l'examen ? Qu'attendre de la « dramatique du discours » que, nous nous le rappelons, Foucault oppose à la « pragmatique du discours » et qu'il définit comme « l'analyse des faits de discours qui montre comment l'événement même de l'énonciation peut affecter l'être de l'énonciateur » ?

La demande concerne le mode d'implication des sujets politiques dans l'énonciation du vrai :

1. M. Foucault, *Le gouvernement de soi et des autres*, Leçon du 12 janvier 1983, *op. cit.*, p. 46-47.

> Y a-t-il une dramatique politique du discours vrai, et quelles peuvent être les différentes formes, les différentes structures de la dramatique du discours politique ? […] Ce que je voudrais faire cette année, c'est donc une histoire du discours de la gouvernementalité qui prendrait pour fil directeur cette dramatique du discours vrai, qui essaierait de repérer quelques-unes de ces grandes formes de la dramatique du discours vrai[1].

En première instance, il s'agit d'élargir le champ de l'analyse en refusant de considérer que le sujet pertinent impliqué dans l'énonciation du vrai est exclusivement l'être qui guide celui qui aspire à la maîtrise de soi. En seconde instance, est en question l'énonciation du vrai par les sujets politiques que sont les « conseillers ». Foucault identifie quatre « figures » qu'il met en relation avec des moments historiques : la figure de « l'orateur public » sous l'Antiquité, la figure du « ministre » à partir du XVIe siècle, la figure du « critique » à partir du XVIIIe siècle, la figure du « révolutionnaire » au XXe siècle, mais seule la figure de l'orateur public sera interrogée, les autres figures étant plus nommées qu'identifiées, *a fortiori* interrogées. Pourquoi ? Non seulement parce que l'enseignement de Foucault sera brutalement interrompu, mais aussi parce que le développement de l'examen va conduire Foucault à investir, ou réinvestir, la dimension éthique de la dramatique du discours : que l'enjeu soit politique ne signifie pas que les conditions et les implications éthiques de l'énonciation politique du discours vrai soient neutralisées, ne signifie pas non

1. M. Foucault, *Le gouvernement de soi et des autres*, Leçon du 12 janvier 1983, *op. cit.*, p. 66-67.

plus que seul le conseiller constitue la cible politique de l'examen.

S'agissant du sujet politique pertinent, la véridiction du conseiller demande à être rapportée à la pratique du discours au sein des démocraties. Partant du lien établi par Polybe entre la *dêmokratia* – la participation de tous les membres du *dêmos* au pouvoir – l'*isêgoria* – le droit égal des citoyens à la parole – et la *parrêsia* – la liberté pour les citoyens de prendre la parole –, l'examen pose la « circularité essentielle » entre la démocratie et la *parrêsia* : si l'*isêgoria* est impliquée par le cadre institutionnel de la cité démocratique, il est question avec la *parrêsia* de la pratique persuasive de la parole : qui va prendre la parole, qui va oser entrer dans un jeu agonistique avec d'autres citoyens, qui va prendre l'ascendant ? Néanmoins, si la *parrêsia* est une notion plus étroite que celle d'*isêgoria* dans le cadre de la cité démocratique, elle est plus large que la pratique démocratique du discours : elle concerne aussi la circulation du discours dans une cité autre que démocratique, puisque, à suivre Plutarque, Dion et Platon ont fait preuve de *parrêsia* face à Denys, puisque, également, Platon lui-même distingue le jeu dangereux de la *parrêsia* dans la cité démocratique et sa nécessité et son bienfait dans la cité idéale. Dans la cité démocratique, que chacun ait la liberté de parler signifie que ce n'est précisément pas le discours vrai qui comporte une efficace persuasive, mais le discours en rapport avec les désirs et les plaisirs. Il en va autrement dans la cité idéale :

> La *parrêsia*, c'est ce discours vrai qui doit être tenu par quelqu'un dans la cité pour convaincre les citoyens de la nécessité d'obéir, au moins d'obéir dans cette partie de l'ordre de la cité qui est le plus difficile à obtenir, et qui est précisément la vie individuelle des citoyens et la vie de leur âme, ou plutôt la vie de leur corps, c'est-à-dire la vie de leurs désirs et de leurs plaisirs[1].

Prenant au sérieux la convocation platonicienne d'une *parrêsia* qui permette à la *parrêsia* politique de ne pas être pervertie par l'énonciation d'un discours indifférent à la vérité, l'examen investit la figure du philosophe-conseiller. Qu'en est-il du sujet qui, énonçant le vrai, « a le courage de s'adresser à qui exerce le pouvoir » ? Oser dire le vrai, est-ce pour le philosophe donner des conseils concernant les décisions à prendre, à défaut de les prescrire ? Ou est-ce se manifester pour que l'exercice de la politique soit en rapport avec la vérité ? La *parrêsia* « apparaît maintenant comme une activité qui consiste à s'adresser à l'âme de ceux qui doivent gouverner, de manière qu'ils se gouvernent comme il faut et qu'ainsi la cité se trouve gouvernée, elle aussi, comme il faut »[2]. Que la *parrêsia* soit au point de rencontre du dire-vrai philosophique et de l'action politique signifie aussi son statut critique : à la figure du philosophe-conseiller, qui œuvre pour que l'exercice politique soit en accord avec le vrai, s'oppose celle du cynique, qui tourne en dérision

1. M. Foucault, *Le gouvernement de soi et des autres*, Leçon du 9 février 1983, *op. cit.*, p. 188-189. Foucault se réfère aux *Lois*, Livre VIII, 835b *sq.* Sur la *parrêsia* dans la cité démocratique, *cf. La République*, Livre VIII, 557a *sq.* et le commentaire de Foucault, Leçon du 9 février 1983, p. 181-185. Sur Polybe, *Histoires*, Livre II, chapitre XXXVIII, *cf.* Leçon du 2 février 1983, p. 137-139.

2. *Ibid.*, Leçon du 2 mars 1983, p. 279.

l'action politique et adopte une attitude de défi, d'elle se distingue également la figure de Socrate : de la *parrêsia* proprement politique, dont Socrate s'est abstenu en ne prenant pas la parole à l'Assemblée, se distingue la *parrêsia* qui l'a conduit à refuser d'obéir aux injonctions de l'Assemblée lorsque, sous la démocratie, le tirage au sort lui attribua la prytanie, qui l'a également conduit à refuser d'obéir aux ordres des Trente, une *parrêsia* qui ne passe pas par le discours mais dont les actes portent le témoignage, et qui concerne « le salut du sujet agissant ». Avec la prise de position du dire-vrai dans le champ politique, « c'est bien toujours cette question du sujet, du sujet politique qui est en question »[1]. Est aussi en cause, par-delà le rapport que le sujet entretient avec l'action politique, l'avènement de la *parrêsia* philosophique, commandée par le souci de soi et qui exhorte les autres à s'occuper d'eux-mêmes, c'est-à-dire l'émergence d'un « certain mode d'être du discours vrai », d'un discours qui ne cherche pas à persuader, mais est « l'épreuve et de lui-même et de celui qui parle et de celui auquel on parle »[2]. L'examen parvient à ce résultat : comprendre la dramatique du discours à partir de « l'*êthos* du sujet ». La *parrêsia* concerne le mode d'être de celui pour lequel la vie doit être conduite comme un témoignage de la vérité et comporte une valeur exemplaire générale, en donnant à la philosophie le statut d'une psychagogie, d'une conduite des âmes.

1. *Ibid.*, p. 295. Foucault commente la *Lettre VII* dans les leçons du 16 février et du 23 février 1983, et *L'Apologie de Socrate* dans la leçon du 2 mars 1983.

2. *Ibid.*, Leçon du 2 mars 1983, p. 300.

Néanmoins, suffit-il de partir de l'*êthos* du sujet pour donner un statut à la dramatique du discours vrai ? Comment le sujet de l'énonciation est-il impliqué, comment est-il « affecté » et « engagé » par le dire-vrai qu'il prend en charge, qu'il s'agisse de la prise de parole devant une assemblée ou à l'intention d'un prince, également dans un rapport d'individu à individu comme dans la direction de conscience ? Nous nous rappelons en quels termes Foucault avait posé l'examen de la *parrêsia* : « Dans la *parrêsia*, l'énoncé et l'acte d'énonciation à la fois vont affecter, d'une manière ou d'une autre, le mode d'être du sujet. […] L'analyse de la *parrêsia*, c'est l'analyse de cette dramatique du discours vrai qui fait apparaître le contrat du sujet parlant avec lui-même dans l'acte du dire-vrai »[1]. Pendant la dernière année de l'enseignement au Collège de France, Foucault ne déplace pas l'intérêt, mais réexamine le mode d'implication du sujet dans l'énonciation du vrai en prenant au sérieux l'élément du risque et en interrogeant le pacte par lequel les sujets sont liés, pacte qui va définir le « jeu parrèsiastique ».

> […] C'est ainsi que s'établira le vrai jeu de la *parrêsia*, à partir de cette espèce de pacte qui fait que si le parrèsiaste montre son courage en disant la vérité envers et contre tout, celui auquel cette *parrêsia* est adressée devra montrer sa grandeur d'âme en acceptant qu'on lui dise la vérité. Cette espèce de pacte, entre celui qui prend le risque de dire la vérité et celui qui accepte de l'entendre, est au cœur de ce qu'on pourrait appeler le jeu parrèsiastique[2].

1. M. Foucault, *Le gouvernement de soi et des autres*, Leçon du 12 janvier 1983, *op. cit.*, p. 65-66.

2. M. Foucault, *Le courage de la vérité*, Leçon du 1er février 1984, Paris, Éditions de l'EHESS-Gallimard-Seuil, 2009, p. 14.

Réexamen qui interroge de nouveau la figure de Socrate, lui qui demande à ses interlocuteurs de rendre raison d'eux-mêmes en prenant en charge le souci de leur âme, souci qu'il a lui-même rendu exemplaire en montrant qu'il préfère la mort à renoncer de dire la vérité. La *parrêsia* est éthique en ce qu'elle suppose une « homophonie » entre ce que déclare le sujet et le mode de vie qui est le sien. Mais, avec les cyniques, il ne s'agit pas de tenir un discours en harmonie avec le mode de vie, mais d'être par le mode de vie « le témoin de la vérité », de « manifester le vrai ou dire le vrai sous la forme d'une manifestation d'existence »[1]. Témoigner de la vérité par son mode de vie, c'est mener la « vraie vie » exposée à tous sans le souci de la « pudeur », une vie de pauvreté et qui fait du « déshonneur » une épreuve, une vie qui se règle sur la nature et qui, en donnant une valeur positive à l'animalité, rejette les conventions et les interdits humains. Un témoignage de vérité qui est appréhendé comme un « scandale ». « La pratique de la vraie vie, poussée à la limite chez les cyniques, dramatisée par eux sous un certain nombre de formes, devient la manifestation scandaleuse de la vie autre »[2]. Le mode de vie est une véridiction implicite, explicitée par l'interpellation. Les cyniques réactivent le thème socratique de la « mission », une mission qui les conduit, non pas à instaurer un rapport de maître à élève, ni d'ami à ami, ni de conseiller à agent, mais à se présenter en « vrais rois », arguant de la vie indépendante qu'ils mènent, et à user de la « diatribe », à invectiver chacun et tous en tout lieu, au théâtre, dans une assemblée politique, sur le marché. « Mission dure,

1. *Ibid.*, Leçon du 7 mars 1984, p. 200.
2. *Ibid.*, Leçon du 21 mars 1984, p. 247.

et mission qu'on pourrait dire jusqu'à un certain point sacrificielle si les cyniques ne disaient en même temps que, dans ce sacrifice de soi-même, le philosophe trouve effectivement sa joie et la plénitude de son existence »[1].

Qu'est-ce qui se joue avec les cyniques? S'agit-il seulement d'envisager la promotion du mode de vie à la qualité de la véridiction en plaçant la modification de la *parrêsia* éthique qu'elle constitue entre la *parrêsia* politique et la *parrêsia* qui va se développer au sein de la tradition néo-testamentaire, la confiance en Dieu et le courage de prêcher l'Évangile? Non, dans la série que constitue l'examen, la *parrêsia* cynique marque un point de décrochage par sa singularité, mais aussi parce que cette singularité est pour nous une interpellation, c'est-à-dire prend par nous ce statut : elle est « actuelle », moins par le mode de vie que les cyniques adoptent que parce qu'est posée sous une forme élémentaire, à la fois rudimentaire et radicale, la « question » de la vraie vie ou de la « vie philosophique ».

1. M. Foucault, *Le courage de la vérité*, Leçon du 21 mars 1984, *op. cit.*, p. 256. Foucault consacre aux cyniques les quatre dernières leçons du cours, du 7 mars au 28 mars 1984, prenant en particulier appui sur le Discours IV (*Sur la royauté*) de Dion Chrysostome et les *Entretiens*, III, 22, d'Épictète. Foucault donne aux cyniques une importance que ne laissait pas présager la glose qu'il leur consacre dans *Le gouvernement de soi et des autres*, Leçon du 9 mars 1983, p. 317-321. Dans le manuscrit du développement conclusif de la dernière leçon, passage qui ne fut pas repris dans le cours, Foucault exprime le soupçon d'avoir « l'air de donner au cynisme une place essentielle dans l'éthique ancienne et de faire du cynisme une figure absolument centrale, alors qu'il reste, au moins d'un certain point de vue, marginal et frontalier », *Le courage de la vérité*, Leçon du 28 mars 1984, *op. cit.*, p. 310.

> [...] La constitution cynique de la vie philosophique comme scandale [...] est la marque historique, la manifestation première, le point de départ de ce qui a été [...] la grande extériorisation du problème de la vie philosophique par rapport à la philosophie, à la pratique philosophique, à la pratique du discours philosophique. Voilà pourquoi le cynisme m'intéresse et ce que je voudrais essayer de repérer avec lui. [...] Il a été la forme à la fois la plus rudimentaire et la plus radicale dans laquelle on a posé la question de cette forme particulière de vie – qui n'est évidemment qu'une forme particulière, mais combien importante et centrale par les problèmes qu'elle pose – qu'est la vie philosophique[1].

Les cyniques sont singuliers en ce qu'ils n'aspirent pas à fonder une « école », en ce que, reprenant des exigences qui appartiennent au fond commun des philosophies antiques, celles d'une vie qui n'a rien à cacher, d'une vie droite, authentique et indépendante, ils rendent par le mode de vie qu'ils adoptent la mise en œuvre de ces exigences scandaleuse, également en ce que, privilégiant le souci éthique face à l'ambition doctrinale, ils envisagent la philosophie comme exercice et non comme savoir, et encore en ce qu'ils confèrent à la mission qu'ils s'assignent le statut de « vie militante ». « Je sais bien qu'en employant ce terme de “vie militante”, je commets là un anachronisme évident. [...] Un militantisme en milieu ouvert, universel, agressif, un militantisme dans le monde, contre le monde. C'est cela, je crois, qui constitue la singularité de cette souveraineté cynique »[2]. Une « vie militante » par la

1. *Ibid.*, Leçon du 14 mars 1984, p. 218-219.
2. *Ibid.*, Leçon du 21 mars 1984, p. 261-262.

pratique « combattante » des prises de position, contre les conventions, les lois, les institutions, les habitudes, prises de position qui, coupées d'une visée prosélytique, ne cherchent pas à « apprendre » à quelques-uns, mais à « secouer » chacun, des prises de position qui se placent dans le milieu « ouvert » de l'humanité. « Le cynique s'adresse à tous les hommes, [...] il montre qu'ils mènent une vie autre que celle qu'ils devraient mener. Et par là-même, c'est tout un autre monde qui doit émerger, qui doit être en tout cas l'horizon, qui doit constituer l'objectif de cette pratique cynique »[1].

C'est aussi par leur inactualité, c'est-à-dire en tant que nous comprenons leur singularité en termes d'actualité, – quitte à assumer le risque de l'anachronisme –, que les cyniques sont en rapport avec l'enjeu politique de l'examen de la gouvernementalité. « [...] La condition pour parvenir à cette vraie vie, c'est la constitution pour chaque individu d'un rapport de vigilance à soi-même. Ce n'est ni dans le corps, ni dans l'exercice du pouvoir, ni dans la possession de la fortune qu'il faut chercher le principe de la vraie vie, c'est en soi-même »[2]. Si nous coupons cette affirmation de la notion de « vie militante », la question est de savoir ce que la conception cynique modifie de la conception stoïcienne de la maîtrise de soi. Mais il faut donner à l'affirmation une valeur pratique : ce qui est signifié par la provocation cynique, c'est la résistance aux pouvoirs qu'est l'adoption d'une vie qui, en se fixant l'exigence du gouvernement de soi, tourne

1. M. Foucault, *Le courage de la vérité*, Leçon du 28 mars 1984, *op. cit.*, p. 288.

2. *Ibid.* La citation est empruntée au texte du manuscrit de la leçon, passage qui ne fut pas repris dans le cours.

en dérision la prétention du gouvernement des autres par le pouvoir politique. Les cyniques nous apprennent, ou nous réapprennent, que la philosophie est un « exercice de vie » plus qu'une forme de discours théorique. Et si la vraie vie est une « vie autre » c'est que, modifiant le rapport avec nous-mêmes, nous avons à réactiver ce qui apparaît chez le cynique, lui qui « a le courage insolent de se montrer tel qu'il est ; il a la hardiesse de dire la vérité ; et dans la critique qu'il fait des règles, conventions, coutumes et habitudes, s'adressant en toute désinvolture et agressivité aux souverains et aux puissants, il retourne, il dramatise aussi la vie philosophique, les fonctions de la *parrêsia* politique »[1].

1. M. Foucault, *Le courage de la vérité*, Leçon du 28 mars 1984, *op. cit.*, p. 310. C'est un extrait du développement conclusif de la leçon, qui ne fut pas prononcé dans le cours.

CHAPITRE VI

FOUCAULT LECTEUR DE *WAS IST AUFKLÄRUNG ?*

Un exercice en suspens ?

La communication présentée devant la Société française de philosophie le 27 mai 1978 fixe, sinon à la lecture, du moins à la convocation de *Was ist Aufklärung* ? un cadre général[1]. Est en question l'examen de l'organisation, du développement, des transformations, des spécifications de « l'art de gouverner », dont Michel Foucault propose un seuil historique.

> [...] Je crois qu'à partir du XVe siècle et dès avant la Réforme, on peut dire qu'il y a eu une véritable explosion de l'art de gouverner les hommes, explosion entendue en deux sens. Déplacement d'abord par rapport à son foyer religieux, disons si vous voulez

1. La transcription de la communication et de la discussion qui lui fit suite, publiée à titre posthume dans le *Bulletin de la Société française de philosophie* (84e année, n° 2, avril-juin 1990, p. 35-63) a été publiée avec quelques modifications en 2015 par les Éditions Vrin, accompagnée du texte d'une conférence prononcée en anglais le 12 avril 1983 sous le titre « La culture de soi ». Cette étude est la reprise modifiée de l'article publié dans les *Cahiers philosophiques*, n° 175, 4e trimestre 2023.

> laïcisation, expansion dans la société civile de ce thème de l'art de gouverner les hommes et des méthodes pour le faire. Et puis, deuxièmement, démultiplication de cet art de gouverner dans des domaines variés : comment gouverner les enfants, comment gouverner les pauvres et les mendiants, comment gouverner une famille, une maison, comment gouverner les armées, comment gouverner les différents groupes, les cités, les États, comment gouverner son propre corps, comment gouverner son propre esprit[1] ?

L'art de gouverner est spécifié par les domaines de son application et les modes de la prise en charge des domaines ; il suscite également des « inquiétudes », des « méfiances », des « réticences », qui investissent la « question qui serait : "comment ne pas être gouverné *comme cela*, par ceux-là, au nom de ces principes-ci, en vue de tels objectifs et par le moyen de tels procédés, pas comme ça, pas pour ça, pas par eux" »[2]. C'est au sein du jeu des arts de gouverner et des inquiétudes qu'ils suscitent, jeu dans la mesure où l'expression d'inquiétudes n'est pas sans effet sur l'exercice des arts de gouverner, que Foucault place « l'attitude critique », qu'il envisage comme « une sorte de forme culturelle générale, à la fois attitude morale et politique, manière de penser, […] l'art de n'être pas gouverné ou encore l'art de ne pas être gouverné comme ça et à ce prix, […] l'art de n'être pas tellement gouverné »[3]. Foucault repère des « points d'ancrage » de l'attitude critique en fonction de ce qui est supposé garantir les effets attendus par les arts

1. M. Foucault, *Qu'est-ce que la critique*? suivi de *La culture de soi*, Pais. Vrin, 2015, p. 36.
2. *Ibid.*, p. 37.
3. *Ibid.*

de gouverner, la triple autorité de la Bible, du droit et de la science. L'attitude critique se fixe en premier lieu sur la prétention d'un magistère ecclésiastique de répandre l'enseignement religieux, mais aussi sur la vérité de l'Écriture ; elle se fixe en deuxième lieu sur la prétention d'un souverain d'obtenir l'obéissance des sujets, mais aussi sur la légitimité des lois établies ; elle se fixe en troisième lieu sur la prétention d'une autorité d'énoncer ce qui est vrai, mais aussi sur le mode de l'acceptation de la vérité énoncée par un tiers. Quel est l'enjeu des rapports plastiques et évolutifs des arts de gouverner et des critiques qu'ils suscitent ? Le développement d'une « indocilité réfléchie » face aux « pratiques d'assujettissement des individus ».

> [...] Le foyer de la critique, c'est essentiellement le faisceau des rapports qui noue l'un à l'autre, ou l'un aux deux autres, le pouvoir, la vérité et le sujet. Et si la gouvernementalisation, c'est bien ce mouvement par lequel il s'agissait dans la réalité même d'une pratique sociale d'assujettir les individus par des mécanismes de pouvoir qui se réclament d'une vérité, [...] la critique, c'est le mouvement par lequel le sujet se donne le droit d'interroger la vérité sur ses effets de pouvoir et le pouvoir sur ses discours de vérité [...] ; la critique, ce sera l'art de l'inservitude volontaire, celui de l'indocilité réfléchie[1].

Pourquoi convoquer *Qu'est-ce que les Lumières* ? – Parce que Kant envisage l'*Aufklärung* comme ce qui doit lever un état de minorité, état triplement qualifié : un état « dans lequel serait maintenue, et maintenue autoritairement, l'humanité », un état dans lequel

1. *Ibid.*, p. 39.

l'humanité serait dans « l'incapacité à se servir de son propre entendement sans quelque chose qui serait justement la direction d'un autre », un état qualifié par une « corrélation entre cet excès d'autorité et [...] quelque chose qu'il considère, qu'il appelle un manque de décision et de courage »[1]. Qualifier ainsi l'état de minorité, c'est envisager l'*Aufklärung* en termes, non pas simplement théoriques ni descriptifs, mais, sinon prescriptifs, du moins exhortatifs : « Il y aura dans cette définition de l'*Aufklärung* quelque chose qu'il s'avère un peu ridicule sans doute d'appeler la prédication, mais c'est bien en tout cas un appel au courage qu'il lance dans cette description de l'*Aufklärung* »[2]. Étrangement, Foucault n'en dit pas plus sur l'opuscule de 1784, alors même qu'en « contrepoint » de l'injonction de l'*Aufklärung* que rappelle Kant, « *sapere aude* ! », se fait entendre « une autre voix, celle de Frédéric II, [...] "qu'ils raisonnent autant qu'ils veulent pourvu qu'ils obéissent" ». Pourquoi ne pas prendre au sérieux la possible tension entre la convocation de l'humanité à faire preuve de courage et le fait, sinon l'obligation, d'obéir au souverain ? Parce que l'intérêt est déplacé vers le rapport entre ce que Kant déclare de l'*Aufklärung* et le projet que Kant nomme critique, pour envisager ce rapport, non pas au sein du système kantien, ni comme problème théorique, mais comme indicateur historique : non pas eu égard à la cohérence du projet kantien, mais en fonction du « soupçon » que va développer l'attitude critique. En quoi le rapport de la conception de l'*Aufklärung* et du projet critique est-il, ou serait-il,

1. M. Foucault, *Qu'est-ce que la critique ?*, *op. cit.*, p. 40-41.
2. *Ibid.*, p. 41.

théoriquement pertinent, voire problématique? En ce qu'est en cause le rapport entre le courage de savoir que Kant reprend de l'*Aufklärung* et la reconnaissance des limites de la connaissance que met en évidence le projet critique.

> Je n'entreprends pas de montrer l'opposition qu'il y aurait chez Kant entre l'analyse de l'*Aufklärung* et le projet critique. Il serait, je crois, facile de montrer que, pour Kant lui-même, ce vrai « courage de savoir » qui était invoqué par l'*Aufklärung*, ce même courage de savoir consiste à reconnaître les limites de la connaissance; et il serait facile de montrer que pour lui l'autonomie est loin d'être opposée à l'obéissance aux souverains[1].

Une fois déclarée réductible, mais non pas démonstrativement réduite, la double tension du courage de savoir et des limites de la connaissance d'une part, de l'autonomie et de l'obéissance au souverain d'autre part, Foucault donne un statut à la fois signalétique et annonciateur au « décalage entre *Aufklärung* et critique », au « retrait » que l'entreprise critique kantienne prend pour son compte et selon un mode propre en charge, « l'entreprise de désassujettissement par rapport au jeu du pouvoir et de la vérité, comme tâche primordiale, comme prolégomènes à toute *Aufklärung* présente et future, de connaître la connaissance »[2]. Qu'est-ce qui est en cause, si l'attitude critique se démarque de la promesse de l'*Aufklärung* et ne se contente pas de délimiter le domaine légitime de la connaissance? Le soupçon est triple, visant la confiance que la science

1. *Ibid.*, p. 42.
2. *Ibid.*, p. 42.

s'accorde à elle-même, la prétention d'un État rationnel et, à la jointure de cette confiance et de cette prétention, l'ambition d'une science de l'État.

> […] La question de 1784, *qu'est-ce que l'Aufklärung ?*, ou plutôt la manière dont Kant, par rapport à cette question et à la réponse qu'il donnait, a essayé de situer son entreprise critique, cette interrogation sur les rapports entre *Aufklärung* et critique va prendre légitimement l'allure d'une méfiance ou en tout cas d'une interrogation de plus en plus soupçonneuse : de quels excès de pouvoir, de quelle gouvernementalisation, d'autant plus incontournable qu'elle se justifie en raison, cette raison elle-même n'est-elle pas historiquement responsable[1] ?

Nous comprenons que Foucault s'abstient d'une lecture précise de *Qu'est-ce que les Lumières* ? parce qu'il lui suffit de prendre la mesure de l'enjeu historique enveloppé par la prise de position kantienne : en appeler au courage pour que l'humanité, se libérant des structures de coercition, accède heureusement à la connaissance, ou devoir douloureusement reconnaître que la rationalisation a partie liée avec le maintien, voire l'exacerbation de la domination ? Donc : un statut signalétique et annonciateur conféré à la prise de position kantienne en tant que la distance qu'elle marque à l'égard de l'*Aufklärung* s'exprimera par l'inquiétude de plus en plus vive concernant l'alliance trouble de la rationalité et de l'assujettissement. C'est « la réciproque et l'inverse du problème de l'*Aufklärung* : comment se fait-il que la rationalisation conduise à la fureur du pouvoir ? »[2].

1. M. Foucault, *Qu'est-ce que la critique ?*, *op. cit.*, p. 43-44.
2. *Ibid.*, p. 46.

Pourquoi l'opuscule de 1784 est-il convoqué en fonction de l'intérêt accordé aux rapports entre pouvoir, vérité et sujet ? Si est à l'ordre du jour de l'examen « la question des rapports entre les structures de rationalité qui articulent le discours vrai et les mécanismes d'assujettissement qui [lui] sont liés »[1], en tant qu'elle est commandée par la question des rapports entre l'art de gouverner et l'art de n'être ni ainsi ni trop gouverné, c'est que Foucault a pendant les mois précédant la communication construit et exposé les concepts de « gouvernementalité » et, symétriquement, de « contre-conduite ». Dans le cours qu'il vient de professer au Collège de France, Foucault a défini l'art de gouverner – ou gouvernementalité – comme « le point de vue global de la technologie de pouvoir »[2], ce qui rend raison de l'organisation et de la distribution de pouvoirs pour une séquence historique donnée. Le concept de gouvernementalité, nous le savons[3], a été élaboré pour rendre intelligible, non seulement la cohésion, mais aussi la cohérence de l'apparition progressive en Europe depuis le XVIIe siècle de « techniques de dressage » visant à rendre les corps utiles et dociles, à normaliser et à bonifier leurs performances, également d'organismes de contrôle des phénomènes de masse que sont la natalité, la fécondité, la morbidité, la mortalité d'une population. L'art de gouverner est un « prisme pratico-réflexif » qui, en donnant forme à des intérêts ou à des investissements, en dirigeant des pratiques, et aussi en les évaluant, les corrigeant, les modifiant, définit un « régime de vérité »,

1. *Ibid.*, p. 48.

2. M. Foucault, *Sécurité, territoire, population*, Leçon du 8 février 1978, *op. cit.*, p. 121.

3. *Vide supra* chapitre IV, p. 136 *sq.*

un espace de problématisation stratégique. Foucault a également considéré des « contre-conduites », conduites de résistance qui s'investissent dans ce que l'instance de cohésion qu'est l'État prend en charge, opposant ainsi à l'obéissance que l'État exige au nom de la sécurité publique le droit à la révolte des individus, ou à la prétention de l'État de détenir la vérité le droit d'une nation à la connaissance. La considération de l'art de gouverner et de la contre-conduite, c'est-à-dire la manière dont Foucault vient de rendre les concepts opératoires pour la séquence des XVIIe et XVIIIe siècles, est, à n'en pas douter, à l'arrière-plan de la communication. En mettant l'attitude critique caractéristique de la modernité en rapport avec « l'indocilité réfléchie », Foucault neutralise les enjeux historiques précis qu'il s'est donné la peine d'identifier des mois durant – les modes et les effets de l'implication de la gouvernementalité moderne dans « la raison d'État » – sans pour autant proposer des concepts généraux de gouvernement et de résistance : l'attention est déplacée, concentrée sur le problème posé à la réflexion par la promesse d'émancipation ou de « désassujetissement » que porte l'*Aufklärung*. Mais rendre à la fois problématique et historiquement moteur le rapport de l'*Aufklärung* et de la critique donne une place limitée à la lecture de l'opuscule de 1784.

La convocation de l'opuscule dans la communication de 1978 est-elle une répétition générale de la lecture menée à bien au Collège de France le 5 janvier 1983 ? La lecture de l'opuscule est commandée par la considération d'un intérêt et la détermination d'un enjeu. L'intérêt est attaché au « problème du rapport du gouvernement de soi et du gouvernement des autres », l'enjeu concerne le rapport que le lecteur entend entretenir, non pas simplement avec ce qui retient l'attention de Kant, mais avec le mode kantien de l'attention.

> [...] Il [le texte de Kant] me paraît recouper exactement, et formuler en termes tout à fait serrés, un des problèmes importants dont je voudrais parler : justement ce rapport du gouvernement de soi et du gouvernement des autres. Et [...] il me semble que non seulement il parle de ce sujet lui-même, mais il en parle d'une façon telle que je crois – sans trop de, ou plutôt, avec un peu de vanité – pouvoir m'y rattacher. C'est un texte pour moi un peu blason, un peu fétiche [...] que je voudrais regarder d'un peu plus près aujourd'hui. Ce texte [...] a à la fois rapport à ce dont je parle, et je voudrais bien que la manière dont j'en parle ait un certain rapport avec lui[1].

Que l'attention de Foucault se porte sur l'opuscule de 1784 en fonction de l'intérêt accordé au rapport du gouvernement de soi et du gouvernement des autres n'est pas énigmatique, étant considéré le déplacement de l'examen opéré et exposé par Foucault dans son enseignement au Collège de France. En concentrant l'intérêt sur la notion de « gouvernement des hommes par la vérité », Foucault a, sinon disqualifié, du moins abaissé l'importance de l'examen de l'organisation des pouvoirs locaux et de l'enjeu constitué par l'investissement de l'art de gouverner dans l'État[2]. Sans doute le gouvernement est-il toujours entendu « au sens de mécanismes et de procédures destinés à conduire les hommes », mais

1. M. Foucault, *Le gouvernement de soi et des autres*, Leçon du 5 janvier 1983, Paris, Éditions de l'EHESS-Gallimard-Seuil, 2008, p. 8-9.

2. *Vide supra* chapitre v, p. 207 *sq*.

l'examen a envisagé le « gouvernement des âmes » sous le rapport de la direction de conscience et des conduites d'aveu, de pénitence et d'obéissance. Foucault a ensuite interrogé la notion d'une « constitution de soi », identifiant les techniques par lesquelles un travail sur soi est effectué, les domaines auxquels il s'applique et les effets de savoir qu'il produit, examinant « les modalités selon lesquelles le sujet [doit] être transformé pour devenir enfin sujet capable de vérité »[1]. Est en revanche énigmatique le mode du rapport que Foucault entend instaurer avec l'opuscule de 1784. Que le texte de Kant soit en rapport avec ce qui intéresse Foucault, certes. Sinon, pourquoi vouloir le regarder « d'un peu près » ? Mais que veut dire que la lecture du texte est en rapport avec le texte lu, s'il ne s'agit pas d'une platitude, portant même le lecteur au demi-aveu de sa « vanité » ? Que le mode kantien de l'attention à ce qui intéresse Foucault annonce l'attention que Foucault accorde au problème du gouvernement de soi et des autres ? Ou que l'attention que Foucault accorde au problème est homogène à celle que Kant lui a accordée ? Ou encore, qu'il y a pour le lecteur à s'approprier le mode kantien de l'attention à ce dont il traite ? La vanité est-elle celle de se reconnaître un précurseur, celle de se déclarer de la même famille de pensée, ou celle d'espérer être à la hauteur de l'attention kantienne ? Posons la question en ces termes : le mode de l'examen par Foucault du gouvernement de soi et des autres est-il engagé par la lecture du texte ? Si Foucault a l'ambition de penser que la manière dont il lit le texte, et dont il en parle, a « un certain rapport avec lui » – avec le

1. M. Foucault, *L'herméneutique du sujet*, Leçon du 6 janvier 1982, Paris, *op. cit.*, p. 17.

texte évidemment, mais peut-être aussi avec le lecteur –, est-ce parce que la lecture du texte concerne le statut du sujet qui examine le problème du gouvernement, voire du sujet qui est concerné par le gouvernement ?

Comment Foucault entame-t-il la lecture de l'opuscule ? Avant d'engager la lecture proprement dite, Foucault retient « la notion de public » et « la question de l'actualité ». L'attention accordée à la notion de public permet à la fois de contextualiser l'opuscule et d'indiquer le sérieux de l'acte de la publication pour la compréhension de ce que Kant considère. Car, si le texte est publié dans la *Berlinische Monatsschrift* en réponse à la question qui lui a été en particulier posée, c'est qu'il est important pour Kant de faire circuler ce qu'il pense de l'*Aufklärung*, de le mettre à la disposition de lecteurs en tant que ceux-ci sont directement concernés par elle. Foucault laisse en suspens le mode de la considération du public par l'opuscule pour « surtout insister » sur la nouveauté de l'investissement philosophique. « Dans ce texte apparaît un nouveau type de question dans le champ de la réflexion philosophique »[1]. Quelle est la nouveauté du type de question ? Elle concerne, non pas l'histoire en général, mais l'actualité en tant que celui qui l'interroge noue l'une avec l'autre deux questions, celle de ce qu'est l'actualité à laquelle il appartient et celle de son mode d'appartenance à l'actualité sous le rapport de la pensée et de la détermination. Être au présent, ou plutôt être du présent, c'est être sollicité à penser et à agir par ce qu'est le présent ou par ce qui, du présent, est remarquable.

1. M. Foucault, *Le gouvernement de soi et des autres*, Leçon du 5 janvier 1983, *op. cit.*, p. 12.

> [...] Qu'est-ce que c'est donc précisément que ce présent auquel j'appartiens ? [...] Il s'agit, à l'intérieur de cette réflexion sur cet élément du présent porteur ou significatif d'un processus, de montrer en quoi et comment celui qui parle, en tant que penseur, en tant que savant, en tant que philosophe, fait partie lui-même de ce processus. Mais c'est encore plus complexe que cela. Il faut qu'il montre non seulement en quoi il fait partie de ce processus, mais comment, faisant partie de ce processus, il a en tant que savant ou philosophe ou penseur, un certain rôle à jouer dans ce processus où il se trouvera donc à la fois élément et acteur[1].

Alors que la glose de la notion de public tourne court à ce moment de l'examen, celle de l'actualité comme question, c'est-à-dire comme interpellation, et non comme simple objet d'interrogation, retient en revanche l'attention de Foucault. L'important est que le philosophe, en tenant un discours sur l'actualité, est impliqué par ce qui lui donne un statut comme sujet de pensée et de détermination. Prendre au sérieux l'actualité, c'est se reconnaître ou devoir se reconnaître attaché à ou par ce qui en est caractéristique. En quoi l'actualité définit-elle pour celui qui l'interroge une sphère d'appartenance ? Qu'est-ce qui du présent l'interpelle ? L'*Aufklärung* constitue pour le penseur une sphère d'appartenance, étant « un processus culturel sans doute très singulier, qui a tout de suite pris conscience de lui-même d'une certaine façon, en se nommant et en se situant par rapport à son passé, par rapport à son avenir, par rapport aussi à son présent, en désignant bien sous ce nom même d'*Aufklärung* le processus, mieux que le processus : les

1. M. Foucault, *Le gouvernement de soi et des autres*, Leçon du 5 janvier 1983, *op. cit.*,p. 13-14.

opérations que ce mouvement lui-même devait effectuer à l'intérieur de son propre présent »[1]. Si l'*Aufklärung* est un processus ou un mouvement historique qui prend conscience de ce qu'il est, fait et a à faire, un mouvement auto-référé, Kant prend place dans ce mouvement en intervenant au sein de la discussion publique directement commandée par la position de la question : qu'est-ce que l'*Aufklärung*? D'où le soupçon : l'attention accordée par Foucault à la question de l'actualité, c'est-à-dire de la sollicitation du penseur par l'actualité, ne va-t-elle pas le conduire à ne pas aller plus avant dans la lecture de l'opuscule, auquel un statut signalétique et annonciateur est donné ? La prise de position de Kant n'est-elle pas un symptôme de ce qui est nouveau et durable s'agissant, non pas de l'attitude critique, mais du rapport qu'une époque entretient avec elle-même et qui marque sa singularité ? Et telle est l'entreprise dont Foucault énonce, sinon la mise en œuvre, du moins la pertinence :

> Il me semble qu'il faudrait essayer de faire la généalogie, non pas tellement de la notion de modernité, mais de la modernité comme question. Et en tout cas, même si je prends le texte de Kant comme point d'émergence de cette question, il est bien entendu qu'il fait lui-même partie d'un processus historique large et important dont il faudrait justement prendre la mesure[2].

Ne disons pas que la lecture est close avant d'être engagée, mais posons la question du mode de la satisfaction de l'intérêt donné à la lecture du texte. Car si l'intérêt attaché à l'art de gouverner et à l'attitude critique a conduit Foucault dans la communication de

1. *Ibid.*, p. 15-16.
2. *Ibid.*, p. 15.

1978 à une considération symptomatique de l'opuscule, la concentration de l'intérêt sur la question de l'actualité pousse-t-elle Foucault à interroger le rapport que Kant instaure avec le présent auquel il appartient? En quels termes le penseur reconnaît-il être lié avec ce que l'époque estime être en cours? Ou est-ce parce que l'intérêt identifié au départ, la question du gouvernement de soi et des autres, est pris en charge que l'examen est un exercice de lecture?

Foucault diffère le moment de la lecture effective de l'opuscule. Non qu'il trace les linéaments de la généalogie de la modernité comme question dont il vient d'affirmer la pertinence, mais parce qu'il poursuit l'examen du rapport que Kant instaure avec l'actualité, s'agissant non pas de ce qui se nomme *Aufklärung*, mais de l'événement révolutionnaire. En lieu et place de la lecture de l'opuscule de 1784, celle de la *Deuxième section* de l'opuscule de 1798, *Le conflit des facultés*. Quelle est la demande du lecteur? « Je crois que ce texte est […] extrêmement intéressant, non seulement bien sûr à l'intérieur de l'économie de la pensée kantienne, mais bien entendu pour ce qui se donne comme une prédiction […] »[1]. Or, pas plus que dans la communication de 1978, n'est à l'ordre du jour un regard porté sur l'organisation de l'entreprise kantienne; en revanche, le statut prédictif du discours tenu par Kant à l'égard de l'événement révolutionnaire requiert l'attention, parce qu'est directement et explicitement en cause le statut du penseur sollicité par l'actualité. De quelle manière le penseur est-il engagé par ce à quoi il donne son

1. M. Foucault, *Le gouvernement de soi et des autres*, Leçon du 5 janvier 1983, *op. cit.*,p. 21.

attention ? Foucault reconstitue la ligne argumentative kantienne d'une manière limpide. Répondre à la question : « Y a-t-il un progrès constant pour le genre humain ? » suppose, non pas simplement l'identification d'une cause constamment agissante, mais la mise en évidence de la constance de son effectivité, la mise en évidence d'un « événement » qui vaudra comme signe de reconnaissance d'une cause qui a guidé, guide et guidera les hommes sur la voie du progrès. Quel événement historique est déchiffré par le penseur comme signe du progrès du genre humain, *signum rememorativum, diagnosticum, prognosticum* ? Non pas « la révolution d'un peuple plein d'esprit », mais « dans les esprits de tous les spectateurs (qui ne sont pas eux-mêmes engagés dans ce jeu) une *sympathie* d'aspiration qui frise l'enthousiasme […] [pour le] droit qu'a un peuple de ne pas être empêché par d'autres puissances de se donner une constitution politique à son gré […] [et pour] la constitution d'un peuple qui est propre par sa nature à éviter selon des principes la guerre offensive »[1]. La glose de Foucault, limpide, est elliptique s'agissant de la compréhension de plusieurs éléments. Ainsi, Foucault n'interroge ni « l'enthousiasme » des spectateurs de la Révolution – si l'affection est remarquablement distincte des sentiments de ceux qui participent aux « atrocités qu'accumule la Révolution », pourquoi n'est-elle pas « pathologique » par l'excès qui la caractérise ? –, ni l'identité des « enthousiastes » – comment comprendre que « tous les spectateurs » sont transportés ? –.

1. E. Kant, *Le conflit des facultés*, Deuxième section, § VI, trad. fr. S. Piobetta, dans *Opuscules sur l'histoire*, Paris, GF-Flammarion, 2021, p. 211, cité par M. Foucault, *Le gouvernement de soi et des autres*, *op. cit.*, p. 19-20.

Reprenons l'argument que fait valoir Foucault dans la communication de 1978 : « il serait facile de montrer » la cohérence de l'examen kantien. Néanmoins, l'absence de glose de ce que « révèle » ce qui s'est manifesté chez les spectateurs de la Révolution, – « la disposition » de l'espèce humaine à progresser – et, conséquemment, de ce qui donne un statut à la prédiction du penseur – le caractère « inoubliable » de ce qui est apparu – est plus délicate à accepter, précisément parce qu'est en cause, non pas simplement la prise de position du penseur, mais le mode de la position prise à l'égard de l'actualité. Foucault cite Kant : « Je soutiens que je peux prédire au genre humain – même sans esprit prophétique – d'après les apparences et signes précurseurs de notre époque, qu'il atteindra cette fin [se donner la constitution politique qui lui convient et qui permettra d'éviter toute guerre offensive] »[1]. La question peut être ainsi posée : n'est-il pas important, pour comprendre le rapport que le penseur entretient avec l'actualité, de considérer le statut ou la posture d'herméneute prédictif qu'il s'attribue, puisque, pour s'autoriser à annoncer aux hommes que l'enthousiasme révolutionnaire appartient aux archives glorieuses de l'espèce humaine – quand la misère et les atrocités sont les caractères ténébreux d'un moment historique –, il lui faut, non pas descendre d'une cause à un effet, mais remonter d'un événement à la cause dont il est le signe, c'est-à-dire adopter une procédure « réflexive », et non pas « déterminante » ? Conférer un statut opératoire à la notion de signe, c'est refuser d'être à

1. E. Kant, *Le conflit des facultés*, § VII, *op. cit.*, p. 214, cité par M. Foucault, *Le gouvernement de soi et des autres*, *op. cit.*, p. 20. Kant ajoute : « [...] et que, en même temps, dès lors ses progrès ne seront plus entièrement remis en question ».

l'égard de l'actualité ce qu'est un savant face à la nature ; c'est aussi, en déchiffrant l'actualité, se faire le messager pour un temps à venir de ce dont témoigne le présent, l'intérêt de l'espèce humaine pour la liberté. Pourquoi Foucault n'interroge-t-il pas le mode du rapport que Kant instaure avec l'actualité, alors même qu'il a placé comme visée de l'attention « le rôle [que le penseur entend] jouer dans un processus où il se trouvera à la fois élément et acteur » ? Pourquoi ne se demande-t-il pas si ce rapport est singulier ou annonciateur d'une tâche impartie au penseur, prendre en charge l'universel ? Parce qu'il suffit à Foucault, à ce moment liminaire de l'examen, d'isoler le rapport du penseur et de l'actualité comme question qui occupera la philosophie, et non d'envisager le mode (singulier ?) du traitement de la question.

> [...] Je voulais seulement vous situer ce texte [*Qu'est-ce que les Lumières* ?] [...] pour le type de questions qu'il pose et pour le fait qu'il est, en quelque sorte, à l'origine, au point de départ de toute une dynastie de questions philosophiques. Car il me semble bien que ces deux questions (Qu'est-ce que l'*Aufklärung* et Qu'est-ce que la Révolution ?), qui sont les deux formes sous lesquelles Kant a posé la question de sa propre actualité, n'ont pas cessé de hanter, sinon toute la philosophie moderne depuis le XIXe siècle, du moins une grande part de cette philosophie[1].

Est venu le temps de « l'analyse, un peu plus précise, au moins de certains moments importants du texte ». Comment Foucault procède-t-il ? Le temps de l'analyse est décomposé en deux séquences, la première élucidant

1. M. Foucault, *Le gouvernement de soi et des autres*, Leçon du 5 janvier 1983, *op. cit.*, p. 21.

les éléments contenus dans la définition kantienne de l'*Aufklärung*, la seconde interrogeant la conception kantienne eu égard à la question du gouvernement de soi et des autres. Nous supposons que le second moment nous permettra de décider de l'enjeu posé au départ : comprendre en quoi la lecture du texte est importante, non seulement pour la compréhension de ce dont il traite et qui intéresse le lecteur, mais aussi pour le rapport que le lecteur entretient avec lui. « Ce texte [...] a à la fois rapport à ce dont je parle, et je voudrais bien que la manière dont j'en parle ait un certain rapport avec lui ». Nous demandions si, par le rapport qu'il instaure avec le texte, le lecteur est engagé, non seulement en tant qu'il examine le gouvernement de soi et des autres, mais aussi parce qu'il a à apprendre par la lecture du texte de ce qu'il en est de lui comme sujet de gouvernement. Si nous formulons de nouveau la demande, c'est que nous sommes saisis d'un soupçon en considérant ce que Foucault retient du moment liminaire de l'examen. Car, avant d'« essayer de lire le texte d'un peu plus près », Foucault déclare que « Kant [lui] semble avoir fondé les deux traditions, les deux grandes traditions critiques entre lesquelles s'est engagée la philosophie moderne », d'une part « cette tradition de la philosophie critique qui pose la question des conditions sous lesquelles une connaissance vraie est possible », d'autre part « une tradition qui pose la question de : qu'est-ce que c'est que l'actualité ? Quel est le champ actuel de nos expériences ? Quel est le champ actuel des expériences possibles ? », d'un côté « une analytique de la vérité », de l'autre « une ontologie du présent, une ontologie de l'actualité, une ontologie de la modernité, une ontologie de nous-mêmes ». Et Foucault ajoute concernant cette seconde tradition : « C'est cette forme-là de philosophie qui, de Hegel à l'École de Francfort, en passant par Nietzsche, Max Weber, etc., a fondé une forme de réflexion à laquelle, bien sûr, je me rattache dans la mesure où je le peux »[1]. D'où la question, ou le soupçon : si Foucault retient de la prise au sérieux de l'actualité par Kant qu'est engagée « une forme de réflexion » en rapport avec « une ontologie du présent », sans pour autant se déclarer engagé par la singularité kantienne de cette prise en charge, la lecture de l'opuscule vise-t-elle seulement à élucider comment Kant envisage le gouvernement de soi et des autres, sans que le lecteur soit lui-même impliqué dans ou par le traitement kantien de la question ? Comprendre par la lecture du texte comment Kant traite de la question du gouvernement de soi, quitte à l'envisager pour son compte autrement, ou se reconnaître attaché comme lecteur du texte au mode kantien du traitement de la question ?

Soit le premier moment de la lecture. « Qu'est-ce que les Lumières ? *La sortie de l'homme de sa Minorité dont il est lui-même responsable.* [...] *Sapere aude* ! Aie le courage de te servir de ton propre entendement. Voilà la devise des Lumières »[2]. La glose est d'abord questionnante. Car, envisager l'*Aufklärung* en termes de sortie, ce n'est ni l'inscrire dans un continuum historique, ni la rapporter à un terme dont elle serait le signe annonciateur, ni lui conférer le statut de moment

1. M. Foucault, *Le gouvernement de soi et des autres*, Leçon du 5 janvier 1983, *op. cit.*, p. 21-22.

2. E. Kant, *Réponse à la question : Qu'est-ce que les Lumières ?*, trad. fr. S. Piobetta dans *La philosophie de l'histoire*, Paris, Aubier, 1992, p. 83, cité par M. Foucault, *Le gouvernement de soi et des autres, op. cit.*, p. 25.

transitoire, c'est devoir poser la double question de l'agent de la sortie et du rapport que le discours tenu par Kant sur l'*Aufklärung* entretient avec elle. D'une part, la sortie est-elle un « acte décisoire » ? À qui alors l'imputer ? D'autre part, Kant énonce-t-il la devise « *sapere aude* ! » comme la marque distinctive des Lumières – elle est son « blason » – ou prend-il à son compte ce qui est de l'ordre d'un précepte ? De l'élucidation, nous retenons que l'état de minorité n'est ni une impuissance naturelle, ni une notion juridique ou politico-juridique. Ce n'est pas que les hommes seraient incapables de se conduire par eux-mêmes ; n'est pas non plus visé un état dans lequel les hommes n'exerceraient pas leurs droits légitimes, qu'il faille convoquer un concours de circonstances, ou un renoncement à valeur fondatrice, ou encore une privation obtenue par ruse ou par violence. En quoi consiste la dépendance caractéristique de l'état de minorité ?

> Dans la manière dont l'individu fait jouer par rapport à lui-même ces trois autorités : celle du livre, celle du directeur de conscience, celle du médecin; dans la manière dont l'individu substitue à son propre entendement le livre qu'il fait fonctionner aux lieu et place de son propre entendement. C'est la manière dont, faisant fonctionner sa propre conscience morale, il lui substitue la conscience morale d'un directeur de conscience qui lui dit ce qu'il faut faire. Et c'est enfin une certaine manière de se servir de son propre savoir technique concernant sa propre vie, telle qu'il lui substitue à ce qu'il veut savoir, décider ou prévoir de sa propre vie, le savoir qu'en aura un médecin[1].

1. M. Foucault, *Le gouvernement de soi et des autres*, Leçon du 5 janvier 1983, *op. cit.*, p. 29-30.

Pourquoi cette glose ? Parce Kant propose ces trois exemples de dépendance intempestive : le livre que je lis au lieu d'user de mon entendement, le directeur qui me tient lieu de conscience, le médecin qui décide de mon régime à ma place. En quoi ces exemples ont-ils une valeur révélatrice si le sujet apte à sortir de l'état de dépendance et dont la dépendance n'est pas la privation de l'exercice de droits légitimes excède l'individu qui comprend que la lecture du livre ne peut tenir lieu de l'usage de l'entendement, que le directeur de conscience n'est pas la conscience morale et que la prescription du médecin n'est pas le régime de vie ? Et de ces exemples, nous pouvons aussi retenir que l'usage de l'entendement n'interdit pas la lecture des livres, que la confiance accordée à la conscience morale n'invalide pas le recours à un directeur de conscience, que l'adoption d'un régime propre de vie n'empêche pas le secours d'un médecin. Sans doute, mais que nous montre l'entreprise critique ? La *Critique de la raison pure*, en délimitant le domaine de la validité de l'entendement, nous apprend à en faire un bon usage sans nous référer à l'autorité d'un livre. La *Critique de la raison pratique*, en ne faisant pas dépendre notre devoir de notre destinée ultérieure, nous apprend à régler notre conduite sans en référer à un guide, du moins pour ce qui est du principe de notre volonté.

> On voit donc se dessiner d'une façon qui [...] paraît assez nette, même si elle est discrète, le rapport entre la limitation que nous devons effectuer dans la réflexion critique et l'autonomisation par le processus de l'*Aufklärung*. Sortir de la minorité et exercer l'activité critique sont [...] deux opérations qui sont liées, et dont

> le lien apparaît à travers ces trois exemples, ou en tout cas les deux premiers de ces trois exemples[1].

Néanmoins, si « le système d'échos entre la *Critique* et cette analyse de l'actualité est assez net dans le texte », se pose la question, d'une part du rapport entre la méconnaissance des limites du domaine de la validité de l'entendement et l'état de dépendance, d'autre part de l'identité du sujet qui sort ou doit sortir de l'état de dépendance : est-ce l'espèce humaine dans son état actuel ? S'agissant du premier point, Foucault déclare que « c'est parce que l'on déborde les limites légitimes de la raison que l'on est amené à faire appel à une autorité qui va précisément nous mettre dans un état de minorité »[2]. Oui, mais, inversement, est-ce parce que le critique distingue l'usage légitime et l'usage illégitime de l'entendement que chacun comprend que « le roi est nu » et se prépare à le mettre à bas ? Affirmation aventureuse, puisque prendre conscience des limites de la validité du domaine de l'entendement, ce n'est pas abolir la propension à outrepasser ces limites : la lucidité n'est pas la disparition d'une « illusion ». Faudrait-il soutenir que prendre conscience de la soumission à une autorité consisterait à être lucide à l'égard de son illégitimité sans pour autant faire disparaître sa réalité ? La difficulté est neutralisée par la glose de Foucault qui, en revanche, prend au sérieux ce qui est en cause dans l'état de minorité pour identifier le sujet qui, ou en sort, ou doit en sortir, et les conditions de la sortie. « Quoi qu'il en soit, en tout cas, de ces rapports entre critique et *Aufklärung* […] ».

1. M. Foucault, *Le gouvernement de soi et des autres*, Leçon du 5 janvier 1983, *op. cit.*, p. 31.

2. *Ibid.*, p. 30.

Second moment de la lecture : « Gouvernement de soi, gouvernement des autres, c'est bien dans ce rapport, ce rapport vicié, que se caractérise l'état de minorité »[1]. En quoi le rapport est-il vicié ? Faut-il convoquer une autorité qui empêcherait les hommes de faire usage de leur entendement ou se ferait passer pour l'équivalent d'un directeur intempestif de conscience ? L'état de minorité est-il celui d'une soumission à laquelle les hommes ne participent que pour autant qu'ils reconnaissent qu'elle s'impose à eux ? Non, sont en cause la « paresse » et la « lâcheté » des hommes.

> La paresse et la lâcheté, c'est ce par quoi nous ne nous donnons pas à nous-mêmes la décision, la force et le courage d'avoir avec nous-mêmes le rapport d'autonomie qui nous permet de nous servir de notre raison et de notre morale. Et par conséquent, ce que l'*Aufklärung* devra faire, ce qu'elle est en train de faire, [...] ça va être justement de redistribuer les rapports entre gouvernement de soi et gouvernement des autres[2].

C'est, nous le comprenons, l'élément décisif, ou stratégique, de la lecture de Foucault. En premier lieu, si minorité il y a, c'est que chacun ne se gouverne pas comme il le doit ou se le doit : est en cause « une sorte de déficit dans le rapport d'autonomie à soi-même ». L'état de minorité est caractérisé par la réception de règles qui s'imposent à nous – un état d'« hétéronomie » – ; est en cause un manquement à « l'autonomie », non pas au sens de la détermination par soi de règles universalisables, mais d'un usage par soi des facultés de connaissance et d'action qui sont celles de tous. En deuxième lieu,

1. *Ibid.*, p. 32.
2. *Ibid.*

il s'agit de déterminer si la sortie de l'état de minorité est pour Kant de l'ordre de ce qui advient ou de ce qui doit advenir, mais aussi de ce qu'il y a à retenir pour le lecteur de ce que Kant déclare de la sortie. C'est-à-dire : puisque sont en question les rapports entre gouvernement de soi et gouvernement des autres, le sujet concerné est-il exclusivement l'humanité contemporaine de Kant ou ce qu'il en va de chacun de nous, en tant que nous sommes fautifs eu égard à ce que se gouverner veut dire ? La considération du rapport que Kant instaure avec la sortie de la minorité n'est-elle pas implicitement dirigée par celle du rapport que chacun entretient avec l'usage des facultés qui sont les siennes, c'est-à-dire « les nôtres » ? L'enjeu n'est pas seulement de savoir si le discours tenu par Kant est descriptif, prescriptif ou exhortatif. Dans *Le conflit des facultés*, le penseur se fait pour l'humanité à venir le messager de ce dont les hommes témoignent actuellement, qu'ils sont intéressés par l'autonomie politique. N'avons-nous pas, comme lecteurs de *Qu'est-ce que les Lumières* ? à témoigner que ce qui pour Kant advient ou doit advenir n'est pas resté lettre morte ? Identifier un double niveau de lecture, ou plutôt une implication du lecteur dans la lecture, est-ce être visé par le soupçon que Foucault est tenté de formuler au moment de mettre en rapport l'examen de l'*Aufklärung* et le projet critique : « Je crois que ce n'est pas trop sur-interpréter ce texte [...] »[1] ?

Pour décider du mode d'implication du lecteur dans la lecture, il est nécessaire d'interroger la compréhension kantienne de la sortie de la minorité comme redistribution

1. M. Foucault, *Le gouvernement de soi et des autres*, Leçon du 5 janvier 1983, *op. cit.*, p. 30.

du gouvernement de soi et des autres. Or, le lecteur avoue d'emblée que la considération kantienne est « curieuse ».

> Comment, selon Kant, est en train de se faire cette redistribution du gouvernement de soi et des autres? Comment est-elle en train de se faire et comment faut-il qu'elle se fasse – puisqu'elle est à la fois dans l'ordre de la description et dans l'ordre de la prescription? [...] C'est là où le texte prend un infléchissement qui est assez curieux[1].

Un infléchissement curieux, c'est-à-dire déconcertant, voire décevant? À quoi est due la surprise du lecteur? Kant envisage trois hypothèses. La première hypothèse disqualifie la possibilité de la sortie : si les hommes sont dans un état de minorité, c'est qu'ils sont lâches et paresseux et, étant tels, ils sont incapables de se délivrer de cet état. La lâcheté est imputable aux hommes, non pas en tant qu'ils ont à faire preuve de courage, mais en tant qu'elle rend raison du maintien durable de l'état. La deuxième hypothèse convoque la possibilité du recours à des « libérateurs » qui, par leur action, délivrent les hommes de ce dont ils sont par eux-mêmes incapables. Mais l'hypothèse des « chefs spirituels ou politiques » ne tient pas : si les hommes en ont appelé à des chefs – puisque la soumission leur est imputable –, il leur est insupportable non seulement que certains s'en affranchissent, mais aussi qu'ils veuillent les en affranchir. La troisième hypothèse investit plus finement l'état de minorité. « Il faut voir exactement comment fonctionne cet état de minorité [...] [qui] se caractérise par la constitution en quelque sorte de deux couples indus et illégitimes : premièrement le couple entre l'obéissance

1. *Ibid.*, p. 32.

et l'absence de raisonnement ; deuxièmement le couple, ou du moins la confusion, entre deux choses qui doivent être distinguées : le privé et le public »[1]. Par quoi tient l'état de minorité ? Par l'obéissance que nous donnons à une autorité en n'usant de notre faculté de raisonner ni en ce qui concerne les occupations et les préoccupations qui sont les nôtres comme membres d'un corps politique, que nous soyons fonctionnaires, soldats, membres d'une communauté religieuse – ce que Kant nomme l'usage privé de la raison –, ni pour ce qui nous intéresse comme êtres raisonnables, comme sujets universels aptes à entrer en communication avec d'autres sujets universels, ce que Kant appelle l'usage public de la raison. En étant membres d'un corps politique, nous nous contentons d'assurer au mieux les tâches ou les fonctions qui sont les nôtres. À quoi tient la sortie de l'état de minorité ? À l'émancipation de l'usage de la faculté de raisonner par la distinction de ce qui relève et de ce qui ne relève pas de son domaine d'exercice : l'obéissance n'est requise que pour l'usage privé de la raison, donc ce qui est en rapport avec les charges qui sont les nôtres au sein du corps politique, et non pas pour ce qui nous concerne comme êtres raisonnables aptes à communiquer, en particulier ou excellemment par la circulation d'expressions écrites, avec d'autres êtres raisonnables.

> Dans la minorité, on obéit en tout état de cause, que ce soit dans l'usage privé ou dans l'usage public, et par conséquent on ne raisonne pas. Dans la majorité, on déconnecte raisonnement et obéissance. On fait valoir l'obéissance dans l'usage privé et on fait valoir la liberté totale et absolue de raisonnement dans l'usage

1. M. Foucault, *Le gouvernement de soi et des autres*, Leçon du 5 janvier 1983, *op. cit.*, p. 34.

> public. [...] L'*Aufklärung* [...] sera ce qui va donner à la liberté la dimension de la plus grande publicité dans la forme de l'universel, et qui ne maintiendra plus l'obéissance que dans ce rôle privé, disons ce rôle particulier qui est défini à l'intérieur du corps social[1].

Remarquons – c'est un point sur lequel Foucault n'attire pas l'attention – que la limitation de l'usage privé de la raison ne vaut, ni pour toutes les occurrences de la vie sociale, ni si par cette limitation est entravé l'usage public : « L'usage *public* de notre propre raison doit toujours être libre et il est seul à pouvoir porter les Lumières parmi les hommes ; mais son *usage privé* peut souvent être très étroitement limité sans pour autant entraver notablement le progrès des Lumières »[2]. La question est alors de savoir quelle est la condition, non pas de la possibilité, mais de la réalité de l'émancipation, de l'avènement qu'est l'*Aufklärung*. « Comment va se faire cette opération, quel va être l'agent ? C'est là où [...] le texte se retourne, se retourne de façon telle que, jusqu'à un certain point, la plupart des principes sur lesquels il a appuyé son analyse vont se trouver mis en question »[3]. À quoi tient le retournement de l'analyse ? À la convocation de trois éléments. Kant déclare en premier lieu que des obstacles se lèvent, alors que le maintien de l'état de minorité dépend, non de conditions extérieures, mais de la lâcheté et de la paresse des hommes. En deuxième lieu, alors qu'il a disqualifié l'intervention d'un guide, Kant voit dans Frédéric II l'agent de l'*Auklärung*. En troisième lieu, Kant remet *in fine* en question le partage

1. *Ibid.*, p. 36.
2. E. Kant, *Réponse à la question...*, *op. cit.*, p. 85-86.
3. M. Foucault, *Le gouvernement de soi et des autres*, Leçon du 5 janvier 1983, *op. cit.*, p. 36.

de l'usage public et de l'usage privé de la raison : la nécessité d'obéir s'imposera d'autant plus dans le corps politique que l'usage public de la raison aura été libéré. Est ainsi compréhensible, « dans un texte qui est d'ailleurs assez obscur », l'injonction de Frédéric : « Raisonnez tant que vous voudrez et sur les sujets qu'il vous plaira, mais obéissez ! ». Pourquoi Frédéric II est-il une figure bénéfique, et même « glorieuse », au point que, déclare Kant, « ce siècle est le siècle des Lumières, ou siècle de Frédéric »[1] ? Pourquoi glorifier Frédéric ? Est mis à son crédit son refus d'intervenir dans « les questions de religion », et à son avantage un calcul, ce que Foucault nomme « une sorte de pacte » : en donnant la liberté de penser aux citoyens, ceux-ci donnent en retour leur obéissance. Calcul ou pacte qu'il n'est pas nécessaire de rapporter à une « ruse de la raison », mais qui est favorable à la paix civile. « Cette tendance à la libre *pensée* [...] agit graduellement [...] sur les sentiments du peuple (ce par quoi le peuple augmente peu à peu son aptitude à *se comporter en liberté*) et pour finir [...] agit même en ce sens sur les *fondements du gouvernement*, lequel trouve profitable pour lui-même de traiter l'homme, qui est alors *plus qu'une machine*, selon la dignité qu'il mérite »[2]. Foucault clôt l'examen par la formulation de son insatisfaction et par l'attribution à Kant d'une « gêne » qui rend raison du déplacement de son intérêt pour l'actualité, du monarque glorieux vers l'enthousiasme révolutionnaire.

> Ces trois solutions, ces trois définitions, plutôt, du processus de l'*Aufklärung* [...] se déplacent et jusqu'à

1. E. Kant, *Réponse à la question...*, *op. cit.*, p. 90.
2. *Ibid.*, p. 92.

> un certain point contredisent, remettent en question l'ensemble de l'analyse. La gêne manifestement éprouvée par Kant à faire jouer le roi de Prusse comme cet agent de l'*Aufklärung* explique, sans doute en partie, le fait que l'agent de l'*Aufklärung*, le processus même de l'*Aufklärung* sera [...] dans le texte de 1798 transféré à la Révolution [...] L'enthousiasme révolutionnaire comme agent de l'*Aufklärung*, c'est dans le texte de 1798 le substitut ou le successeur de ce qu'a été le roi de Prusse dans le texte de 1784[1].

« Arrêtons-nous là aujourd'hui ». Faut-il placer en écho étouffé de la gêne qu'il attribue à Kant celle que le lecteur de l'opuscule se garde d'exprimer? « C'est un texte pour moi un peu blason, un peu fétiche [...]. Ce texte [...] a à la fois rapport à ce dont je parle, et je voudrais bien que la manière dont j'en parle ait un certain rapport avec lui ». L'usage du terme de « blason » n'est sans doute pas indifférent, puisque Foucault glose son usage par Kant en termes à la fois de marque distinctive, de signe de reconnaissance et de précepte.

> Il [Kant] emploie le mot « *Wahlspruch* » [s'agissant de l'injonction : *sapere aude* !] qui est devise, blason. Le *Wahlspruch*, c'est en effet une maxime, un précepte, un ordre qui est donné aux autres, qui est donné à soi-même, mais c'est en même temps – et c'est en cela que le précepte du *Wahlspruch* fait devise et blason – quelque chose par quoi on s'identifie et qui vous permet de vous distinguer des autres. L'utilisation d'une maxime comme précepte est donc, à la fois, un ordre et une marque distinctive[2].

1. M. Foucault, *Le gouvernement de soi et des autres*, Leçon du 5 janvier 1983, *op. cit.*, p. 38.
2. *Ibid.*, Leçon du 5 janvier 1983, p. 27-28.

Une fois dit chemin faisant que l'attention à l'actualité n'est pas restée sans lendemain pour les penseurs et s'être reconnu lié avec Kant par cet intérêt, qu'est-ce que le lecteur s'approprie de l'examen kantien s'agissant de l'articulation du gouvernement de soi et du gouvernement des autres ? À quoi reconnaît-il être lié par la lecture en étant sollicité à se régler de telle manière pour se gouverner ? La « vanité » à demi avouée au départ peut être comprise comme la prétention intempestive d'être à la hauteur de ce que déclare Kant s'agissant du gouvernement de soi et des autres, et la question est plutôt au terme de la lecture de déterminer si l'examen kantien est à la hauteur de son ambition. À suivre le lecteur, la réponse est négative. « Le texte prend un infléchissement assez curieux », « le texte se retourne », interviennent des « éléments qui sont hétérogènes entre eux et qui, encore une fois, remettent en question le jeu même de son analyse », des définitions « se déplacent et jusqu'à un certain point contredisent, remettent en question l'ensemble de l'analyse ». La demande concernant le gouvernement de soi et des autres est déçue, dès lors que Kant glorifie un monarque d'autoriser ses sujets à penser librement et à exprimer leurs pensées à son plus grand avantage ! Mais qu'est-ce qui est en cause dans l'insatisfaction du lecteur ? Est-ce seulement le retournement de l'examen kantien ? N'est-ce pas aussi que le lecteur ne peut pas s'approprier le texte en lui conférant le statut de blason, de devise à valeur de précepte ? Qu'est-ce que le lecteur peut retenir pour son compte d'autre que faire sienne l'injonction d'oser savoir et se conduire comme un sujet libre ? Et est-il nécessaire de lire l'opuscule pour se fixer à soi-même cette règle ?

Reprenant la reprise critique par Derrida de la glose de la *Première Méditation métaphysique* exposée dans l'*Histoire de la folie à l'âge classique*, Foucault considère le statut du lecteur des *Méditations*, c'est-à-dire son mode d'implication par le texte qu'il lit. Or, s'approprier le texte, c'est faire pour son compte le parcours scandé par les journées méditatives au sens, non seulement d'une prise en charge de la concaténation des évidences, mais aussi d'une mise à l'épreuve de soi par les « résistances » rencontrées lors de l'examen. La lecture est un « exercice » qui confère au lecteur le statut d'un sujet qui fait l'expérience de l'adversité et montre, ou se montre à lui-même qu'il passe victorieusement par le défilé de ce qui, en lui, résiste à l'accueil du vrai : l'accueil de ce qui est de soi évident, en tant que l'entendement est éclairé par les lumières qu'il reçoit, et l'enchaînement déductif des propositions supposent une application du lecteur, un effort qui est du ressort de la volonté, et dont les effets sont des modifications remarquables du sujet.

> [...] Dans une méditation démonstrative, des énoncés, formellement liés, modifient le sujet à mesure qu'ils se développent, le libèrent de ses convictions ou induisent au contraire des doutes systématiques, provoquent des illuminations ou des résolutions, l'affranchissent de ses attachements ou de ses certitudes immédiates, induisent des états nouveaux [...][1].

Il va de soi que le lecteur de l'opuscule de 1784 ne saurait avoir le même statut : il n'est question, ni de suivre une déduction de propositions, ni d'être mis à l'épreuve

1. M. Foucault, « Mon corps, ce papier, ce feu » [1972] dans *Dits et écrits*, t. 1, *op. cit.*, texte n° 102, p. 1125-1126.

par ce qui s'oppose à l'acceptation des propositions. La notion d'exercice est-elle néanmoins pertinente ? Non pas au sens où l'exercice serait celui de la lecture, celui du sujet mis à l'épreuve par la lecture, mais au sens où le sujet se forme par l'appropriation de ce qu'il lit en le transformant en règles de vie : lire, c'est comprendre que les propositions concernant le gouvernement de soi et des autres sont des règles pour soi. Est-ce à dire que le temps de l'exercice succède à celui de la lecture, puisqu'il revient au sujet de mettre en pratique ce qui a valeur de précepte ? Le sujet sera mis à l'épreuve lorsqu'il ne sera plus un lecteur ; c'est lorsqu'il se conduira qu'il aura à prendre la mesure de ce qui résiste en lui à la détermination et à s'employer à réduire les obstacles. Sans doute, mais le sujet se constitue aussi, ou déjà, par une double lecture : celle de la compréhension des propositions concernant ce qu'est l'*Aufklärung* pour Kant, et celle de la compréhension des propositions en tant qu'il est lui-même impliqué par l'*Aufklärung*. Et, pouvons-nous penser, telle est l'actualité du texte pour le lecteur : comprendre que, convoqué par ce qu'il lit, il a à être à la hauteur de ce qu'est ou de ce que doit être l'*Aufklärung* pour Kant ; et, en un sens, il est déjà à la hauteur de l'*Aufklärung* en comprenant être interpellé par le texte. Mais cette hypothèse est neutralisée, étant donné que le lecteur est déçu par ce que Kant expose dans l'opuscule de 1784. Ne faut-il pas alors faire valoir la notion d'exercice pour le rapport que le sujet entretient directement avec l'*Aufklärung* ? Comment celle-ci sollicite-t-elle le sujet bien disposé à son égard, prêt à être interpellé par elle, prêt à faire un « blason », non du texte de Kant, mais de ce qu'il considère ? Que veut dire alors l'actualité de l'*Aufklärung ?*

Tel est ce qu'envisage Foucault dans un texte publié un an après le discours tenu au Collège de France. Certes, le texte de Kant « mérite de retenir l'attention ». En quoi ? En ce que Kant s'intéresse à la « différence » qu'est « aujourd'hui », en liant étroitement cet intérêt avec la tâche critique qu'il s'assigne, la détermination des conditions de l'usage légitime de la raison, de telle sorte que la réflexion sur ce qui est actuel est aussi une réflexion sur l'actualité de l'entreprise.

> La Critique, c'est en quelque sorte le livre de bord de la raison devenue majeure dans l'*Aufklärung*; et inversement, l'*Aufklärung*, c'est l'âge de la Critique. [...] La réflexion sur « aujourd'hui » comme différence dans l'histoire et comme motif pour une tâche philosophique particulière me paraît être la nouveauté de ce texte[1].

Mais, après avoir mentionné d'une manière cursive, et même lapidaire, plusieurs « difficultés » présentées par la compréhension du texte, affectant le statut – descriptif et prescriptif – de l'examen, l'identité du sujet concerné par l'*Aufklärung* – l'humanité comme espèce ou l'humanité de l'être humain –, également la convocation de Frédéric II – « ce qu'on pourrait appeler le contrat du despotisme avec la libre raison » –, Foucault « laisse le texte », en lui reconnaissant le mérite de nous inviter à comprendre la « modernité », non pas comme « période », mais comme « attitude ». Dès lors, est à l'ordre du jour ce qu'est directement l'*Aufklärung* pour les « modernes » que nous sommes ou avons à être. « Le fil qui peut nous rattacher [...] à l'*Aufklärung*

1. M. Foucault, « Qu'est-ce que les Lumières ? » [1984] dans *Dits et écrits*, t. 2, *op. cit.*, texte n° 339, p. 1386-1387.

n'est pas la fidélité à des éléments de doctrine, mais plutôt la réactivation d'une attitude; c'est-à-dire d'un *êthos* philosophique qu'on pourrait caractériser comme critique permanente de notre être historique »[1]. En quoi, sommes-nous par notre *êthos*, moins les héritiers ou les continuateurs, que les contemporains de l'*Aufklärung*? Laissons pour le moment en suspens la question, dont le traitement invite à envisager « la constitution de nous-mêmes comme sujets autonomes » en termes de mise à l'épreuve de soi et d'« expérience des limites »[2].

La communication de 1978 débute par la formulation « curieuse » de la difficulté de donner un titre au discours qui va être tenu. « Jusqu'à ces derniers jours, je n'avais guère trouvé de titre; ou plutôt il y en avait un qui me hantait mais que je n'ai pas voulu choisir. Vous allez voir pourquoi : c'eût été indécent. En réalité la question dont je voulais vous parler et dont je veux toujours vous parler est : "Qu'est-ce que la critique?". Et le terme de la communication : « Vous voyez pourquoi je n'avais pas pu donner, osé donner un titre à ma conférence qui aurait été : "Qu'est-ce que l'*Aufklärung*?" »[3]. Pourquoi le scrupule, la conscience de « l'indécence » qu'il y aurait à donner ce titre? Après avoir conféré à la tension, ou au décalage entre *Aufklärung* et critique un statut problématique moteur pour la modernité philosophique, Foucault confère une valeur, non pas exclusive, mais exemplaire aux enquêtes généalogiques et archéologiques

1. M. Foucault, « Qu'est-ce que les Lumières? » dans *Dits et écrits*, t. 2, *op. cit.*, p. 1390.

2. *Vide infra* chapitre X, p. 369 *sq.*

3. M. Foucault, *Qu'est-ce que la critique?*, *op. cit.*, p. 33-34 et p. 58.

qu'il mène lui-même à bien : ces enquêtes déplacent l'intérêt théorique que Kant avait attaché à la critique – la détermination de l'usage légitime de la raison – vers un intérêt stratégique – l'examen du jeu mobile des savoirs et des pouvoirs –. L'indécence serait de proclamer que l'entreprise généalogique, non pas fournit une autre réponse à la question posée à et par Kant, mais qu'elle livre la problématisation convenable par le déplacement de l'intérêt et la singularité de son traitement. Le scrupule de l'indécence, rapprochons-le du demi-aveu de la vanité du cours de 1983, c'est-à-dire du lapsus qu'il constitue. La vanité ne saurait être attachée à la prétention d'établir un rapport entre ce que déclare Kant dans l'opuscule du gouvernement de soi et des autres et ce qui en est retenu pour soi : la leçon est faible. Que vise la vanité ? Ce dont il est question chemin faisant, le rapport avec l'actualité. Foucault déclare que Kant fonde une double tradition, celle qui s'intéresse aux conditions de possibilité de la vérité de la connaissance et celle qui place en position centrale la question de l'actualité, en se contentant de s'inscrire au sein de cette tradition. La vanité déplacée vers la considération du gouvernement de soi n'est-elle pas en rapport avec ce qu'il considère par ailleurs, la place stratégique du travail du généalogiste pour la compréhension de l'*Aufklärung* en termes d'actualité ? D'un côté, si le lecteur de l'opuscule de 1784 se propose d'être à la hauteur de ce que Kant déclare du gouvernement de soi et des autres, la vanité n'a pas de raison d'être, puisque la demande n'est pas satisfaite. D'un autre côté, si la vanité vise la prétention de conférer à l'*Aufklärung* l'actualité qu'elle mérite et appelle de notre part grâce au travail effectué par le généalogiste, mais aussi grâce à l'*êthos* qu'appelle de notre part l'*Aufklärung*, point n'est besoin de lire l'opuscule pour réfléchir à notre mode de gouvernement. Le lapsus et l'excursus. « Je voudrais cette semaine commencer par [...], pas exactement un *excursus* : un petit exergue », soit l'étude du texte auquel un statut de blason est prétendument donné, ou attribué par déplacement. La lecture des textes des Anciens est-elle un exercice ? Est-ce se préparer ou être aidé à se conduire ? Est-ce déjà se conduire ? Être interpellé par les cyniques, c'est moins s'approprier des textes qui leur seraient imputables que comprendre les témoignages de leur conduite comme les invitations à être les témoins de ce dont ils ont eux-mêmes témoigné, « la vraie vie ».

Chapitre VII

DU BON USAGE DES ANIMAUX

Au Collège de France, les animaux prospèrent : l'araignée en 1975, de nouveau en 1983, le kangourou en 1975, le cachalot et l'oie en 1976, les brebis en 1978, l'écrevisse en 1979, l'éléphant en 1981, le coq, l'écureuil, la souris, l'escargot en 1984. Un bestiaire pour rire, ou pour le plaisir de flâner ? « Je me faisais un peu l'effet d'un cachalot [...] »[1]. « Vous le savez, je suis comme l'écrevisse [...] »[2]. « Pardonnez-moi cette introduction légèrement flâneuse à travers l'histoire de l'éléphant et la fable qu'il apporte au genre humain »[3]. Un bestiaire de bric et de broc ? Les animaux n'apparaissent pas au même titre : certains relèvent de l'objet examiné, par d'autres sont figurés celui qui examine et des notions isolées par l'examen. À la première catégorie appartiennent l'oie – les oies du Capitole par lesquelles Hobbes nomme le statut qu'il revendique –, les brebis

1. M. Foucault, *« Il faut défendre la société »*, Leçon du 7 janvier 1976, *op. cit.*, p. 6.

2. M. Foucault, *Naissance de la biopolitique*, Leçon du 31 janvier 1979, *op. cit.*, p. 80.

3. M. Foucault, *Subjectivité et vérité*, Leçon du 7 janvier 1981, Éditions de l'EHESS-Gallimard-Seuil, 2014, p. 10.

– qui permettent de dire l'attention de celui qui veille sur les hommes comme un berger sur son troupeau selon un mode de gouvernement que « l'on trouve d'une façon très fréquente dans tout l'Orient méditerranéen » –, l'éléphant – dont la conduite est selon Saint François de Sales exemplaire du comportement sexuel convenable entre époux –, le coq – est visé le sacrifice d'un coq à Asclépios dont Socrate charge ses disciples avant de mourir. La souris et l'escargot relèvent aussi de cette catégorie : ce sont des animaux que les cyniques convoquent comme signes de reconnaissance des comportements qu'il convient aux hommes d'adopter, et c'est « la valorisation positive de l'animalité » que retiennent les cyniques et qui constitue la cible de l'examen[1]. La valeur emblématique de la vie animale est telle que le coq, loin d'être un animal sacrificiel, a pour les cyniques le comportement qu'Œdipe aurait dû comprendre et admettre s'il avait indexé sa vie sur celle des animaux[2]. À la deuxième catégorie appartiennent le

1. *Cf.* M. Foucault, *Le courage de la vérité*, Leçon du 14 mars 1984, *op. cit.*, p. 244 : « Chez les cyniques, en fonction de l'application rigoureuse et systématique du principe de la vie droite indexée à la nature, l'animalité [...] sera chargée de valeur positive, elle sera un modèle de comportement, modèle matériel en fonction de cette idée que ce dont l'animal peut se passer, l'être humain ne doit pas en avoir besoin. On trouve là toute une série d'anecdotes : celle de Diogène observant comment vivent les souris, de Diogène voyant un escargot qui porte sa maison sur son dos et qui décide de vivre de la même manière ».

2. *Ibid.*, Leçon du 14 mars 1984, p. 244 : « [...] Sachant tout cela ["qu'il avait épousé sa mère, tué son père et fait des enfants à sa mère"], que se serait-il [Œdipe] dit, s'il avait été malin ? Il aurait dit : Mais c'est ce que je vois tous les jours dans mon poulailler, c'est ce qui se passe chez tous les animaux, où effectivement on tue son père, on épouse sa mère et on se trouve à la fois être le père et le frère de ses enfants, de ses frères et sœurs. Il y avait donc là un modèle

cachalot, l'écrevisse et l'écureuil – pour figurer celui qui examine –, le kangourou – pour figurer la famille, telle qu'elle se constitue au XIXe siècle –, et l'araignée, pour figurer tantôt la convulsion, objet de différents intérêts, tantôt la *parrêsia*, notion qui rayonne dans différents domaines et systèmes sans être précisément localisable. S'agissant de la première catégorie des figures animales, demandons : leur investissement par l'examen excède-t-il le statut qui leur est conféré par ce qui est examiné ? Y a-t-il un travail spécifique par surcroît de ce que l'examen retient de ce qu'il examine ? Quant à la deuxième catégorie, la question est celle de la seule valeur illustrative, plaisamment illustrative, des figures : ont-elles un statut opératoire pour la compréhension de la conduite de l'examen ? Ce qui est en cause, c'est la valeur heuristique des figures animales, l'efficace théorique de l'intervention des animaux. Qu'est-ce qui est gagné par le travail *sur* l'animal ? Qu'est-ce qui est gagné *du* travail par la figuration animale ?

Le travail sur l'animal. L'oie n'est pas l'objet d'une attention spécifique de la part de Foucault, Hobbes nommant par les oies, « ces simples et impartiales créatures qui au Capitole de Rome protégèrent par leur tapage ceux qui se trouvaient dedans, non à cause de ce qu'ils étaient, mais parce qu'ils étaient là »[1], le statut

naturel que Œdipe n'a pas reconnu parce qu'il n'a pas été capable de se connaître lui-même et de retrouver en lui-même un des noyaux de sa naturalité ». Foucault reprend la glose du Xe Discours de Dion Chrysostome, *Diogène, ou Des domestiques.*

1. T. Hobbes, *Léviathan*, Épître dédicatoire, trad. fr. F. Tricaud, Paris, Dalloz, 1999, p. 1. *Cf.* M. Foucault, *« Il faut défendre la société »*, Leçon du 4 février 1976, *op. cit.*, p. 86 : « Lorsque le Capitole de l'État a été menacé, une oie a réveillé les philosophes qui dormaient. C'est Hobbes ».

qu'il s'attribue face à ceux qui traitent du pouvoir civil. Distinguons le coq et l'éléphant. Sans doute Foucault interroge-t-il pour son compte la demande adressée par Socrate de sacrifier un coq à Asclépios, mais la glose porte sur la dette que Socrate a contractée à l'égard des dieux en général, d'Asclépios en particulier, c'est-à-dire sur la nature de la maladie dont il est reconnaissant à Asclépios d'être guéri. Et la glose conduit Foucault, non pas à récupérer d'une manière interrogative le sacrifice d'un coq, mais à établir un lien entre la maladie et l'opinion fausse et, au-delà, à fixer l'attention sur le souci de soi et des autres[1]. En revanche, l'intérêt accordé à l'éléphant conduit Foucault à donner à la sobriété sexuelle de l'éléphant, à laquelle Saint François de Sales confère une valeur normative, une valeur heuristique, voire en faire un opérateur de problématisation. Pour Saint François de Sales est en cause la « leçon » qu'il convient de retenir du comportement de l'éléphant, il s'agit pour la reprise critique de décider si l'usage de la figure animale est novateur ou répétitif, s'il marque un point de scansion ou s'il s'inscrit dans la continuité de l'histoire des codes de moralité sexuelle. Animal à usage humain prescriptif pour Saint François de Sales, l'éléphant est pour l'examen un animal à usage historique problématique. « Nous sommes amenés à nous poser cette question : le code de moralité sexuelle qu'on attribue au christianisme, est-ce qu'effectivement il lui appartient en propre ? Ou n'aurait-il pas été créé ailleurs, plus tôt et par ce qu'on appelle en général : le paganisme ? »[2]. Détachons également l'éléphant

1. *Vide infra* chapitre IX, p. 327 *sq.*

2. M. Foucault, *Subjectivité et vérité*, Leçon du 7 janvier 1981, *op. cit.*, p. 19.

du bestiaire des cyniques. Sans doute les cyniques donnent-ils aux comportements animaux une valeur ordinairement normative, quand Saint François de Sales confère à la singularité d'un comportement animal une valeur exceptionnellement et excellemment normative, mais l'important est que l'examen n'établit pas le même rapport avec la valorisation cynique de la vie animale et avec l'intérêt accordé par Saint François de Sales à l'éléphant. La valeur positive de la vie animale n'est pas un opérateur de problématisation, mais intervient au sein de la problématisation de la conduite de la vie selon le courage du dire-vrai. Certes, la vie « animale » des cyniques marque un point de rupture, en envisageant la « vraie vie » comme un « exercice » et un « scandale »[1], mais Foucault place le naturalisme cynique au sein d'un objet déjà rendu problématique, l'autoalèthurgie, alors que la convocation de l'éléphant conduit à rendre problématique ce qui n'est pas encore constitué, invitant à se détacher de représentations qui barrent l'accès à la problématisation de l'intérêt que les êtres humains accordent à la « sexualité ». C'est pour la même raison que nous détachons l'éléphant des brebis. Le rapport du berger et du troupeau est interrogé comme mode spécifique de gouvernement en tant que l'art de gouverner est déjà un objet problématique : Foucault ne rend pas problématique l'art de gouverner en partant de ce qui est singulier dans l'idée d'un gouvernement « de tous et

1. *Cf.* M. Foucault, *Le courage de la vérité*, Leçon du 14 mars 1984, *op. cit.*, p. 245 : « L'animalité est une manière d'être à l'égard de soi-même, manière d'être qui doit prendre la forme d'une perpétuelle épreuve. L'animalité, c'est un exercice. C'est une tâche pour soi-même, et c'est en même temps un scandale pour les autres ». *Vide supra* chapitre VI, p. 227 *sq.*

de chacun », voire de ce qui est déconcertant dans « ce qu'on pourrait appeler le paradoxe du berger : sacrifice de l'un pour le tout, sacrifice du tout pour l'un, qui va être absolument au cœur de la problématique chrétienne du pastorat »[1], mais s'emploie à discriminer les arts de gouverner, la référence à la bergerie étant caractéristique de l'un d'entre eux. Il en va autrement du statut conféré à l'éléphant.

Remarquons que la concentration apéritive de l'intérêt du cours sur une figure, ici animale, relève d'une conduite de dramatisation dont Foucault a usé à deux reprises au Collège de France, et à des moments stratégiques. En 1973, Foucault avait problématisé le rapport du pouvoir et du savoir en débutant l'examen par l'évocation de la scène imaginée en 1817 par le psychiatre Fodéré, celle d'un « asile idéal », un château situé dans un lieu isolé et alpestre, « comme à la Grande-Chartreuse », dans lequel les temps, les activités, les gestes des malades sont strictement organisés par un médecin grâce au jeu des surveillants qui, en laissant penser aux malades qu'ils sont à leur service, leur font accepter les injonctions médicales et rendent compte au médecin des faits et gestes des malades[2]. En 1980, Foucault avait problématisé le rapport du gouvernement et de la vérité en se référant à ce que, au tournant du IIe et du IIIe siècle, Dion Cassius rapporte de Septime Sévère, qu'il avait fait construire un palais comprenant une salle d'apparat, d'audience et de justice, dont le plafond était orné de la représentation du ciel, de la conjonction des étoiles au

1. M. Foucault, *Sécurité, territoire, population*, Leçon du 8 février 1978, *op. cit.*, p. 133.

2. *Cf.* M. Foucault, *Le pouvoir psychiatrique*, Leçon du 7 novembre 1973, p. 3-5.

moment de sa naissance afin de montrer l'ordre du ciel qui avait présidé à sa naissance et d'inviter à comprendre que l'ordre du ciel dirige son règne présent et commande ce qui lui arrivera[1]. Alors que la problématisation du rapport du pouvoir et du savoir est opérée par le recours à la projection de la réussite de l'ordre asilaire, celle du rapport du gouvernement et de la vérité est effectuée par une « anecdote » archaïque, celle de « ce soldat africain monté jusqu'à l'empire, [...] [qui] cherche à fonder dans le ciel d'une nécessité magico-religieuse une souveraineté que le droit, d'ailleurs aussi magique et religieux, ne pouvait pas lui reconnaître »[2]. Quelle est la valeur heuristique de l'anecdote, quand nous savons que les hommes ont élaboré des arts de gouverner qui peuvent se réclamer de la vérité d'une manière autrement sérieuse ? Foucault ajoute : « Ce qui est marginal et ce qui est résiduel a toujours, quand on l'examine d'assez près, sa valeur heuristique, et le trop ou le trop peu est bien souvent, en cet ordre de choses, un principe d'intelligibilité »[3]. Nous pouvons comprendre que sont des opérateurs de problématisation le « trop » de l'imagination de la réussite de l'ordre asilaire et le « trop peu » de l'imagination de la vérité du ciel nocturne.

Et la figure apéritive de l'éléphant ? Qu'est-ce que l'examen demande à la sobriété de son comportement sexuel qui satisfait grandement Saint François de Sales ?

1. *Cf.* M. Foucault, *Du gouvernement des vivants*, Leçon du 9 janvier 1980, *op. cit.*, p. 3-9. Selon Dion Cassius, Septime Sévère avait fait représenter dans une autre pièce, à laquelle très peu de ses familiers avaient accès, son horoscope, c'est-à-dire la disposition des étoiles au moment de sa mort.

2. *Ibid.*, Leçon du 9 janvier 1980, p. 5-6.

3. *Ibid.*, p. 9.

Qu'est-ce que l'examen gagne par l'interrogation de la figure ? Et déjà : peut-on doter la convocation de l'éléphant d'une valeur heuristique, *a fortiori* en faire un opérateur de problématisation ? Car, après avoir demandé aux auditeurs de lui « pardonner » d'avoir « flâné » auprès de l'éléphant, Foucault insiste : « Avec toutes les excuses que je peux vous présenter pour avoir commencé ainsi ce cours [...] », « j'ai pris comme point de départ cette petite fable un peu bêbête concernant la bonne conduite sexuelle de l'éléphant »[1]. Et la semaine suivante : « Cette fable de l'éléphant, évidemment, est à la fois ordinaire, banale, plate, sans beaucoup d'intérêt. [...] Dans cette fable de l'éléphant, on a la forme la plus plate, la plus médiocre, d'une série de petits conseils (conseils de vie, règles de conduite) »[2]. Pourquoi insister sur le peu d'intérêt de la fable tout en ayant pris le temps de débuter ainsi le cours « un peu prétentieusement intitulé *Subjectivité et Vérité* »[3], sinon parce que le « trop peu » de ce qui manque d'intérêt est converti en « trop » problématique ? Qu'est-ce qui confère pour Saint François de Sales au comportement sexuel de l'éléphant une valeur humaine normative ? Comment Foucault attribue-t-il à la fable une valeur heuristique ? Est-elle un opérateur de problématisation ?

S'agissant des leçons que Saint François de Sales retient du comportement sexuel de l'éléphant, Foucault les place sous les rubriques suivantes : les principes de la monogamie et de la fidélité sexuelle, de la sobriété des rapports sexuels, de leur finalité procréatrice, de

1. M. Foucault, *Subjectivité et vérité*, Leçon du 7 janvier 1981, *op. cit.*, p. 12 et p. 17.
2. *Ibid.*, Leçon du 14 janvier 1981, p. 28-29.
3. *Ibid.*, p. 27.

la pudeur des actes sexuels et de la purification après leur accomplissement[1]. En quoi est donnée à la fable une valeur heuristique ? Par sa mise en série en fonction de la question : l'attribution d'une valeur normative au comportement sexuel de l'éléphant est-elle singulière ? Une double série est constituée, d'une part celle de naturalistes historiquement proches, antérieur (Gessner), contemporain (Aldovrandi), postérieur (Buffon), d'autre part d'auteurs chrétiens (dont la source commune est le *Physiologus*, bestiaire chrétien qui propose une interprétation allégorique des comportements des animaux, dont la première version a sans doute été écrite au IIe siècle) et de naturalistes non chrétiens anciens (Pline au Ier siècle, Élien au IIe siècle, Solinus au IIIe siècle). Or, au point de croisement des deux séries, « la valeur morale de l'éléphant : il possède en lui-même une très forte tendance à la passion amoureuse, mais il sait justement la maîtriser, ou ne s'adresser qu'à une seule personne à laquelle il est lié »[2]. D'où la mise en question de la représentation courante d'une rupture du code sexuel hérité du christianisme avec « ce qu'on appelle l'éthique païenne ».

> On a [...] cette espèce de scansion qui nous paraît assez évidente dans les termes de notre savoir familier, de nos quasi-intuitions. Et puis, dès qu'on regarde plus avant (la fable de l'éléphant m'intéressait et m'a retenu pour cela), toute une série d'indications historiques montre qu'en fait le partage, le passage ou la discontinuité qui

1. *Ibid.*, Leçon du 7 janvier 1981, p. 18-19; Leçon du 14 janvier 1981, p. 27. La « fable » de l'éléphant figure dans l'*Introduction à la vie dévote*, Troisième partie, chapitre XXXIX, De l'honnêteté du lit nuptial.

2. *Ibid.*, Leçon du 7 janvier 1981, p. 9.

nous paraissent si massivement évidents, ne se sont sans doute pas présentés comme cela[1].

Que la fable de l'éléphant ait une valeur révélatrice – par la conscience de la faiblesse de la représentation de l'innovation de la « morale sexuelle chrétienne » – et soit l'aiguillon de l'interrogation – en invitant à poser la question du sérieux de la continuation ou de la réactivation de morales antérieures ou étrangères par le christianisme – suffit-il à en faire un opérateur de problématisation ? Non, en première instance ; oui, à certaines conditions, en seconde instance. En première instance, la question qu'invite à poser la fable de l'éléphant est faible eu égard à l'ambition problématique envisagée par Foucault, qui porte sur le foyer d'expérience qu'est la sexualité. « Avec la sexualité, le problème que je voudrais poser est celui-ci : quelle expérience pouvons-nous faire de nous-même, quel type de subjectivité est lié au fait que nous sommes toujours en possibilité et en droit de dire : "Oui, c'est vrai, je désire" ? »[2]. Poser la sexualité comme objet problématique ne définit pas une problématisation inédite, puisqu'il va s'agir d'envisager la sexualité en fonction de la problématisation définie par le cours de l'année précédente, *Du gouvernement des vivants*, visant les procédures par lesquelles le sujet se constitue comme sujet de vérité et de vérité sur lui-même, problématisation de l'auto-alèthurgie que Foucault rappelle au moment de s'intéresser à la sexualité. Dans ces conditions, pourquoi dire qu'en deuxième instance la fable de l'éléphant est un opérateur de problématisation ? Précisément parce

1. M. Foucault, *Subjectivité et vérité*, Leçon du 14 janvier 1981, *op. cit.*, p. 39.

2. *Ibid.*, Leçon du 7 janvier 1981, p. 17.

qu'elle invite à placer la charge problématique, non pas sur la sexualité en général, ni sur les doctrines qui lui donnent un statut, ni sur les codes sexuels et les interdits qui leur sont liés, mais sur les expériences sexuelles en tant qu'elles sont solidaires de règles et de modes de conduite, qu'elles relèvent d'« arts de vivre ». « Dans cette fable de l'éléphant [...], il est évident qu'on a là, réduit à sa simple expression, comme simple petit schéma anecdotique, un petit fragment de l'art de vivre, de l'art de se comporter »[1]. Comme s'agissant de ce que rapporte Dion Cassius de Septime Sévère, l'anecdote, pour rudimentaire qu'elle soit, ou plutôt par son caractère rudimentaire, est un opérateur de problématisation, en invitant à prendre au sérieux l'expérience sexuelle sous le rapport des conduites, des règles et des pratiques des sujets, des régimes de vie, des modes d'être, des prescriptions liées à des enseignements dont les sujets posent la vérité. La problématisation générale est fournie par la prise au sérieux de l'auto-alèthurgie, la fable de l'éléphant constitue ce que l'on peut appeler un opérateur d'appoint, en concentrant l'intérêt sur ce qui attache la sexualité aux arts de vivre. Ainsi, à « cette petite fable un peu bêbête » est donné un statut qui élève les mœurs sexuelles de l'éléphant à la qualité de modèle, au sens non pas de ce qui règle, doit ou peut régler la conduite, mais d'un instrument pertinent de mise en forme problématique de la conduite. Un modèle sans doute réducteur, si l'on entend fixer grâce à lui les principes de la conduite, un « modèle réduit » heureux si par son caractère élémentaire, « comme simple schéma anecdotique », est rendu patent ce qui est problématique

1. *Ibid.*, Leçon du 14 janvier 1981, p. 30.

dans l'objet qu'est la sexualité, donc permet de constituer en objet problématique les « conduites sexuelles ».

Le travail sur l'animal est à certaines conditions heuristique. Qu'en est-il de la figuration animale pour l'investigation du travail théorique ? Que gagner en se nommant par des animaux, en rapportant la conduite théorique et les concepts à des figures animales ?

> Je me faisais un peu l'effet d'un cachalot qui saute par-dessus la surface de l'eau, en y laissant une petite trace provisoire d'écume, et qui laisse croire, fait croire, ou veut croire, ou croit peut-être effectivement lui-même, qu'en-dessous, là où on ne le voit plus, là où il n'est plus perçu ni contrôlé par personne, il suit une trajectoire profonde, cohérente et réfléchie[1].

Nous n'ignorons pas le caractère joueur que manifeste Foucault au Collège de France[2]. Faut-il donner un sérieux au jeu sur les animaux ? À l'évidence, l'important est moins de se dire par l'animal que ce qui est dit des opérations par lui. Qu'est-ce qui est dit par le cachalot ? Qu'il faut distinguer ce qui du travail est visible à des tiers – les sauts hors de l'eau et les traces qu'ils laissent à sa surface – et ce qui est opéré – les déplacements selon une trajectoire dont la cohérence échappe si l'on se fie à ce qui des mouvements est visible à la surface. Se dire par le cachalot est compréhensible

1. M. Foucault, *« Il faut défendre la société »*, Leçon du 7 janvier 1976, p. 6.

2. Exemple parmi d'autres : après avoir opposé à Septime Sévère qui, aux dires de Dion Cassius, tenait caché le ciel de sa mort, le berger qui connaissait le secret de la naissance d'Œdipe, Foucault déclare : « Vous voyez donc que l'anti-Œdipe, bien sûr, existe. Dion Cassius l'avait déjà rencontré » (*Du gouvernement des vivants*, Leçon du 9 janvier 1980, p. 5).

si l'on en reste à la distinction des mouvements à la surface et des mouvements en profondeur. Mais dès lors que sont introduites les notions de « faire croire » d'une part, de « vouloir croire » d'autre part, les mouvements théoriques ne peuvent pas être dits par le cachalot. Que le théoricien fasse croire que les déplacements théoriques sont selon une cohérence qui échappent aux auditeurs qui, n'appréhendant que certains déplacements ou les états momentanés des déplacements, doivent abusivement faire confiance au théoricien quant à la cohérence de son parcours, pourrait être dit par un animal qui passe pour rusé, le renard. Que le théoricien s'abuse sur la cohérence des déplacements opérés par son travail, pourrait être dit par un animal qui passe pour naïf, l'âne, une bête qui passe pour être « bêbête ». Nous pensons évidemment, non pas que « qui fait l'ange fait la bête », mais qu'en se faisant passer pour un âne, le théoricien est renard. Qu'est-ce qui est dit par l'écrevisse ? Que le déplacement latéral est un caractère de l'examen. Au moment où Foucault profère l'assertion, il est moins question d'une stratégie de l'examen que d'une possible modification (incontrôlée ?) de son objet. Se proposant, en effet, d'étudier l'art de gouverner libéral à partir du mode actuel de son exercice, Foucault déclare : « Si vous voulez et sous réserve de changement – parce que, vous le savez, je suis comme l'écrevisse, je me déplace latéralement –, je pense, j'espère, il se peut que j'étudie successivement le problème de la loi et l'ordre, *law and order*, le problème de l'État dans son opposition à la société civile [...] »[1]. Au déplacement latéral, Foucault

1. M. Foucault, *Naissance de la biopolitique*, Leçon du 31 janvier 1979, *op. cit.*, p. 80.

donne également un statut opératoire : déplacement réglé de l'objet de l'attention, déplacement de concepts ou de conduites. Mais est-ce bien par l'écrevisse que peut être dit le déplacement latéral, puisque le caractère remarquable de l'écrevisse est, non pas le déplacement latéral, mais la propulsion vers l'arrière par le repliement brutal de l'abdomen ? Pour nommer le mouvement latéral, convient non pas l'écrevisse mais le crabe. Lapsus de Foucault ? Oui, au sens où est dit par l'écrevisse un autre mouvement, le mouvement régressif caractéristique de l'entreprise généalogique, la remontée à des éléments dont la connexion rend intelligible l'apparition de telle ou telle configuration. Donc : ce que dit le cachalot devrait aussi être dit par le renard et l'âne, ou par un renard qui fait l'âne, et ce que dit l'écrevisse, c'est le crabe qui le dit, mais elle dit aussi ce que le crabe ne dit pas.

Qu'est-ce qui est dit par le recours à des figures animales ? Se nommer, c'est nommer non pas l'identité de l'opérateur, mais les opérations qu'il pratique. Foucault se nomme par le cachalot et l'écrevisse, également par l'écureuil, qui tient en réserve, dans une « cachette », la provision dont il usera au moment opportun : ce qui est mis à l'abri, c'est la mention par Socrate, au début de l'*Apologie*, du fait que ses adversaires arrivent presque à « lui faire oublier ce qu'il est », argument qui semble n'avoir de statut qu'au sein de la stratégie judiciaire de Socrate ; user au moment opportun de ce qui a été mis à l'abri, c'est faire valoir que ce dont il est question dans le *Phédon*, le souci de soi, est la préoccupation socratique constante déjà annoncée par le propos initial de l'*Apologie*.

> [...] Je voudrais que nous gardions, si vous voulez, cette remarque un petit peu comme une provision d'écureuil en hommage à celui dont nous parlerons plus tard [Asclépios], petite provision d'écureuil que nous utiliserons par la suite. [...] Et après tout, est-ce qu'effectivement – et là je reviens à ma cachette d'écureuil – la première phrase de l'*Apologie* n'était pas précisément celle-ci : Mes ennemis sont des menteurs, mes ennemis sont habiles à parler, et ils sont même si habiles à parler qu'ils risqueraient bien de me faire oublier moi-même ? Le thème du souci de soi est bien présent, et il annonce en quelque sorte, comme une espèce d'ouverture négative, tout ce qui va ensuite se dérouler dans l'*Apologie* et dans les autres textes relatifs à la mort de Socrate, c'est-à-dire le thème du souci de soi[1].

Une remarque mise à l'abri, une remarque qui sera sortie de son abri en étant transportée vers un thème qui lui semble étranger. À la figure de l'écureuil, attachons les éléments de la rétention et du déplacement, et mettons-la en rapport avec les figures qui disent des concepts, le kangourou et l'araignée. Par quoi mettre en rapport l'écureuil et le kangourou ? Par la rétention. Par quoi mettre en rapport l'écureuil et l'araignée ? Par le déplacement. Quand Foucault nomme l'écureuil, c'est pour dire qu'une remarque est mise à l'abri, en retrait. Quand Foucault nomme le kangourou, c'est pour dire que la famille est au XIXe siècle un abri, un espace d'enveloppement.

1. M. Foucault, *Le courage de la vérité*, Leçon du 15 février 1984, *op. cit.*, p. 68 et p. 84.

> [...] Ce qui est en train de se constituer, c'est une sorte de noyau restreint, dur, substantiel, massif, corporel, affectif de la famille : la famille-cellule à la place de la famille relationnelle, la famille-cellule avec son espace corporel, avec son espace affectif, son espace sexuel, qui est entièrement saturé des rapports directs parents-enfants. [...] N'oubliez pas l'image de la sarigue donnée [...] par Rozier. Il s'agit de constituer une famille-kangourou : le corps de l'enfant comme élément nucléaire du corps de la famille[1].

L'enfant dans l'abri de la famille, poche qui l'enveloppe, la remarque dans l'abri de l'examen, qui la tient dans sa réserve. Quand Foucault nomme l'écureuil, c'est aussi pour dire le transport de la remarque, déplacée vers un thème qui lui est apparemment étranger. Quand Foucault nomme l'araignée, c'est pour dire le transport de notions, déplacées vers des domaines ou des systèmes qui sont ou semblent étrangers les uns aux autres.

Arrêtons-nous à l'usage de l'araignée, c'est-à-dire à la complication de son usage.

> La convulsion est cette immense notion-araignée qui tend ses fils aussi bien du côté de la religion et du mysticisme, que du côté de la médecine et de la psychiatrie[2].

> Cette notion [la *parrêsia*] est un peu une notion-araignée, [...] une notion qui [...] ne s'intègre pas d'une

1. M. Foucault, *Les anormaux*, Leçon du 5 mars 1975, *op. cit.*, p. 233-234. Rozier écrit en 1830, dans *Des habitudes secrètes ou des maladies produites par l'onanisme chez les femmes* : « Lorsque quelque danger menace les petits de la sarigue, elle ne se borne pas à craindre pour eux, elle les place dans son sein même ».

2. M. Foucault, *Les anormaux*, Leçon du 26 février 1975, *op. cit.*, p. 198.

façon bien repérable et localisable à l'intérieur de tel ou tel système conceptuel ou doctrine philosophique. C'est un thème qui court d'un système à l'autre, d'une doctrine à l'autre, de telle sorte qu'il est assez difficile d'en définir très exactement le sens et d'en repérer l'économie exacte[1].

S'agissant de la convulsion, l'usage de la figure est simple. Nommer par l'araignée la convulsion, c'est dire qu'elle est une notion qui rayonne, que l'on rencontre dans ce qui a trait au comportement des « possédées » – elle est alors comme la « marque » ou la « signature » que portent les corps investis par une « puissance diabolique »[2] –, et dans ce qui caractérise les « agités » – elle est alors « la libération involontaire des automatismes »[3]. C'est comme si l'araignée qu'est la convulsion tisse sa toile et prend dans cette toile les possédées et les confesseurs d'une part, les agités et les médecins d'autre part. Sans doute est en question le fait de savoir en quoi la toile est celle *de l'*araignée, c'est-à-dire en quoi la notion qui vaut pour les possédées et les agités est, ou non, la même, mais c'est aussi que la figure est un opérateur d'investigation. L'hypothèse de Foucault est, non pas que les convulsions sont identiques d'un domaine à l'autre, mais qu'elles sont des « enjeux de pouvoir », à la fois à l'intérieur de chaque domaine et entre les domaines : comprendre « la convulsion

1. M. Foucault, *Le gouvernement de soi et des autres*, Leçon du 12 janvier 1983, *op. cit.*, p. 45.

2. *Cf. Les anormaux*, Leçon du 26 février 1975, *op. cit.*, p. 190-202, l'étude comparative de la sorcellerie et de la possession.

3. *Ibid.*, Leçon du 26 mars 1975, p. 208. Le cours de l'année précédente, *Le pouvoir psychiatrique*, a étudié les modifications de la considération des « agités », des perturbations de l'instinct à l'hystérie en passant par l'épilepsie.

comme instrument et enjeu d'une joute de la religion avec elle-même, et de la religion avec la médecine »[1]. S'agissant de la *parrêsia*, les choses se compliquent : qu'est-ce qui rayonne ? qu'est-ce qui est pris dans la toile ? Car, si la convulsion est identifiable par des mouvements corporels, étant en question son mode d'investissement par des intérêts distincts et le rapport entre ces intérêts, la *parrêsia* est d'emblée problématique, non seulement parce qu'elle circule d'un domaine à un autre, mais aussi parce que sa compréhension est mobile. La *parrêsia*, nous la rencontrons dans les pratiques de la direction de conscience, également dans le champ politique, s'agissant du gouvernement du prince, également au sein des institutions démocratiques, et encore dans le jeu du dialogue philosophique, ainsi que pour les modes du rapport avec Dieu dans la tradition testamentaire. Qu'est-ce qui nous assure qu'une compréhension homogène circule d'un domaine à l'autre, et même à l'intérieur d'un domaine ?

> [...] En fait, il y a beaucoup d'ambiguïté qui tourne autour de cette notion, et sa valorisation n'était ni tout à fait constante, ni tout à fait homogène. On verra par exemple que la *parrêsia* cynique, le franc-parler cynique est loin d'être une notion, une valeur absolument univoques. Et dans la spiritualité chrétienne elle-même, on verra que la *parrêsia* peut aussi bien avoir le sens de l'indiscrétion, indiscrétion avec laquelle on bavarde de tout à propos de soi-même[2].

1. M. Foucault, *Les anormaux*, Leçon du 26 février 1975, *op. cit.*, p. 207.

2. M. Foucault, *Le gouvernement de soi et des autres*, Leçon du 12 janvier 1983, *op. cit.*, p. 47.

Faire graviter les lieux de l'exercice de la *parrêsia* autour de sa compréhension, ou y a-t-il autant de compréhensions qu'il y a de pratiques ? La question n'est pas seulement de savoir en quoi la toile est celle de l'araignée, mais ce qui est araignée et ce qui est toile : peut-être l'araignée se déplace-t-elle sur la toile qu'elle secrète, à moins que la toile, se sécrétant elle-même, ne soit l'araignée. Dès lors, l'alternative est celle de la neutralisation de la notion – la plasticité de sa compréhension et l'amplitude de son extension sont les signes de son inconsistance – et de l'investissement de la notion, qui n'est pas seulement, comme la convulsion, un concept thématique – un objet rencontré lors de l'investigation – mais un concept opératoire, un instrument de l'investigation. C'est la deuxième branche qui est prise au sérieux par Foucault. Investir la *parrêsia*, c'est la placer au sein de la problématisation du gouvernement de soi, c'est aussi lui donner une place stratégique, envisageant le gouvernement de soi *et* des autres. Interroger la *parrêsia*, c'est chercher comment la pratique du dire-vrai sur soi-même suppose la présence d'un tiers, mais ce n'est ni rapporter les différentes pratiques à un noyau unitaire de sens, ni en rester aux différences de sens selon des pratiques distinctes, c'est s'employer à régler les rapports de la compréhension de la pratique et de l'extension de ses exercices en ayant pour enjeu l'intellection des rapports du gouvernement, du sujet et de la vérité.

> Avec la notion de *parrêsia*, enracinée originairement dans la pratique politique et dans la problématisation de la démocratie, puis dérivée ensuite vers la sphère de l'éthique personnelle et de la constitution du sujet moral, avec cette notion à enracinement politique et à

> dérivation morale, on a [...] la possibilité de poser la question du sujet et de la vérité du point de vue de la pratique de ce qu'on peut appeler le gouvernement de soi-même et des autres[1].

Allons plus loin. L'art de gouverner est-il, non pas une notion-araignée, mais le problème-araignée de l'enseignement au Collège de France ? Régler le rapport de la compréhension du concept et des lieux de son exercice, n'est-ce pas le fil directeur de l'examen ? Non pas déplacer le lieu de l'exercice en fonction d'une compréhension univoque, ni modifier la compréhension en fonction des lieux de l'exercice, mais cheminer en réglant les rapports de la compréhension et des lieux de l'exercice, ou plutôt faire des variations affectant le rapport de la compréhension et de l'extension du concept le moteur du cheminement. Lorsque Foucault tient à dire, au moment d'entamer ce qui sera le dernier cours, qu'il a toujours « au fond » envisagé les rapports de la véridiction, de l'art de gouverner et des pratiques de soi[2], pensons, non pas que le cheminement est la mise en œuvre réglée d'un projet, mais que le projet est découvert par le cheminement réglé des rapports de l'art de gouverner, des modes et des lieux de son exercice. Que la trinité articulée du gouvernement, du sujet et de la vérité soit l'objet de l'examen, le cheminement le met

1. M. Foucault, *Le courage de la vérité*, Leçon du 1er février 1984, *op. cit.*, p. 10.

2. *Ibid.* : « Il me semble qu'en examinant la notion de *parrêsia*, on peut voir se nouer ensemble l'analyse des modes de véridiction, l'étude des techniques de gouvernementalité et le repérage des formes de pratique de soi. L'articulation entre les modes de véridiction, les techniques de gouvernementalité et les pratiques de soi, c'est au fond ce que j'ai toujours essayé de faire ».

progressivement au jour. Reprenons ce que Foucault déclare de l'art de gouverner politique moderne, qu'il est selon un « prisme réflexif » qui enveloppe ce sur quoi il se fixera ultérieurement[1], et comprenons-le comme un « modèle réduit » de ce qui est opéré par la problématisation de l'art de gouverner : se fixer sur l'articulation des savoirs et des pouvoirs avant de prendre au sérieux les rapports des sujets et de la vérité, ce n'est ni déplacer un art homogène de gouverner en des lieux distincts – les luttes, grandes et petites, qui n'ont pas nécessairement des institutions pour cadre, les pratiques d'autoalèthurgie, qui ne passent pas nécessairement par des conduites d'aveu –, ni annuler par les déplacements la compréhension d'abord proposée de l'art de gouverner – l'organisation évolutive de rapports de pouvoirs dispersés –, c'est comprendre qu'étaient déjà en jeu dans l'élucidation des processus par lesquels sont constitués les sujets par les rapports de pouvoir et de savoir les modes par lesquels se constituent les sujets par les discours de vérité qu'ils énoncent sur eux. L'art de gouverner, une araignée qui, se déplaçant sur la toile qu'elle tisse, capte les proies que sont les rapports de pouvoir, les procédures de contrôle et de surveillance, les modes de l'aveu, les sollicitations et les interventions de conseillers. Une araignée qui, s'investissant dans des problématisations, se métamorphose dans les figures qui énoncent les

1. *Cf.* M. Foucault, *Sécurité, territoire, population*, Leçon du 15 mars 1978, p. 284 : « [...] La raison d'État a bien défini un art de gouverner dans lequel la référence à la population était implicite, mais précisément n'était pas encore entrée dans le prisme réflexif. Ce qui va se passer, du début du XVIIe siècle au milieu du XVIIIe, ça va être une série de transformations grâce auxquelles et à travers lesquelles [...] cette notion de population va être élaborée ».

opérations et celles qui disent les instruments, les animaux nommés et ceux qu'ils enveloppent ou dont ils prennent la place. Qu'est-ce qui réunit les déplacements et les remplacements des animaux ? Qu'est-ce qui, dans ce jeu de cache-cache, fait des animaux un carnaval ? La métamorphose. La métamorphose des animaux comme mode de l'engagement de celui qui examine dans ce qu'il examine. Le généalogiste-archéologue est écrevisse en étant crabe, âne en étant renard, écureuil en étant kangourou, il est dans ce jeu l'araignée qui tisse et retisse la toile des examens. Se dire en animal, par la métamorphose des animaux, ce n'est pas seulement neutraliser ce qui s'impose ordinairement, une « morale d'état civil », c'est nommer la promotion du déplacement en instrument de problématisation.

CHAPITRE VIII

LA CURE ANALYTIQUE

Avatar de l'aveu ou exercice de véridiction ?

Partons de ce qui sera de fait le terme, l'élaboration du concept de *parrêsia*. À coté de l'examen des procédures et des structures des discours qui prétendent à la vérité, faisons une place à l'étude des rapports que les sujets entretiennent avec les discours qu'ils placent sous le signe du vrai. Comment les sujets se constituent-ils en tant qu'ils se représentent dire le vrai ? L'objet de l'examen est défini par « les formes alèthurgiques », plus exactement, puisque Michel Foucault restreint le champ de l'investigation, par « les formes auto-alèthurgiques » : qu'en est-il du rapport que le sujet entretient avec lui-même en tant qu'il aspire à dire le vrai sur lui-même, ou se représente dire le vrai sur lui-même, ou dit le vrai sur lui-même ? Il va de soi pour Foucault que l'étude des formes auto-alèthurgique est « l'analyse historique des pratiques du dire vrai sur soi-même » parce que le « discours de vérité que le sujet est capable de dire sur lui-même » est passé par « un certain nombre de formes culturellement reconnues et typées, que ce soit par exemple par l'aveu, la confession, l'examen de conscience »[1]. Or, la constitution du sujet défini par l'ambition ou l'entreprise de dire le vrai sur lui-même suppose la présence de tiers, non seulement en ce que dire la vérité sur soi, c'est être ainsi reconnu par d'autres, mais aussi en ce qu'un tiers peut intervenir au sein de la pratique du dire-vrai, et « le statut de cet autre, si nécessaire pour que je puisse dire le vrai sur moi-même, sa présence posent naturellement un certain nombre de problèmes »[2]. Quel problème ? Le problème de la détermination du statut de cet autre, institutionnalisé et codifié dans la « culture moderne », incertain et « flottant » dans les pratiques antiques de l'auto-alèthurgie.

> [...] Si on peut repérer assez facilement dans la culture moderne cet autre, dont il faudrait sans doute analyser plus précisément le statut et les fonctions – cet autre indispensable pour que je puisse dire vrai sur moi-même, qu'il soit le médecin, le psychiatre, le psychologue, le psychanalyste –, en revanche dans la culture antique, où pourtant sa présence est parfaitement attestée, il faut bien reconnaître que son statut est beaucoup plus variable, beaucoup plus flou, beaucoup moins découpé et institutionnalisé. [...] La qualification nécessaire à ce personnage incertain, un peu brumeux et flottant, c'est une certaine pratique, une certaine manière de dire qui est précisément appelée la *parrêsia* (le franc-parler)[3].

1. M. Foucault, *Le courage de la vérité*, Leçon du 1er février 1984, *op. cit.*, p. 5.
2. *Ibid.*, p. 7.
3. *Ibid.*, p. 7-8.

La question n'est pas seulement celle, analytique, du statut, des modes, des conditions et des lieux de l'intervention d'un être supposé venir en aide à ceux qui pratiquent l'alèthurgie dans la culture antique, mais aussi celle, généalogique, de l'existence et de l'importance d'un rapport entre ce à quoi est attaché le franc-parler sous l'Antiquité et ce qui se passe au sein du « couple » moderne constitué par un psychanalyste et son patient.

> L'étude de la *parrêsia* et du *parresiastês* dans la culture de soi au cours de l'Antiquité est évidemment une sorte de préhistoire de ces pratiques qui se sont organisées et développées par la suite autour de quelques couples célèbres : le pénitent et son confesseur, le dirigé et le directeur de conscience, le malade et le psychiatre, le patient et le psychanalyste. C'est bien cette préhistoire, en un sens, que j'ai essayé d'écrire[1].

Une sorte de préhistoire ? Au sens où le statut et la fonction du parrésiaste sous l'Antiquité, non pas commandent, mais rendent intelligibles les modes du rapport de l'analyste et du patient ? Ou au sens où ce qu'il en a été sous l'Antiquité d'une part, l'articulation des éléments du « couple » du patient et de l'analyste d'autre part, sont à comprendre comme un non-rapport, la mise en rapport étant un rapprochement de surface dont la pertinence opératoire est douteuse, voire nulle et non avenue ?

Quelques années plus tôt, Foucault a défini la généalogie comme un travail « qui reconstitue tout un réseau d'alliances, de communications, de points d'appui »[2]. Là où une genèse chercherait à mettre

1. *Ibid.*, p. 9.
2. M. Foucault, *Sécurité, territoire, population*, *op. cit.*, p. 121.

en évidence « l'unité d'une cause principielle lourde d'une descendance multiple », la généalogie « essaie de restituer les conditions d'apparition d'une singularité à partir de multiples éléments déterminants, dont elle apparaît non pas comme le produit, mais comme l'effet »[1]. Une généalogie de la cure analytique à partir de la pratique antique de la direction de conscience est-elle envisageable ? Si elle l'est, la direction de conscience sera convoquée, non pas au titre de « cause principielle », mais de l'une des « conditions d'apparition » de cette « singularité » qu'est la cure.

Si la cure analytique est évoquée par Foucault au moment où le gouvernement de soi est problématisé, la pratique psychanalytique avait été considérée lorsque l'examen concentrait l'intérêt sur les rapports de pouvoir et envisageait la psychiatrie en termes de « savoir-pouvoir ». Dans *Le pouvoir psychiatrique*, Foucault avait envisagé l'investissement de la sexualité par la psychanalyse, non pas comme le moment d'un développement *sui generis* de la science, mais comme un épisode de la « grande bataille » dont l'espace asilaire a été le lieu depuis le début du XIXe siècle, bataille exacerbée avec l'investissement du « corps hystérique ». Car, si Charcot se fait fort de donner un statut médical strict aux troubles hystériques, en procédant à un diagnostic différentiel en fonction de « symptômes » stables, réguliers, clairement identifiables – ainsi le rétrécissement du champ visuel ou l'anesthésie pharyngée – et en codifiant la crise de l'hystérie sur le modèle de l'épilepsie, les hystériques répondent à la

1. M. Foucault, « Qu'est-ce que la critique ? » dans *Qu'est-ce que la critique* ? suivi de *La culture de soi*, *op. cit.*, p. 55.

demande de celui qui aspire à la qualité de neurologue, en lieu et place de celle de psychiatre, en produisant des symptômes, non pas seulement en abondance, mais aussi distincts de ceux que le neurologue attend. Lors des séances d'hypnose destinées, non seulement à favoriser la production de symptômes codifiés par le neurologue, mais aussi à permettre aux hystériques « de raconter leur enfance, leur vie, de retrouver cette espèce d'événement fondamental et essentiel qui va se prolonger, qui se prolonge toujours dans le syndrome hystérique, et dont celui-ci est en quelque sorte l'actualisation permanente »[1] – Charcot défendant la thèse selon laquelle un événement violent a provoqué un état d'hypnose localisé chez l'hystérique sous la forme d'une « idée » qui s'inscrit dans le cortex et produit des effets durables –, les hystériques, « en quelque sorte à l'abri de ce scénario, [précipitent] toute leur vie individuelle, toute leur sexualité, tous leurs souvenirs »[2]. L'idée défendue par Foucault est que le « corps sexuel » est imposé au neurologue par les hystériques comme une « contre-manœuvre » et que cette imposition va susciter un « nouvel investissement, […] la prise en charge médicale, psychiatrique, psychanalytique, de la sexualité ». Et Foucault ajoute : « En lui [au neurologue] fournissant des vrais symptômes fonctionnels, les hystériques, pour leur plus grand plaisir, mais sans doute pour notre plus grand malheur, ont donné prise à la médecine sur la sexualité »[3]. Foucault confère en fait à la psychanalyse un statut tactique double : non seulement

1. M. Foucault, *Le pouvoir psychiatrique*, Leçon du 6 février 1974, *op. cit.*, p. 320.

2. *Ibid.*, Leçon du 6 février 1974, p. 323.

3. *Ibid.*, p. 325.

l'appropriation de la sexualité en riposte à l'imposition du corps sexuel par les hystériques, mais aussi la sanction et le bénéfice du « recul » de la psychiatrie, prise dans le jeu de la production de symptômes qui ne répondent pas à l'attente des médecins, et qui avait également dû affronter la menace de la « simulation », dont la Salpêtrière était devenue le grand théâtre.

> La simulation : depuis l'année 1821 où on la voit surgir à la Sapêtrière devant celui qui a été un des plus grands psychiatres de l'époque, Georget, avec les deux simulatrices de la Salpêtrière, jusqu'au grand épisode de Charcot vers les années 1880, on peut dire que toute l'histoire de la psychiatrie a été traversée par ce problème de la simulation. […] Et on peut dire que la psychanalyse peut être interprétée comme le premier grand recul de la psychiatrie, le moment où la question de la vérité de ce qui se disait dans les symptômes ou, en tout cas, le jeu de la vérité et du mensonge dans le symptôme s'est trouvé imposé de force au pouvoir psychiatrique ; le problème étant de savoir si, à cette première défaite, la psychanalyse n'a pas répondu en établissant une première ligne de défense[1].

Mais, si l'investissement de la sexualité résulte des tactiques de pouvoir qui se développent au sein de l'espace asilaire, la singularité de la prise en charge psychanalytique de la sexualité, c'est-à-dire la forme

1.M. Foucault, *Le pouvoir psychiatrique*, Leçon du 12 décembre 1973, *op. cit.*, p. 135-137. Les deux simulatrices de la Salpêtrière, Pétronille et Manoury, « ont été imitées dans tous les asiles de France parce que c'était […] leur instrument de lutte en face du pouvoir psychiatrique […] En 1880 à peu près, […] on s'aperçoit que devant la grande thaumaturgie de Charcot, tous les symptômes étudiés par lui étaient suscités par lui à partir de la simulation de ses malades » (*ibid.*, p. 136).

qu'elle prend dans et par la pratique de discours constitutive de la cure, n'est pas interrogée. Foucault affirme que « les principaux éléments que l'on [voit] se former à l'intérieur même du pouvoir psychiatrique », ainsi le prestige donné à la parole du médecin, l'obligation de l'anamnèse, la tentative visant à débusquer le désir qui fait la réalité de la folie, « se sont trouvés être mis en jeu à l'intérieur d'une pratique qui se disait non psychiatrique et qui était la psychanalyse »[1]. Mais Foucault n'en dit pas plus.

Une hypothèse pourrait être la suivante : la cure analytique est une réactivation de la tactique psychiatrique de l'aveu, appliquée à ce à quoi la

1. *Ibid.*, Leçon du 9 janvier 1974, p. 189. L'éditeur du cours, Jacques Lagrange, indique que le manuscrit de la leçon du 7 novembre 1973 porte la mention suivante, visant l'ouvrage de Robert Castel, *Le psychanalysme*, qui venait de paraître : « C'est un livre radical parce que, pour la première fois, on ne spécifie la psychanalyse qu'à l'intérieur de la pratique et du pouvoir psychiatrique » (*ibid.*, p. 198). *Cf.* aussi « Sorcellerie et folie », dans *Dits et écrits*, t. 2, Paris, Quarto-Gallimard, 2017, texte n° 176, p. 92 : « La silencieuse écoute de l'analyste dans son fauteuil n'est pas étrangère au questionnaire pressant, à la surveillance serrée de l'asile. [...] *Le psychanalysme* de Robert Castel me semble avoir jeté une lumière très juste sur cette grande trame ininterrompue qui va du triste dortoir au divan profitable » (texte d'un entretien publié dans le quotidien *Le Monde* du 23 avril 1976). Dans un entretien avec Georges Charbonnier, diffusé le 8 septembre 1972 sur France Culture, Foucault déclarait : « Je tends beaucoup à dévaloriser, à réduire la distinction à laquelle les psychanalystes tiennent tellement entre leur propre pratique et la psychiatrie. Mais je crois que si on regarde les choses historiquement, avec un peu de recul, on s'aperçoit que la psychanalyse dérive assez évidemment de la grande et forte structure psychiatrique mise en place au début du XIXe siècle », « Histoire de la folie » dans *Entretiens radiophoniques 1961-1983*, Paris, Flammarion-Vrin-INA, 2024, p. 545.

neurologie est rebelle, la sexualité. Foucault explique que, du début jusqu'au milieu du XIXe siècle, de Pinel à Georget et Leuret, est mis en place le « rituel de l'aveu » : interroger le malade, exiger qu'il raconte ou écrive l'histoire de sa vie, qu'il procède à une anamnèse depuis ce qui s'est passé dans son enfance selon un code préconstitué (la famille, l'emploi, l'état civil…) pour que le malade se reconnaisse, plus exactement qu'il reconnaisse sa vie comme celle d'un malade, pour qu'il exprime son identité de malade, condition de sa guérison. « C'est tout ce corpus de l'identité que le malade doit finalement avouer et c'est lorsqu'il l'avoue que doit s'opérer un des moments les plus féconds de la thérapeutique ; et c'est lorsque ce moment ne se produit pas, qu'il faut désespérer de la maladie »[1]. D'où l'hypothèse : ce qui a été neutralisé par la neurologie en raison des résistances des malades, qui refusent de se soumettre à l'interrogatoire ou profèrent des énoncés qui ne correspondent pas à l'identité de malades qu'on leur assigne et les invite à formuler, l'aveu donc, n'est-il pas récupéré par la psychanalyse pour capter ce que les hystériques opposent au corps codé par le neurologue, la sexualité ?

L'hypothèse pourrait être développée et compliquée à partir des éléments exposés dans le cours de l'année suivante, *Les anormaux*, qui examine le « branchement soudain du problème de la sexualité dans la psychiatrie » au milieu du XIXe siècle. L'hypothèse de Foucault est que l'investissement de la sexualité par la psychiatrie, qui fait de « l'anomalie » l'objet de son investigation et de son

1. M. Foucault, *Le pouvoir psychiatrique*, Leçon du 19 décembre 1973, *op. cit.*, p. 159.

intervention, n'est nullement « la levée d'une censure, la levée d'un interdit de parole [...] qui aurait pesé sur cette sexualité, depuis le fond des âges peut-être, en tout cas certainement depuis le XVIIe ou le XVIIIe siècle », mais « l'avatar d'une procédure très positive, qui est celle de l'aveu contraint et obligatoire »[1]. L'hypothèse conduit Foucault à remonter à l'aveu de la sexualité lié aux modifications de la pratique pénitentielle et à l'organisation de la confession. Avant de développer l'hypothèse, Foucault pose la « complémentarité » actuelle des procédures institutionnalisées d'aveu de la sexualité que sont la psychiatrie, la psychanalyse et la sexologie et de « mécanismes d'appel », contre l'idée selon laquelle ces procédures constitueraient la libération d'une censure : non pas l'opposition de ces procédures à des interdits sociaux visant la sexualité, mais la codification et la ritualisation de l'aveu de la sexualité répondant à des mécanismes sociaux massifs et diffus de demande.

> Si on va si souvent chez le psychiatre, chez le psychanalyste, chez le sexologue, pour poser la question de sa sexualité, avouer ce que c'est que sa sexualité, c'est dans la mesure où il y a partout, dans la publicité, dans les livres, dans les romans, dans le cinéma, dans la pornographie ambiante, tous les mécanismes d'appel qui renvoient l'individu de cet énoncé quotidien de la sexualité à l'aveu institutionnel et coûteux de sa sexualité, chez le psychiatre, chez le psychanalyste et chez le sexologue[2].

1. M. Foucault, *Les anormaux*, Leçon du 19 février 1975, *op. cit.*, p. 156-157.

2. *Ibid.*, p. 158.

D'où la question : si Foucault remonte à l'aveu contraint et obligatoire pour rendre intelligible le « branchement du problème de la sexualité dans la psychiatrie », ne va-t-il pas rendre également heuristique la codification religieuse de l'aveu, et tout spécialement l'exercice de la confession, pour la constitution de la pratique psychanalytique, tout spécialement la conduite de la cure analytique ?

Or, s'agissant de la prise en charge psychiatrique de la sexualité, la remontée à la pratique pénitentielle de l'aveu invite-t-elle à prendre au sérieux une continuation ou une rupture ? Qu'est-ce que Foucault retient de la pratique pénitentielle ? Que la confession régulière, continue et exhaustive des péchés d'une part, le statut sacramentaire de la pénitence – qui vaut rémission des péchés – d'autre part, formulés et organisés au XIIIe siècle, sont confirmés et renforcés par le concile de Trente qui, en établissant la pastorale de la confession, élève le pouvoir des prêtres en codifiant les règles de la sollicitation et de l'écoute des fidèles, de l'examen des péchés et de la distribution des « consolations ». Foucault retient également qu'avec la direction de conscience qui se développe après le concile de Trente tend à se substituer à l'aveu ponctuel des péchés « tout un immense parcours discursif, […] le parcours continu de la vie devant un témoin »[1]. Et, au sein de ce parcours, le péché de luxure, le péché de la chair, est l'objet d'une attention toute particulière et évolutive, de moins en moins attaché, du XVIe au XVIIIe siècle, à l'aspect relationnel de la sexualité pour

1. M. Foucault, *Les anormaux*, Leçon du 19 février 1975, *op. cit.*, p. 171.

viser l'usage du corps du pécheur, les pensées, les désirs et les plaisirs le concernant.

Pourquoi, ou plutôt par quoi, mettre en rapport « l'épinglage de la chair sur le corps », objet de l'attention soutenue et détaillante des confesseurs et des directeurs de conscience, avec « les grands traités de psychopathologie sexuelle du XIXe siècle », initiés en 1844 par la *Psychopathia sexualis* de Heinrich Kaan, puisqu'à l'évidence les objets et les modes d'intérêt sont distincts, d'une part le « trouble charnel » envisagé en fonction du « gouvernement des âmes », d'autre part l'investigation à prétention scientifique de « la mécanique propre à l'instinct sexuel et à ses anomalies »[1] ? Selon Foucault, la médiation est constituée par la fixation de l'attention médicale dans la seconde moitié du XVIIIe siècle sur l'auto-érotisme adolescent, et même préburtaire, c'est-à-dire sur ses dangers déclarés gravissimes, qui prend la forme d'une « véritable croisade anti-masturbatoire » et qui inscrit l'intervention médicale d'une manière étroite et continuée dans l'espace familial.

> Très rapidement, après la publication, en France du livre de Tissot, le problème, le discours, l'immense jacasserie sur la masturbation, commence et ne cessera pas pendant un siècle. [...] À travers tout ce qu'il faut bien appeler une grande persécution physique de l'enfance et de la masturbation au XIXe siècle qui, sans en avoir les conséquences, a presque l'ampleur des persécutions contre les sorciers au XVIe-XVIIe siècle – il se constitue une sorte d'interférence et de continuité médecine-malade. [...] C'est la famille qui

1. *Ibid.*, Leçon du 12 mars 1975, p. 267.

> est devenue elle-même un agent de médicalisation de la sexualité dans son propre espace[1].

Soutenir que la médiation entre la procédure de l'aveu contraint et obligatoire d'une part, l'appropriation psychiatrique de la sexualité d'autre part, est constituée par la fixation de l'attention médicale sur la sexualité adolescente et prépubertaire – dont la visée de normalisation n'est pas douteuse – ne va pas de soi : en quoi l'aveu est-il précisément en jeu dans le contrôle que la médecine exerce par les prescriptions et les injonctions des médecins à la destination des familles ? Car, si nous comprenons que par la localisation de la cible et par l'extraordinaire, la fantastique excitation du péril dont il faut prévenir et prémunir les familles, la médecine s'approprie ce que la direction de conscience jugeait de son ressort, n'est-ce pas au prix de l'abaissement de l'importance de ce qui avait été étroitement codifié pour solliciter et conduire l'aveu du péché de la chair ? Foucault déclare :

> Ainsi, on voit se dessiner des rapports complexes avec une sorte de partage, puisqu'il y a, d'un côté, la surveillance muette, l'investissement non discursif du corps de l'enfant par les parents, et puis, d'un autre côté, ce discours extrafamilial, scientifique, ou ce discours d'aveu, qui est localisé dans la seule pratique médicale, héritière ainsi des techniques de l'aveu chrétien[2].

1. M. Foucault, *Les anormaux*, Leçon du 5 mars 1975, *op. cit.*, p. 219 et p. 238. Le livre du médecin suisse Samuel Tissot, publié en 1760 sous le titre *De l'onanisme. Dissertation sur les maladies produites par la masturbation*, connut un succès considérable à partir de la troisième édition, publiée en 1764.

2. *Ibid.*, Leçon du 5 mars 1975, p. 238.

Dire que le discours d'aveu est localisé « dans la seule pratique médicale », c'est donner un sens très large à l'aveu, c'est aussi séparer les deux parts du « couple » que la confession et la direction de conscience mettent en présence, l'être qui sollicite et l'être qui répond à la sollicitation de l'aveu. D'où la question : n'est-ce pas avec la pratique psychanalytique de la cure que la conduite d'aveu est réactivée par la constitution d'un couple spécifique qui, tout en neutralisant la culpabilisation de l'être dont l'aveu est sollicité, récupère de la direction de conscience l'investissement discursif? D'où, aussi, l'hypothèse généalogique : la cure psychanalytique n'est-elle pas au point de croisement de la médicalisation de la sexualité initiée au XVIIIe siècle, de la récupération de ce sur quoi la neurologie vient buter à la fin du XIXe siècle et de la réactivation de la conduite discursive de l'aveu développée et codifiée après le concile de Trente ? Retenir un croisement ou une connexion historique, c'est repérer « les conditions d'apparition d'une singularité », en se gardant d'identifier une « cause principielle », pour reprendre les termes de Foucault. Ce n'est pas dire que de la pratique de l'aveu dérivent la médicalisation de la sexualité, l'interrogatoire asilaire et la cure analytique, c'est remonter de la cure à « une multiplicité d'éléments déterminants ». Que rend possible la médicalisation de la sexualité? Le passage du pécheur au « malade », de l'Autre divin à l'Autre inconscient, du confessionnal et de l'écoute grillagée au divan et à l'écoute flottante? Mais Foucault est muet sur le possible rapport de la conduite d'aveu et de la cure analytique.

Ce qui est laissé en suspens en 1975 par *Les anormaux* est envisagé en 1976 dans *La volonté de savoir* : la place de la psychanalyse dans « l'espace de jeu » auquel participe aussi la médicalisation de la sexualité au XIXe siècle, « maintenir l'épinglage du dispositif de la sexualité sur le système de l'alliance ». Foucault défend l'hypothèse selon laquelle la médecine prend part au développement du « dispositif de sexualité » qui tend, sinon à se substituer, du moins à se superposer au « dispositif d'alliance ». Alors que celui-ci est « fortement articulé sur l'économie à cause du rôle qu'il peut jouer dans la transmission ou la circulation des richesses », celui-là « est lié à l'économie par des relais nombreux et subtils, mais dont le principal est le corps – corps qui produit et qui consomme »[1] : importent moins le système des règles et le statut des partenaires, qui permettent le maintien et la perpétuation du corps social, que la valorisation, l'extension et le contrôle des pouvoirs, en particulier sexuels, des corps. La médecine participe à ce processus par l'intérêt accordé au corps des femmes, à la sexualité précoce, à la régulation des naissances, aux comportements pervers. En quoi la psychanalyse prend-elle place dans ce processus ? Non pas en ce qu'elle libérerait la sexualité des règles et des contraintes qu'imposerait un dispositif d'alliance en voie de disparition, mais en inscrivant l'alliance au sein de la sexualité par le rôle central qu'elle accorde à l'inceste, noué avec le désir, conférant ainsi à l'alliance un sérieux négligé par la médicalisation de la sexualité.

1. M. Foucault, *La volonté de savoir*, IV, *Le dispositif de la sexualité*, Paris, Tel-Gallimard, 1994 [1976], p. 141.

> […] Voilà que la psychanalyse, qui semblait dans ses modalités techniques placer l'aveu de la sexualité hors de la souveraineté familiale, retrouvait au cœur même de cette sexualité, comme principe de sa formation et chiffre de son intelligibilité, la loi de l'alliance, les jeux mêlés de l'épousaille et de la parenté, l'inceste. La garantie que là, au fond de la sexualité de chacun, on allait retrouver le rapport parents-enfants, permettait, au moment où tout semblait indiquer le processus inverse, de maintenir l'épinglage du dispositif de sexualité sur le système de l'alliance. […] Avec la psychanalyse, c'est la sexualité qui donne corps et vie aux règles de l'alliance en les saturant de désir[1].

L'épinglage de la sexualité sur le système d'alliance par l'investissement de l'inceste en termes de désir, Foucault le met en rapport avec deux éléments, le statut polémique de la psychanalyse face aux théories de la dégénérescence et la lutte contre les comportements incestueux au sein de populations sur lesquelles la psychanalyse n'a pas prise. La position polémique de la psychanalyse : face à l'eugénisme lié aux théories qui, à la fin du XIXe siècle, se fixent sur le péril de la « dégénérescence » d'une population due aux conséquences héréditaires des perversions sexuelles, la psychanalyse se distingue de la normalisation de la sexualité dont les effets, de la protection de la société et de la « race » jusqu'au « racisme d'État », furent dévastateurs[2]. La différenciation sociale de la psychanalyse : si la psychanalyse investit la famille en révélant le « secret » du désir incestueux qui hante les rapports des parents et des enfants, elle est contemporaine

1. *Ibid.*, p. 148-149 et p. 150.
2. *Ibid.*, p. 156-161.

d'une entreprise visant les « pratiques incestueuses, telles qu'elles existaient dans les campagnes ou dans certains milieux urbains auxquels la psychanalyse n'avait pas accès »[1] par un quadrillage administratif et la pénalisation de ceux auxquels ces pratiques sont imputables.

Mais, si la psychanalyse prend place – comme élément de discrimination et terme polémique – au sein du « dispositif » qui réunit le système d'alliance, la théorie de la dégénérescence et la pénalisation des pratiques incestueuses, qu'est-ce qui lui revient ? La psychanalyse invite ceux qui ont recours à la cure à reconnaître qu'ils sont tenus à la sexualité par les modes de l'efficace et les effets douloureux du désir d'inceste. « Dans la pratique, la psychanalyse se donne pour tâche de lever, chez ceux qui sont en position d'avoir recours à elle, les effets de refoulement qu'elle peut induire ; elle leur permet d'articuler en discours leur désir incestueux »[2]. En donnant une place à la psychanalyse au sein du « dispositif de sexualité » qui s'organise depuis le XVIIIe siècle, Foucault considère la psychanalyse, non pas comme un corpus doctrinal autonome, mais comme une pratique spécifique. Oui, mais Foucault se fixe sur le « sens nouveau » que prend « la grande exigence de l'aveu qui s'était formé depuis longtemps » par l'objectif propre à la cure – l'injonction à lever le refoulement – sans chercher si est en jeu un exercice de l'aveu qu'il faudrait envisager en termes de continuation, de modification, d'inflexion, ou de rupture.

1. M. Foucault, *La volonté de savoir*, IV, *Le dispositif de la sexualité*, *op. cit.*, p. 171.

2. *Ibid.*

D'où le retour de la question : est-il pertinent d'envisager la cure analytique à partir de la « vérité » que chacun aura à reconnaître pour son compte, indépendamment de la singularité présomptive, mais peut-être indue, de la pratique de discours qu'elle met en place ? Le « couple » de l'analyste et du patient est-il homogène à celui du confesseur et du confessé ? Foucault est invité à deux reprises, avant et après la publication de *La volonté de savoir*, à interroger la cure analytique comme pratique de discours.

S'intéressant avant le cours dispensé en 1973-174, *Le pouvoir psychiatrique*, à *Œdipe roi*, envisagé sous le rapport de l'histoire des relations du pouvoir, du droit et de la recherche de la vérité, Foucault neutralise la pertinence du « triangle œdipien », du « petit drame presque bourgeois entre le père, la mère et le fils » et, généralement, la pertinence de l'investissement psychanalytique des rapports de la figure d'Œdipe, du désir et de l'inconscient. Or, si le triangle œdipien est théoriquement impertinent, il est en revanche efficace au sein de la cure analytique comme instrument de pouvoir. C'est du moins ce que Foucault retient de *L'Anti-Œdip*e :

> [...] Œdipe, selon Deleuze et Guattari, ce n'est pas le contenu secret de notre inconscient, mais la forme de contrainte que la psychanalyse essaie d'imposer, dans la cure, à notre désir et à notre inconscient. Œdipe est un instrument de pouvoir, et une certaine manière par laquelle le pouvoir médical et psychanalytique s'exerce sur le désir et l'inconscient[1].

1. M. Foucault, « La vérité et les formes juridiques » dans *Dits et écrits*, t. 1, *op. cit.*, texte n° 139, p. 1422. Texte de cinq conférences prononcées à Rio de Janeiro, du 21 mai au 25 mai 1973.

Mais, en isolant les relations de pouvoir, non seulement pour lire la tragédie de Sophocle, mais aussi pour donner un statut pratique au triangle œdipien, Foucault n'interroge pas pour son compte le repli de la relation de l'analyste et du patient sur un rapport de pouvoir, ne cherchant ni à distinguer ni à articuler « le pouvoir médical et psychanalytique ». Pressé lors de la discussion qui fait suite à la conférence de revenir sur la pratique psychanalytique, Foucault précise que, pour Deleuze et Guattari, le triangle œdipien, loin d'être « ce qui est libéré par le discours du patient sur le divan », est « une espèce d'instrument de blocage par lequel la psychanalyse empêche la pulsion et le désir du malade de se libérer, de s'exprimer »[1]. Comment ? Par le codage en termes de famille du jeu du désir, qui se porterait primitivement sur la mère, le prétendu bienfait de la cure étant de permettre au patient de comprendre que « la mère est l'objet primordial, l'objet essentiel, l'objet fondamental » de son désir. Faut-il alors poser, demande Foucault, que pour Deleuze et Guattari le recours au complexe d'Œdipe est l'instrument qui permet au psychanalyste de canaliser les flux de désir – position minimaliste –, ou que la relation de pouvoir est instaurée dès que le patient est « désigné comme malade », c'est-à-dire entre dans le cabinet de l'analyste – position maximaliste ? Il faut mettre ce flottement en relation avec celui affectant la notion, insuffisamment élaborée, de « schizophrénie » : est-elle l'instrument de l'instauration de relations de pouvoir ou ce à quoi, « structure même du désir non œdipien », la société s'impose par le biais du psychanalyste en lui donnant la famille comme lieu

1. M. Foucault, « La vérité et les formes juridiques » dans *Dits et écrits*, t. 1, *op. cit.*, Table ronde, *op. cit.*, p. 1491.

d'émergence et de développement ? C'est sans doute ce qu'il faut retenir de *L'Anti-Œdipe* : ce qui reçoit le nom d'Œdipe n'est nullement une structure fondamentale, universelle, ni un épisode constitutif de la personnalité de chacun, mais ce qui permet au psychanalyste, à la société par l'intermédiaire du psychanalyste, de contrôler le développement des flux de désir.

> [...] L'analyse de Deleuze, et c'est en cela qu'elle me paraît très intéressante, consiste à dire : Œdipe n'est pas nous, Œdipe, c'est les autres. Œdipe est l'autre. Et Œdipe est précisément ce grand Autre qu'est le médecin, le psychanalyste. Œdipe est [...] la famille en tant que pouvoir. C'est le psychanalyste comme pouvoir. C'est ça, Œdipe. Nous ne sommes pas Œdipe. Nous sommes les autres dans la mesure où, effectivement, nous acceptons ce jeu de pouvoir[1].

Position entérinée par Foucault, pour qui Œdipe, loin d'être « une structure fondamentale de l'existence humaine » – position défendue par l'un des participants à la discussion –, est un mode historique de contrainte dont l'effet est la structuration du désir. « [Œdipe est] un certain type de contrainte, une certaine relation de pouvoir que la société, la famille, le pouvoir politique, etc., établissent sur les individus »[2]. La considération de la cure analytique à la lumière de *L'Anti-Œdipe* est menée en fonction de la question : « Est-ce qu'il est possible d'envisager une cure, disons psychothérapeutique, morale, qui ne passe pas par un type quelconque de relations de pouvoir »[3] ? La question est seulement posée.

1. *Ibid.*, p. 1493-1494.
2. *Ibid.*, p. 1494.
3. *Ibid.*, p. 1492.

S'agissant de la pratique de la cure analytique, la question pourrait, ou aurait pu être relancée par la demande formulée par l'un des participants à la discussion organisée par des membres de l'École freudienne de Paris à la suite de la publication de *La volonté de savoir* :

> Tu parles des techniques d'aveu. Il y a aussi, il me semble, des techniques d'écoute. [...] Quand Freud – ou un psychanalyste – écoute, la manière dont il écoute et ce qu'il écoute, la place qu'occupe dans cette écoute le signifiant, par exemple, est-ce que c'est encore comparable à ce que c'était pour les confesseurs ? [1]

Foucault répond à la question, non pas en prenant au sérieux l'écoute, cherchant si elle est remarquablement distincte dès lors que celui qui organise la cure ne prend pas la parole, mais en considérant les « bouleversements » en termes de réduction ou d'abandon des « raffinements dans les techniques de l'aveu », sans pour autant poser que la cure analytique introduit une rupture.

> [...] Les procédures réglées de l'aveu du sexe, de la sexualité et des plaisirs sexuels [...] ont été profondément bouleversées à certains moments, dans des conditions souvent difficiles à expliquer. On assiste, au XVIIIe siècle, à un effondrement très net, non pas de la pression ou de l'injonction de l'aveu, mais du raffinement dans les techniques de l'aveu. À cette époque, où la direction de conscience et la confession ont perdu l'essentiel de leur rôle, on voit apparaître des techniques médicales brutales, du genre : allez,

1. « Le jeu de Michel Foucault » dans *Dits et écrits*, t. 2, *op. cit.*, texte n° 206, p. 316-317. L'entretien a été publié dans le n° 10, juillet 1977, de la revue *Ornicar ?*, bulletin périodique du Champ freudien. L'intervention citée est d'Alain Grosrichard.

> vas-y, raconte-nous ton histoire, raconte-là-nous par écrit…[1].

Un autre participant relance l'intérêt, en demandant si le concept d'aveu n'est pas un « filet à si grosses mailles qu'il laisse passer tous les poissons » et si le rapport du sujet de la cure et de la vérité est homogène à celui qui est en jeu dans la confession : « Dans les procédures d'aveu, on suppose que le sujet sait la vérité. N'y a-t-il pas un changement radical, quand on suppose que, cette vérité, le sujet ne la sait pas ? »[2]. Foucault, tout en reconnaissant que « le mot "aveu"[…] est peut-être un peu large », refuse de distinguer la cure analytique par la supposition que le sujet détient sur son désir un savoir dont il n'a pas la vérité.

> […] Dans la direction de conscience, ce que le sujet ne sait pas, c'est bien autre chose que savoir si c'est péché ou pas, péché mortel ou véniel. Il ne sait pas ce qui se passe en lui. Et lorsque le dirigé vient trouver son directeur et lui dit : « Écoutez, voilà, je ne peux pas faire ma prière actuellement, j'éprouve un état de sécheresse qui m'a fait perdre contact avec Dieu », le directeur lui dit : « Eh bien, il y a quelque chose en vous qui se passe, et que vous ne savez pas. Nous allons travailler ensemble pour le produire »[3].

Mais la discussion concernant la singularité de la cure analytique tourne court, Foucault posant que l'objectif de l'examen n'est pas de niveler les différences affectant les « procédures d'extorsion de la vérité »,

1. *Ibid.*, p. 317.
2. *Ibid.*, p. 317 et p. 318. L'intervention est de Jacques-Alain Miller.
3. *Ibid.*, p. 318.

annonçant que les transformations de ces procédures constituent l'objet du travail en cours, tout en abaissant l'importance de la différence que constitue la procédure psychanalytique.

> Je ne cherche pas à construire, avec cette notion d'aveu, un cadre qui me permettrait de tout réduire au même, des confesseurs à Freud. Au contraire, [...] il s'agit de mieux faire apparaître les différences. Ici, mon champ d'objets, ce sont ces procédures d'extorsion de la vérité : dans le prochain volume, à propos de la chair chrétienne, j'essaierai d'étudier ce qui a caractérisé, du Xe siècle jusqu'au XVIIIe, ces procédures discursives. Et puis j'arriverai à cette transformation, qui me paraît autrement plus énigmatique que celle qui se produit avec la psychanalyse [...] : en l'espace de vingt ans, dans toute l'Europe, il n'a plus été question, chez les médecins et les éducateurs, que de cette épidémie incroyable qui menaçait le genre humain tout entier : la masturbation des enfants. Une chose que personne n'aurait pratiquée auparavant ![1]

La mise en œuvre du projet sera modifiée, non seulement parce que l'attention ne sera plus portée sur la séquence historique définie pour se concentrer sur l'Antiquité, spécialement hellénistique, et le christianisme primitif, mais aussi, ou plutôt d'abord parce que l'abandon du concept de savoir-pouvoir est commandé par la problématisation du concept de gouvernementalité et les modifications affectant sa compréhension. Et, dès lors que la question pertinente n'est plus celle des « procédures d'extorsion de la vérité », mais celle de la constitution du sujet comme être disant

1. « Le jeu de Michel Foucault » dans *Dits et écrits*, t. 2, , *op. cit.*, p. 318-319.

le vrai ou se représentant dire le vrai sur lui-même, dès lors également que l'intérêt de l'examen est placé sur l'intervention d'un tiers dans cette constitution, la question posée en 1973, et qui était laissée en suspens – délester la cure psychothérapeutique des relations de pouvoir –, est pertinente. Il va de soi que ce n'est pas parce que la cure analytique passe par la mise en place du couple de l'analyste et du patient qu'elle est nécessairement une relation de pouvoir, mais ce n'est pas pour autant affirmer que la constitution du sujet comme être de vérité est étrangère aux relations de pouvoir. Car construire l'histoire des « formes auto-alèthurgiques », c'est s'arrêter à « l'obligation de dire vrai, de produire un discours vrai sur soi-même », en tant que « cette obligation de dire vrai sur soi-même n'a jamais cessé dans la culture chrétienne, et vraisemblablement dans les sociétés occidentales. Nous sommes obligés de parler de nous-mêmes pour en dire vrai. [...] Se mettre en discours soi-même, voilà bien en effet une des grandes lignes de force de l'organisation des rapports subjectivité et vérité dans l'Occident chrétien »[1]. Voulons-nous un indice du maintien ou de la continuation de l'obligation de dire vrai sur soi-même ? Soit celui qui sollicitera chacun à s'interroger comme s'est interrogé un être placé dans une situation singulière et qui nous invitera à comprendre que la vérité que celui-ci découvre est le « secret » de chacun.

> Inutile [...] d'être Œdipe pour être tenu de découvrir la vérité de soi-même. Inutile d'être Œdipe, à moins, bien sûr, qu'un esprit drôlet ne vienne vous dire : mais

1. M. Foucault, *Du gouvernement des vivants*, Leçon du 26 mars 1980, *op. cit.*, p. 305.

> si, mais si ! Si vous êtes obligés de dire la vérité, c'est que, sans le savoir, vous êtes malgré tout un petit peu Œdipe. Mais vous voyez que celui qui vous disait ça n'avait fait, en somme, que retourner le gant, le gant de l'Église[1].

Affirmer que nous sommes Œdipe en obéissant à l'injonction de découvrir la vérité sur nous, est-ce dire autre chose que ce qui était dit en 1973, que nous sommes Œdipe parce que « nous acceptons le jeu de pouvoir » dans lequel nous sommes pris par la pratique de la cure ? Mais en quoi la verbalisation de soi définit-elle une « structure d'obéissance » ? Comment comprendre en rigueur « l'obligation de dire vrai sur soi » si elle est remarquablement distincte d'une « extorsion » de la vérité ? Est-il pertinent de détacher la cure analytique de l'obligation de dire le vrai sur soi, ou de détacher cette obligation d'une extorsion de la vérité ? Et si la considération est pertinente, avons-nous à apprendre des pratiques antiques de l'auto-alèthugie, du statut et de la fonction du *parresiastês* ? Ou bien l'affirmation selon laquelle « l'étude de la *parrêsia* et du *parresiastês* dans la culture antique est évidemment une sorte de préhistoire de ces pratiques qui se sont organisées et développées par la suite autour de quelques couples » reste-t-elle en suspens ?

Foucault pose un jalon en ne séparant pas la connaissance qu'entend être la psychanalyse de la disposition qu'elle requiert de la part du sujet et des effets qu'elle produit sur lui : la psychanalyse ne peut livrer une connaissance que si le sujet est sollicité à accéder à la

1. M. Foucault, *Du gouvernement des vivants*, Leçon du 26 mars 1980, *op. cit.*, p. 306.

« vérité » qui, en retour, l'affecte. À cette considération de la psychanalyse en termes de « spiritualité », Foucault associe le nom de Lacan « Lacan a été, me semble-t-il, le seul depuis Freud à vouloir recentrer la question de la psychanalyse sur cette question précisément des rapports entre sujet et vérité »[1]. Nous pourrions comprendre que la psychanalyse dit le vrai sur le sujet qui, sans la connaissance qu'elle lui procure, s'abuse ou s'illusionne sur son compte. Ce n'est pas de cela qu'il s'agit, mais des conditions et des effets de « l'accès à la vérité » : le sujet est en rapport avec la vérité en tant qu'il a à « dire le vrai » en s'impliquant dans sa recherche et en étant modifié par ce qu'il découvre.

> […] En des termes qui sont bien entendu absolument étrangers à la tradition historique de cette spiritualité, que ce soit celle de Socrate ou de Grégoire de Nysse, et de tous leurs intermédiaires, en des termes qui étaient ceux du savoir analytique lui-même, il [Lacan] a essayé de poser la question qui est historiquement, proprement spirituelle : la question du prix que le sujet a à payer pour dire le vrai, et la question de l'effet sur le sujet du fait qu'il a dit, qu'il peut dire et qu'il a dit le vrai sur lui-même[2].

Envisager la psychanalyse en termes d'auto-alèthurgie invite à neutraliser une double tentation, consistant d'une part à rapporter la psychanalyse aux procédures canoniques des disciplines à prétention scientifique, d'autre part à repérer les formes de pouvoir implicites à la cure analytique. Ces deux tentations manquent ce qui

1. M. Foucault, *L'herméneutique du sujet*, Leçon du 6 janvier 1982, *op. cit.*, p. 31.
2. *Ibid.*.

revient au sujet pour qu'il se constitue par la vérité qu'il s'approprie. Néanmoins, envisager la psychanalyse en termes d'auto-alèthurgie est insuffisant : la psychanalyse ne peut être dite relever de la spiritualité que si l'examen se porte, sans doute différentiellement, sur la spécificité de la constitution du sujet par la pratique discursive qu'est la cure analytique. Et force est de constater que nous butons sur le silence de Foucault concernant cette pratique. Sollicité par un auditeur du cours à préciser s'il confère un statut opératoire à « certains concepts lacaniens », Foucault ne prend pas au sérieux ce qu'il en est dans la cure du rapport du sujet à la vérité, mais s'en tient à l'intérêt général visant le travail que le sujet doit effectuer sur lui pour accéder à la vérité, intérêt général spécifié par l'attention accordée aux pratiques discursives antiques : « essayer de replacer, à l'intérieur d'un champ historique aussi précisément que possible, l'ensemble de ces pratiques du sujet qui se sont développées depuis l'époque hellénistique et romaine jusqu'à maintenant »[1].

S'agissant du silence de Foucault concernant la pratique discursive qu'est la cure analytique, nous pouvons évidemment convoquer l'arrêt brutal des travaux et de l'enseignement de Foucault. Ainsi, lorsque Foucault déclare, en entamant le dernier cours, avoir l'intention de « revenir à un certain nombre de problèmes contemporains », à « l'analyse d'un certain nombre de pratiques et institutions dans la société moderne »[2],

1. M. Foucault, *L'herméneutique du sujet*, Leçon du 3 février 1982, *op. cit.*, p. 181.

2. M. Foucault, *Le courage de la vérité*, Leçon du 1er février 1984, *op. cit.*, p. 3-4.

ne pense-t-il pas, en particulier, à donner un statut à la cure analytique au sein de l'examen historique du dire-vrai sur soi-même ? Et si l'intérêt s'est précisément fixé sur « le statut de cet autre, si nécessaire pour que je puisse dire le vrai sur moi-même, [dont la] présence pose évidemment un certain nombre de problèmes »[1], on comprend mal que l'attention ne porte pas sur la pratique psychanalytique de « l'écoute ». Dès lors que l'examen a identifié le statut et les fonctions de « ce personnage incertain, un peu brumeux et flottant » qu'est le parrèsiaste, quelle leçon retenir pour le rapport qui se noue entre l'analyste et l'analysant/analysé ? Sans doute ne pouvons-nous pas préjuger du caractère, remarquable ou secondaire, novateur ou répétitif, de la pratique analytique, mais il est certain que Foucault ne poursuivrait pas la discussion entamée avec les membres de la défunte École freudienne de Paris dans les termes dont il avait usé en 1977 : la butée historique comparative et différentielle ne saurait être à présent les techniques de l'aveu, mais « cette espèce de pacte, entre celui qui prend le risque de dire la vérité et celui qui accepte de l'entendre »[2]. Qu'en est-il du « pacte analytique », dès lors que celui dont le « courage » est requis est celui qui aura à dire la vérité sur lui grâce à l'écoute de l'autre ? Le déplacement de l'exigence du courage signifie-t-il que l'autre est singularisé autrement que par le courage ? Et, partant, Foucault serait-il disposé à revenir sur l'affirmation selon laquelle « les psychanalystes rejettent

1. *Ibid.*, p. 7.
2. *Ibid.*, p. 14.

[…] l'idée selon laquelle la psychanalyse pourrait compter parmi les techniques de travail de soi sur soi »[1] ?

Néanmoins, est en question non seulement le mode de l'intérêt que Foucault aurait accordé à la cure analytique, mais aussi, ou d'abord, la nécessité de cet intérêt. Car le développement de l'examen des pratiques du dire-vrai sur soi conduit Foucault à s'intéresser aux cyniques, qui entendent être par le mode de vie qu'ils adoptent les « témoins de la vérité », et à envisager la « pratique de la vraie vie » comme une tâche qui est à l'ordre du jour. Foucault confère à la singularité des cyniques la valeur d'un symbole, d'un signe de reconnaissance de ce que nous avons, ici et maintenant, à prendre en charge. « Le cynisme […] est la forme de philosophie qui ne cesse de poser la question : quelle peut être la forme de vie qui soit telle qu'elle pratique le dire-vrai »[2] ? Être interpellé par les cyniques, en reprenant à notre compte la question de « la vraie vie », signifie que la singularité cynique n'est pas seulement remarquable au sein de la série constituée par l'examen historique des pratiques de la véridiction. D'où la question : en serait-il de même de la cure analytique ? Ou, si Foucault laisse en suspens son examen, est-ce parce que son hypothétique singularité

1. « Entretien de Michel Foucault avec J. François et J. de Wit », 22 mai 1981 dans *Dits et écrits*, t. 2, *op. cit.*, texte n° 349, p. 1485. Foucault subordonne en fait le travail de soi sur soi à l'aveu, lui-même comprit comme « technique de contrôle » : « La psychanalyse n'est […] pas une science avant tout, c'est une technique de travail de soi sur soi fondée sur l'aveu. Dans ce sens, c'est également une technique de contrôle étant donné qu'elle crée un personnage se structurant autour de ses désirs sexuels. Ce qui n'implique pas que la psychanalyse ne puisse aider personne » (*ibid.*, p. 1484-1485).

2. M. Foucault, *Le courage de la vérité*, Leçon du 14 mars 1984, *op. cit.*,p. 216.

prend exclusivement place au sein de la série constituée par l'examen des auto-alèthurgies dont elle est une forme actuelle, quand l'archaïsme cynique de la vraie vie excède cette histoire ? Est-il paradoxal de soutenir qu'une pratique actuelle est rendue inactuelle par son inscription au sein de l'histoire des pratiques de vérité, quand une pratique inactuelle est portée à l'actualité par l'interpellation qu'elle enveloppe pour celui qui l'examine ? Et, à supposer qu'en lieu et place de ce jeu de bascule soit envisageable une analogie – poser qu'il en va de l'implication d'un sujet dans la cure analytique comme de l'interpellation par la pratique des cyniques –, la question porte sur le lien du corpus doctrinal freudien et de l'exercice de la parole et de l'écoute. Une fois dit que l'auto-alèthurgie rendue effective par la cure n'est pas la prise en vérité de thèses ou d'hypothèses, est-ce nécessairement par ce qui gravite autour d'« Œdipe » que le sujet, non pas accède à la vérité, mais se prend en vérité ? Ne faut-il pas neutraliser le théâtre familial et ses coulisses pour que le pacte discursif soit libérateur ? Et même si est neutralisée la dramaturgie familiale, est-il possible de couper le lien entre l'interpellation du sujet par la vérité et la demande qui lui est adressée de dire ce qu'il en est de son désir ? L'auto-alèthurgie analytique ne reste-t-elle pas tributaire de « cette injonction d'avouer, cette réquisition séculaire qui nous assujettit, nous autres hommes d'Occident, à tout dire de notre désir »[1] ? L'auto-alèthurgie analytique peut-elle être coupée d'une conduite d'aveu ?

1. M. Foucault, « Sorcellerie et folie », dans *Dits et écrits*, t. 2, *op. cit.*, texte n° 176, p. 90.

Un pacte discursif de vérité ou un pacte discursif libérateur? Ne faut-il pas envisager la cure analytique en d'autres termes que ceux d'une auto-alèthurgie? D'un côté, l'interpellation cynique est comprise par Foucault comme une modification remarquable de l'auto-alèthurgie, le dire-vrai sur soi étant porté à la qualité du témoignage de la « vraie vie ». Ne faut-il pas, d'un autre côté, envisager la pratique de l'écoute en neutralisant le courage de dire le vrai sur soi? Se constituer en sujet par un rapport discursif singulier, sans pour autant être sollicité de dire ce qu'il en est de soi, une affection discursive spécifique qui neutralise l'injonction de se prendre en vérité. Une « généalogie de l'écoute » serait possible, au sein de laquelle prendraient place les grands absents de l'examen des alèthurgies antiques – non pas au sens d'une lacune de l'examen, mais parce qu'ils sont nécessairement hors de son objet.

> [...] En plus de ses recherches poétiques, Antiphon de Rhamnunte composa un *Art de combattre la neurasthénie*, qui est comparable aux remèdes dont usent les médecins contre les maux physiques. À Corinthe, il ouvrit un cabinet donnant sur l'agora et fit circuler des prospectus indiquant qu'il était en possession de moyens permettant de guérir les gens affligés de douleurs en recourant au langage, et qu'il suffisait que les malades lui confient les causes de leurs maux pour qu'il les soulageât[1].

En déplaçant la question de la vérité vers celle de la puissance du discours, les sophistes ont sans

1. Antiphon le Sophiste, Fragment A 6 (= Pseudo-Plutarque, *Vie des orateurs*, I, 833c), trad. fr. J.-P. Dumont dans *Les Sophistes. Fragments et témoignages*, Paris, Puf, 1969, p. 161.

doute conféré un statut décisif à la « technique de la persuasion », sans pour autant inviter à comprendre la persuasion exclusivement comme un pouvoir exercé par celui qui sait capter la faveur du discours sur ceux qui, en subissant la « contrainte du discours », sont « ensorcelés » par cette captation. Par l'analogie de la considération des âmes et du traitement des corps avec celle des effets du *logos* et de ceux d'un *pharmakon*[1], Gorgias n'entend pas seulement que la puissance du discours, variable selon les sujets, est ambivalente – de même qu'un remède peut être un poison –, mais pose implicitement la question du lieu de la production des effets du discours : les tribunaux et les assemblées, sans aucun doute, également un lieu dans lequel la circulation des paroles a une efficace thérapeutique. Ne faut-il pas distinguer les lieux publics, dans lesquels l'usage de la technique de la persuasion a pour sanction la victoire et la défaite, et un lieu privé dans lequel la puissance du discours n'est pas pouvoir de l'un sur l'autre, mais modification des affections et des opinions : une captation de la puissance du discours par la circulation des paroles, non pas le déplacement d'un rapport de force ? Et si les sujets sont affectés par ce que le discours leur donne, et leur donnent par la circulation des paroles,

1. *Cf.* Gorgias, Fragment B 10 [14] (= Aristote, *Rhétorique*, III, 14, 1416 a) dans *Les Sophistes*, *op. cit.*, p. 88 : « Il existe une identité de rapport entre la force du discours relativement à l'ordonnance de l'âme et l'ordonnance des drogues [*tôn pharmakôn taxis*] relativement à la nature des corps. Car, de même que certaines drogues éliminent du corps certaines humeurs, et d'autres drogues d'autres humeurs, et peuvent mettre fin soit à la douleur, soit à la vie, de même aussi certains discours peuvent tantôt calmer, tantôt charmer, tantôt terroriser, tantôt plonger les auditeurs dans la hardiesse, tantôt, en recourant à la néfaste Peithô, droguer [*pharmakeuein*] l'âme et l'ensorceler ».

c'est qu'ils ne sont précisément pas sollicités à dire le vrai sur eux : être constitué en sujet par la puissance du discours, et non pas par un exercice de véridiction.

Est-il pertinent d'envisager la « subjectivation analytique » en d'autres termes que ceux d'une obligation de dire la vérité sur soi et de comprendre la pratique de soi comme une « libération », en s'abstenant d'associer celle-ci à « l'idée qu'il existe une nature ou un fond humain qui s'est trouvé, à la suite d'un certain nombre de processus historiques, économiques et sociaux, masqué, aliéné ou emprisonné dans des mécanismes, et par des mécanismes de répression »[1] ? Une généalogie de l'écoute, délestée de l'injonction de l'auto-alèthurgie inviterait à (ré)examiner ce qu'il en a été chez les Anciens de l'examen des représentations et de la pratique du silence, également de l'exercice de l'*exagoreusis*, l'exercice de verbalisation constante des pensées mis en place au IVe siècle par les chrétiens. Faut-il envisager une continuité entre le contrôle des représentations afin de décider si ne s'immiscent pas en elles des éléments d'origine passionnelle, l'exercice pris au sérieux par les stoïciens, et la verbalisation à laquelle le sujet est incité dans la cure ? Jusqu'à quel point soutenir l'affirmation : « Épictète entend surveiller sans cesse les représentations – une technique qui trouvera son apogée avec Freud »[2] ?

1. M. Foucault, « L'éthique du souci de soi comme pratique de la liberté », Entretien avec H. Becker, R. Fornet-Betancourt, A. Gomez-Müller, 20 janvier 1984 dans *Dits et écrits*, t. 2, *op. cit.*, texte n° 356, pp. 1528-1529.

2. M. Foucault, « Les techniques de soi », Université du Vermont, octobre 1982 dans *Dits et écrits*, t. 2, *op. cit.*, texte n° 363, p. 1621. Foucault met en fait la surveillance des représentations qu'Épictète invite à exercer en relation, non pas avec la conduite de la cure

Que se passe-t-il lorsque l'écoute n'est pas celle de l'élève qui, malgré sa disposition à recueillir une parole de vérité, est porté à la distraction[1], mais celle de l'être qui, par la distance du silence, est présent comme il convient à un discours qui peut être décousu ? Faut-il distinguer de l'écoute attentive de l'élève l'écoute « flottante » ou « équivalente » de l'analyste ? L'équivalence est-elle le mode de l'attention nécessaire à la construction d'un discours, non pas de vérité, mais de *catharsis*, à fois de « purgation » de troubles et de « purification » du rapport à soi ? Faut-il mettre en relation la continuité des séances d'une cure analytique avec l'exercice permanent de l'*exagoreusis*, qui vise à établir « un rapport de soi à soi, aussi ténu, aussi permanent, aussi analytique,

analytique, mais avec le statut que Freud attribue à la conscience au sein de l'appareil psychique. Dans la conférence prononcée le 21 octobre 1980 à l'Université de Berkeley sous le titre « Subjectivité et vérité », et reprise le 24 novembre à Dartmouth College sous le titre « Christianisme et aveu », Foucault, interrogeant la figure du changeur par laquelle Cassien glose l'examen permanent de soi que les moines doivent pratiquer, avait déclaré qu'« il est impossible de ne pas être frappé [...] par la ressemblance de cette image du changeur d'argent, avec plusieurs textes de Freud au sujet de la censure ». Mais, poursuit-il, « le changeur de Cassien est un opérateur de vérité à travers la *discretio* ; la censure freudienne est un opérateur de fausseté à travers la symbolisation » (dans *L'origine de l'herméneutique de soi*, Paris, Vrin, 2013, p. 81-82). Pas plus que dans la conférence de 1982, n'est visée, par « les relations entre le dispositif freudien et les techniques de spiritualité chrétiennes » (*ibid.*, p. 82), la conduite de la cure analytique.

1. Foucault explique que la règle du silence, qui avait cours dans les communautés pythagoriciennes – on était silencieux pendant cinq ans –, est chez les stoïciens une règle de l'audition des leçons, accompagnée chez les auditeurs de la manifestation de signes corporels de l'attention. *Cf. L'herméneutique du sujet*, Leçon du 3 mars 1982, *op. cit.*, p. 315 *sq.*

aussi détaillé que possible, rapport qui ne peut se faire et n'est efficace que dans la mesure où il est, d'un bout à l'autre, soutenu par une activité de discours »[1]? Mettre en rapport la cure analytique avec les deux caractères de l'aveu que sollicite l'*exagoreusis*, le tri que permettent la verbalisation des pensées et la présence silencieuse d'un tiers, serait-ce, une fois prise la mesure de ce qui est propre à « la subjectivation chrétienne [...] qui se caractérise d'une manière paradoxale par le lien obligatoire entre mortification de soi et production de la vérité de soi-même »[2], ramener l'énonciation par le sujet de ce qu'il en est de son désir à l'obligation de manifester la vérité sur soi? Ou serait-ce marquer une rupture dans la constitution du sujet, l'exercice analytique du « déchiffrement de soi » neutralisant le rapport de la vérité et du sacrifice de soi? Certes, Foucault tient à marquer la différence de l'herméneutique moderne de soi en ce qu'elle substitue une « figure positive de l'homme au sacrifice », mais, posant la question de la nécessité actuelle d'une herméneutique de soi, dont la faiblesse est de conférer un statut fondateur au soi, ou de chercher un fondement du soi, il ne se demande pas si la cure analytique rompt avec cet « anthropologisme »[3]. Faut-il

1. *Du gouvernement des vivants*, Leçon du 26 mars 1980, p. 301.

2. *Ibid.*, Leçon du 26 mars 1982, p. 303.

3. *Cf.* M. Foucault, « Christianisme et aveu » dans *L'origine de l'herméneutique de soi*, *op. cit.*, p. 90 : « Je crois que l'un des grands problèmes de la culture occidentale a été de trouver la possibilité de fonder l'herméneutique de soi non pas, comme c'était le cas dans le christianisme primitif, sur le sacrifice de soi, mais au contraire sur une émergence positive, sur l'émergence théorique et pratique, du soi. [...] Mais le moment vient peut-être pour nous de nous demander si nous avons vraiment besoin de cette herméneutique de soi. Peut-être le problème du soi n'est-il pas de découvrir ce qu'il est dans

rapporter la pratique discursive qu'est la cure analytique à l'herméneutique de soi ou penser que, rompant avec le présupposé d'une instance, sinon occulte, du moins occultée, elle envisage la constitution du sujet en termes, non pas de dévoilement de soi, mais de modification du rapport à soi ?

sa positivité, peut-être le problème n'est-il pas de découvrir un soi positif ou le fondement positif du soi ». Dans le débat qui fait suite aux conférences prononcées les 20 et 21 octobre 1980 à l'Université de Berkeley, Foucault déclare : « [...] L'hypothèse fondamentale de l'herméneutique de soi, qui est que nous devons trouver en nous-mêmes une vérité profonde qui est cachée et qui doit être déchiffrée comme doit l'être un livre, un livre obscur, un livre prophétique, un livre divin, je crois qu'il faut s'en débarrasser » (*ibid.*, p. 133).

CHAPITRE IX

LES DERNIÈRES PAROLES DE SOCRATE GLOSÉES PAR FOUCAULT

Le dire-vrai, le courage, la confiance

Citant l'article 340 du Livre IV du *Gai Savoir*, Michel Foucault est frappé par la « discrépance », la « contradiction » exprimée par Nietzsche entre la signification qu'il donne aux dernières paroles de Socrate dans le *Phédon* et ce qu'il sait de la vie et de l'enseignement de Socrate. « Il [Nietzsche] résout la contradiction en disant qu'en somme Socrate a craqué et qu'il a révélé ce secret, ce secret obscur qu'il n'avait jamais dit, démentant ainsi au dernier moment tout ce qu'il avait dit et fait »[1]. Or, selon Foucault, il n'y a pas de contradiction entre l'enseignement et les dernières paroles de Socrate, auxquelles il ne faut précisément pas donner la signification que leur donne Nietzsche, c'est-à-dire l'aveu selon lequel « la vie est une maladie ». L'hypothèse défendue par Foucault est qu'il est bien question de maladie et de guérison et que, si Asclépios est invoqué, ce n'est nullement pour signifier que la mort

1. M. Foucault, *Le courage de la vérité*, Leçon du 15 février 1984, *op. cit.*, p. 90-91.

est libératrice. D'où les questions : de quelle maladie est-il question ? En quoi consiste la guérison ? Pourquoi l'adoption d'une conduite sacrificielle au moment de mourir ?

> [...] La dernière parole de Socrate est singulièrement énigmatique, dès lors qu'il faut admettre que, d'une part l'offrande à Asclépios nous met très précisément à l'intérieur d'un rituel qui se réfère à la maladie et que, d'autre part, pour Socrate la mort ne peut pas être en elle-même considérée comme une guérison, parce que la vie ne peut pas en elle-même être une maladie. Quelle est donc cette maladie dont des gens ont été effectivement affranchis, libérés, ce pour quoi il faut un sacrifice[1] ?

Suivons le cheminement de Foucault. Tout d'abord, que la vie que Socrate mène ici ne puisse être considérée comme une « maladie » s'impose en fonction de l'affirmation, reprise de l'enseignement pythagoricien, selon laquelle « nous sommes dans la *phroura* »[2], terme que Socrate déclare « obscur et bien difficile à déchiffrer » et qui nous invite à comprendre, non pas que nous sommes ici comme des prisonniers, mais que nous sommes sous la garde des dieux, remis à leur sollicitude. De la mort, nous n'attendons pas qu'elle nous libère de la prison que serait la vie. Nous n'attendons pas non plus qu'elle nous guérisse de la maladie qu'elle serait, puisque, si la vie philosophique consiste à « éviter avec soin la société et le commerce du corps »[3], le détachement du

1. M. Foucault, *Le courage de la vérité*, Leçon du 15 février 1984, *op. cit.*, p. 93.
2. Platon, *Phédon*, 62b, cité par M. Foucault, *ibid.*, p. 91.
3. *Ibid.*, 67a, cité par M. Foucault, *ibid.*, p. 92.

corps est possible en cette vie. Il ne faut pas non plus oublier ce que Socrate déclare à ses juges : « Il n'y a pas de mal possible pour l'homme de bien, ni dans cette vie, ni au-delà, et les dieux ne sont pas indifférents à son sort »[1].

En deuxième lieu, Foucault procède par un détour, détour qu'il reprend de la glose que Dumézil consacre à l'examen de la même question dans l'étude qui venait de paraître, *Divertissement sur les dernières paroles de Socrate*, un détour par le *Criton.* Socrate refuse la proposition de ses amis de l'aider à s'évader de la prison. À l'argument selon lequel il serait déshonorant pour ses amis à l'égard des autres citoyens de n'avoir pas usé de tous les moyens pour le sauver, Socrate répond qu'est en cause le jugement sur lequel se régler pour décider de ce qui est ou non juste. De quelle opinion faut-il tenir compte ? De l'opinion de « tout le monde » ? La réponse de Socrate consiste à établir un rapport entre ce qui vaut pour le soin du corps et ce qu'il est bien de faire

> S'il est vrai, dit Socrate, que, dans l'ordre du corps, il faut bien suivre l'opinion de ceux qui savent, les maîtres de gymnastique qui sont capables de vous donner un bon régime, sans quoi on souffre mille morts, de la même façon, ne penses-tu pas qu'à propos, non plus du corps, de ce qui lui est utile ou nuisible, mais à propos du bien et du mal, du juste et de l'injuste, il faut faire la même chose[2] ?

1. Platon, *Apologie de Socrate*, 41d, cité par M. Foucault, *ibid.*, p. 93.

2. M. Foucault, *Le courage de la vérité*, Leçon du 15 février 1984, *op. cit.*, p. 95. Le passage glosé par Foucault est *Criton*, 46b *sq.*

D'où la question : s'il convient de ne pas se soucier de l'opinion de tout le monde pour ce qu'il en est du juste et de l'injuste, pas plus que s'agissant du régime de vie, quel est l'équivalent pour la décision quant au juste du recours à celui qui sait, ainsi le maître de gymnastique ? Réponse :

> C'est la vérité, dit-il, qui décide de ce qui est juste et injuste. […] C'est ainsi, en suivant la vérité, qu'on évitera cette détérioration/destruction de l'âme que provoque l'opinion de la foule. Nous avons là, à partir de la comparaison avec le corps, cette idée que l'âme est corrompue, détruite, détériorée, mise en mauvais état par des opinions qui n'auront pas été examinées, testées, éprouvées en termes de vérité. Et, bien sûr, cette maladie n'est pas à soigner par des moyens médicaux. Mais s'il est vrai qu'elle est produite par l'opinion fausse, l'opinion de tous et de n'importe qui, c'est l'opinion armée par l'*alêtheia*, c'est le *logos* raisonnable […] qui sera capable d'empêcher cette corruption ou de faire revenir l'âme de son état de corruption à un état de santé[1].

Il ne s'agit pas de demander au détour par le *Criton* plus qu'il ne peut procurer. Mais, si comparaison n'est pas raison, c'est-à-dire, si, « bien sûr », la maladie et la guérison de l'âme ne sont pas la maladie et la guérison du corps, manquent à tout le moins des éléments afin de parvenir à la reconnaissance d'une dette à l'égard d'Asclépios, dette à laquelle il est demandé à Criton de s'acquitter. « La comparaison utilisée par Socrate entre corruption du corps et détérioration de l'âme par

1. M. Foucault, *Le courage de la vérité*, Leçon du 15 février 1984, *op. cit.*, p. 96.

des opinions courantes semble bien indiquer en tout cas qu'on a là une certaine maladie. Et ce pourrait bien être la guérison de cette maladie dont il faut remercier Asclépios »[1]. En clair, nous sommes reconduits à la question posée avant le détour par le *Criton* : « Quelle est donc cette maladie dont des gens ont été effectivement affranchis, libérés, ce pour quoi il faut un sacrifice ? ». Une difficulté demande à être prise au sérieux : nous comprenons ce qu'il en est d'une « détérioration » du corps si le soin qu'il requiert se règle sur l'opinion de ceux qui ne savent pas, mais qu'en est-il d'une « détérioration » de l'âme si le soin qu'elle requiert se règle également sur l'opinion de ceux qui ne savent pas ?

Foucault a bien conscience de la difficulté et, tout en louant Dumézil, qui recourt à des textes qui ne sont pas de Platon – l'*Antigone* de Sophocle et l'*Agamemnon* d'Euripide – pour attester qu'« une opinion fausse est effectivement désignée par le nom de *nosos* (maladie) », alors même que, « dans le texte de Platon on ne peut pas trouver très clairement la formulation de cette corruption de l'âme comme maladie »[2], examine ce qu'il en est de la maladie et de la guérison de l'âme en fonction de ce qui est exposé dans le *Phédon*, afin, non seulement de donner un statut précis à la maladie et à la guérison de l'âme, mais aussi de les mettre directement en rapport avec le sacrifice final. Foucault fait valoir un double élément pour donner un statut à la maladie et à la guérison de l'âme. Le premier élément est le

1. *Ibid.*, p. 97.

2. *Ibid.* Voir la glose de Grorges Dumézil, *Divertissement sur les dernières paroles de Socrate* dans *Le moyne noir en gris dedans Varennes*, Paris, Gallimard, 1984, p. 155-157.

suivant : si la maladie de l'âme réside dans les opinions fausses, c'est que Platon use du verbe guérir (*iasthai*) pour qualifier leur réduction. Rapportant la manière dont Phédon rapporte la « réfutation » par Socrate des opinions de Simmias – qui soutient que l'âme ne subsiste pas plus à la disparition du corps que l'harmonie à celle de la lyre – et de Cébès – qui défend l'idée d'une durée de vie de l'âme, certes supérieure à celle du corps, mais soumise à l'usure –, Foucault reprend les termes par lesquels Phédon exprime son admiration pour Socrate – « il nous a guéri » – pour conclure : « Il y a donc bien dans le *Phédon* une guérison, la guérison opérée par Socrate de cette maladie en quoi consiste une opinion fausse »[1]. Le second élément est retenu de l'examen socratique de la misologie : ce n'est pas parce que le raisonnement peut conduire à des erreurs qu'il n'y a rien de sain dans le raisonnement. « Lorsque le raisonnement a l'air de nous conduire à un résultat qui n'est pas bon, en fait c'est nous qui ne sommes pas en bonne santé, car nous nous laissons envahir par le raisonnement faux »[2]. Ces deux éléments sont fragiles : la guérison de l'âme n'est « bien sûr » pas celle du corps, mais est ouverte la question de savoir en quoi consiste pour l'âme ce qu'est la guérison pour le corps, par-delà l'usage d'un terme commun. Dire qu'« une opinion mal formée est comme un mal qui atteint l'âme, la corrompt, la met hors de santé et dont il faut se guérir et […] que c'est le

1. M. Foucault, *Le courage de la vérité*, Leçon du 15 février 1984, *op. cit.*, p. 98. La discussion de Socrate avec Simmias et Cébès occupe dans le *Phédon* les passages de 85b à 86d (Simmias) et 86e à 88b (Cébès). L'admiration de Phédon est exprimée en 88d-89a.

2. *Ibid.*, Leçon du 15 février 1984, p. 99. Le passage consacré à la mimologie s'étend de 89c à 91a.

logos, le bon raisonnement qui obtient cette guérison »[1], c'est davantage nommer la difficulté que la réduire. La mise en rapport de la maladie et de la guérison avec le sacrifice dû à Asclépios est conséquemment fragile : suffit-il de dire que le rapport de l'opinion fausse et de sa réduction étant envisagé en termes de maladie et de guérison, l'invocation d'Asclépios est nécessaire ? Ou plutôt, il suffit bien de dire que les opinions fausses sont les maladies de l'âme pour invoquer Asclépios.

> Criton était atteint d'une maladie qui lui faisait croire qu'il valait mieux pour Socrate vivre que mourir. Cébès et Simmias étaient atteints de cette maladie qui leur faisait croire que si on meurt, on n'est pas certain de libérer une âme immortelle. Et je crois qu'on a, là, la confirmation que c'est bien ce genre-là de maladie pour la guérison de laquelle on doit un coq à Asclépios[2].

Laissons pour le moment en suspens l'incertitude affectant la compréhension de la maladie et de la guérison de l'âme.

Foucault glose « une dernière difficulté », liée à l'attribution aux opinions fausses du statut de maladie de l'âme. Pourquoi Socrate déclare-t-il : nous devons un coq à Asclépios ? Car, si le sacrifice est destiné à remercier le dieu pour la guérison de l'âme, Socrate n'est pas concerné, à la différence de Criton seul, ou des disciples réunis. Donc, ou bien : « tu dois un coq à Asclépios », ou bien : « vous devez un coq à Asclépios ». Par-delà les arguments présentés par Dumézil, Foucault défend l'hypothèse suivante : Socrate reconnaît être concerné

1. *Ibid.*
2. *Ibid.*, Leçon du 15 février 1984, p. 99.

par le sacrifice en l'honneur du dieu guérisseur en tant qu'il est réuni par le *logos* avec ses disciples. C'est par le discours que les opinions sont transmises et qu'est opérée la discrimination des bonnes et des mauvaises opinions. Les interlocuteurs ont en partage le *logos*, qui leur permet, par la confrontation des opinions, d'être mis en rapport avec la vérité, de telle sorte que Socrate est engagé par l'opération discursive qu'est la guérison.

> Le principe [...] de l'*homologia* (avoir le même *logos* que ceux avec lesquels on discute, c'est-à-dire admettre que la même vérité vaudra pour les uns et les autres, et signer, contracter cette espèce de pacte selon lequel, lorsqu'une vérité aura été découverte, tout le monde la reconnaîtra) se retrouve jusqu'à un certain point ici. [...] L'opération guérisseuse est comme une forme générale dans laquelle Socrate se trouve pris, même si, de fait, c'est lui qui mène cette opération[1].

Parvenu à ce point, Foucault interroge, ou semble vouloir interroger ce qui a été « faiblement » examiné par la convocation, d'une part du dialogue de Socrate, Simmias et Cébès, d'autre part de la misologie, c'est-à-dire le statut précis de la maladie et de la guérison en tant qu'elles sont de l'âme, par-delà l'application à l'âme de termes qui valent pour l'ordre du corps.

1. M. Foucault, *Le courage de la vérité*, Leçon du 15 février 1984, *op. cit.*, p. 100-101. Tels que Foucault les résume, les arguments de Dumézil sont les suivants : existe d'une part un lien de sympathie et d'amitié entre Socrate et ses disciples, de telle sorte que Socrate participe à la maladie de l'un d'eux; d'autre part, malgré son « endurance à tenir la vérité », Socrate reconnaît qu'il aurait pu se laisser convaincre par une fausse opinion, ainsi celle du bienfait que serait son évasion. Socrate est donc engagé, sinon comme ses disciples, du moins avec eux, par la reconnaissance de ce qui est dû à Asclépios.

« Il faut poser la question : quelle est cette guérison, quelle est cette activité par laquelle Socrate a été guéri, lui et ses disciples, avec l'aide du dieu qu'il faut remercier »[1] ? C'est, remarquons-le, la troisième fois que la question est posée. Pourquoi dire que Foucault semble vouloir interroger ce qu'ont en propre la maladie et la guérison en tant qu'elles sont de l'âme ? Parce qu'en disqualifiant une compréhension rétrospective, anachronique et intempestive de la maladie et de la guérison, Foucault fixe à l'examen un « champ général » historique.

> Il n'y a pas de sens à se demander, comme certains seraient peut-être tentés de le faire, si cette opération de guérison, c'est de la médecine, ou déjà quelque chose comme de la psychiatrie, si vraiment les Grecs, Socrate, pensaient ou non que ce genre d'erreur puisse être considéré comme une maladie mentale. Ce n'est pas dans cet *a posteriori* anachronique que l'on peut découvrir de quoi il s'agit. Il vaut mieux essayer de replacer cette opération de guérison, à laquelle Socrate fait allusion plusieurs fois, dans le champ des pratiques où elle pouvait figurer, pour les Grecs en général et Socrate en particulier. Et ce champ général des pratiques, c'est précisément tout ce qui est appelé « *epimeleia* »[2].

Pourquoi suffit-il de prendre en compte l'usage des termes de maladie, guérison et santé s'agissant de l'âme ? Parce que la cible de l'examen est l'*epimeleia* en tant qu'elle définit chez les Grecs une pratique homogène et diversifiée par les modes et les lieux de son intervention. Est à l'ordre du jour la considération de

1. *Ibid.*, Leçon du 15 février 1984, p. 101.
2. *Ibid.*

« ce dont fait partie » l'opération discursive en rapport avec la reconnaissance de la dette à l'égard d'Asclépios, demeurant néanmoins ouverte la question de savoir si la spécificité de ce à quoi Socrate est engagé par le *logos* est ainsi comprise ou réduite.

> La guérison dont parle Socrate ici fait partie de toutes ces activités par lesquelles on s'occupe de quelqu'un, on le soigne s'il est malade, on veille à son régime pour qu'il ne soit pas malade, on lui prescrit des aliments qu'il doit prendre ou les exercices qu'il doit accomplir, par lesquelles aussi on lui indique quelles sont les actions qu'il doit faire et celles qu'il doit éviter, par lesquelles on l'aide à découvrir quelles sont les opinions vraies qu'il faut suivre et les opinions fausses dont il faut se garder, c'est ce par quoi on le nourrit de discours vrais. Tout cela relève de l'*epimelesthai*[1].

Nous pouvons répondre à la question de la spécificité de la pratique socratique en fonction de la notion de soin ou de souci : si Socrate prend soin des autres, c'est qu'il prend soin de lui, c'est-à-dire de son âme; s'il prend soin de lui, c'est que les dieux prennent soin de lui – il est sous leur garde –; et prendre soin des autres, c'est veiller à ce qu'ils prennent soin d'eux-mêmes. D'où les paroles adressées aux disciples, que Foucault présente comme « le testament de Socrate, sa dernière volonté » : « Faites ce que je vous dis sans cesse, […] ce n'est rien de nouveau, […] ayez le souci de vous-mêmes »[2]. Le « petit supplément » constitué par l'évocation de ce qui est dû au dieu guérisseur noue le souci de soi avec la

1. M. Foucault, *Le courage de la vérité*, Leçon du 15 février 1984, *op. cit.*, p. 101.

2. Platon, *Phédon*, 115b, cité par M. Foucault, *ibid.*, p. 103.

protection divine. Nous reconnaissons que par le soin que nous avons pris à nous délivrer des opinions fausses, nous sommes sous la protection des dieux, mais aussi, en convoquant Asclépios, que cette délivrance est une guérison. Et ne pas s'acquitter de cette dette serait une « négligence » : nous manquerions à ce que nous nous devons si nous ne comprenions pas en termes de guérison ce à quoi nous nous appliquons par le discours. Ne disons donc pas qu'il est incertain eu égard à ce que sont en propre la maladie et la guérison de l'âme d'en appeler à l'usage de termes qui valent pour l'ordre des corps : en prenant au sérieux la notion d'*epimeleia*, nous sommes rendus attentifs à ce qu'il en est de la pratique discursive socratique.

Pourquoi Foucault s'intéresse-t-il aux dernières paroles de Socrate ? Pourquoi prendre au sérieux la maladie qu'est, non pas la vie de l'âme incorporée en attente de sa libération ou de sa délivrance par la mort, mais la vie de l'âme gâtée ou endommagée par les opinions fausses ? Pourquoi comprendre la pratique discursive socratique en termes de guérison, c'est-à-dire comme une forme spécifique d'*epimeleia* ? L'hypothèse de Foucault est que, dans « ce qu'on peut appeler le cycle de la mort de Socrate », objet de *L'apologie de Socrate*, du *Criton* et du *Phédon*, « c'est du rapport entre vérité de soi et oubli de soi qu'il [est] question », série qui « constitue un ensemble très serré dont les fils s'entrecroisent [...], [qui] traversent en permanence ces trois textes, et [...] viennent se nouer une dernière fois dans les deux dernières recommandations de Socrate [que les disciples aient le souci d'eux-mêmes et qu'ils ne négligent pas de s'acquitter de ce qu'ils doivent à

Asclépios] »[1]. Comment la glose du *Phédon* est-elle en rapport avec celle de *L'apologie de Socrate*? Foucault établit un lien entre le début de la plaidoirie de Socrate, qui déclare que ceux qui le mettent en accusation, habiles à parler, parviendraient presque à lui « faire oublier ce qu'il est », et le terme de l'échange avec les disciples, la demande de ne pas être négligent, de ne pas oublier ce qui est dû à Asclépios. Dans les deux cas, est en cause le souci de soi, et si la glose du *Phédon* permet de comprendre que le souci puisse porter sur l'animal offert au dieu guérisseur, la glose de l'*Apologie*, dont part Foucault, met en rapport le souci de soi avec le « courage de dire vrai ».

Après être remontés de la glose du *Phédon* à celle de l'*Apologie*, remontons à ce qui commande la convocation du « cycle de la mort de Socrate », c'est-à-dire la problématisation de la *parrêsia*. Qu'est-ce qui est demandé à l'étude du franc-parler, comme mode du dire-vrai ? L'examen sépare, d'une part les « structures propres aux différents discours qui se donnent et sont reçus comme discours vrais », d'autre part les « types[s] d'acte par lequel le sujet, disant la vérité, *se manifeste* […], se représente à lui-même et est reconnu par les autres comme disant la vérité ». Distinguons une analyse « épistémologique » et l'étude des formes « alèthurgiques » des discours[2]. Foucault explique pourquoi l'attention a été concentrée sur l'objet qu'est la constitution par lui-même et par les autres du sujet, comme « sujet tenant un discours de vérité ». C'est

1. M. Foucault, *Le courage de la vérité*, Leçon du 15 février 1984, *op. cit.*, p. 69 et p. 104.

2. *Ibid.*, Leçon du 1er février 1984, p. 4-5.

qu'il est sans doute nécessaire, mais aussi insuffisant d'envisager le rapport de la vérité et du sujet en cherchant à identifier les discours par lesquels est dite, est tenté d'être dite, ou est supposée être dite la vérité sur les sujets, ainsi les discours qui qualifient les sujets comme « fous » ou comme « délinquants », également les discours qui constituent en objets de savoir « le sujet parlant, le sujet travaillant, le sujet vivant ». À côté de cet examen qui envisage, non pas en général les structures formelles des discours définis par une prétention à la vérité, mais les types de discours qui ont pour ambition d'énoncer la vérité du sujet, Foucault envisage les modes du discours que le sujet tient sur lui-même en tant que le rapport qu'il entretient avec lui-même est énoncé en termes de vérité. Que veut dire l'injonction : « Il faut dire vrai sur soi-même » ? Que veut dire ? Comprenons : sous quelles « formes culturellement reconnues et typées », par quelles « pratiques historiques », le dire-vrai sur soi-même est-il recommandé, prescrit, formulé, développé, sanctionné ? Le cadre de l'examen ainsi fixé, Foucault envisage un champ et une cible. Le champ est constitué par l'Antiquité gréco-romaine, la cible par le principe de l'*epimeleia heautou*, du souci de soi, en tant que la mise en œuvre du principe suppose une pratique du discours vrai qui requiert le rapport avec un autre, « l'autre qui écoute, l'autre qui enjoint de parler et qui parle lui-même »[1]. La *parrêsia* est le mode par lequel un sujet intervient pour qu'un autre sujet dise ou puisse dire la vérité sur lui-même. La notion reçoit une double qualification : elle est d'une part un « acte de vérité », un engagement à dire-vrai de la part de celui qui noue une

1. *Ibid.*, p. 7.

relation avec un tiers, d'autre part et solidairement un engagement risqué qui peut avoir pour effet de dénouer le lien, voire de mettre en péril la vie de celui qui fait preuve de courage. La relation de celui qui s'engage à dire la vérité et de celui qui est disposé à l'entendre, qui peut aussi ne pas l'accepter, constitue « une espèce de pacte » qui prend des formes multiples, concernant par exemple Démosthène haranguant les Athéniens, Platon conseillant Denys, ou Sénèque écrivant à Lucilius.

Foucault construit une matrice du dire-vrai qu'il déclare « schématique », ou trace un quadrilatère dont les sommets sont constitués par la *parrêsia*, la prophétie, la sagesse et l'enseignement, qui impliquent des figures, des objets et des modes de parole distincts, quadrilatère dont il va user pour donner un statut à la figure de Socrate[1]. Ainsi, si le prophète est reconnu par les autres comme un sujet qui énonce la vérité, il est un intermédiaire supposé transmettre aux hommes une vérité d'origine divine, une vérité concernant ce qui arrivera et qui échapperait aux hommes sans sa médiation, une vérité communiquée par le recours à l'équivoque de l'énigme. Le parrèsiaste, lui, parle en son nom propre, et non pas comme messager divin ; il ne prétend pas lever le voile du futur ni n'use d'énigme, mais entend aider ceux auxquels il s'adresse pour qu'ils se décident en fonction du souci qu'ils ont, ou plutôt n'ont pas eu d'eux-mêmes, et parle clairement afin que sa parole comporte une valeur prescriptive. Même si le sage peut être inspiré par un dieu ou recevoir de la tradition la vérité qu'il transmet, il parle, comme le parrèsiaste, en son nom propre. Mais, à la différence de

1. *Cf.* M. Foucault, *Le courage de la vérité*, Leçon du 1er février 1984, *op. cit.*, p. 15 *sq.*

ce dernier, il se tient en retrait des hommes – Foucault se réfère à la figure d'Héraclite, telle qu'elle est présentée par Diogène Laërce – et ne rompt le silence que sur la sollicitation de tiers, qui en appellent à lui, non pas pour qu'il les aide à se déterminer dans une situation précise, mais pour qu'il leur expose ce qu'il en est des choses ou leur donne des principes de conduite, sans pour autant qu'il soit usé d'un discours aisément compréhensible. Sous ces rapports, le sage et le parrèsiaste s'opposent : la charge du conseil face au silence du retrait, la clarté du discours face à la parole obscure, l'urgence de la prescription face au discours général. Quant à la véridiction du technicien, de celui qui détient un savoir-faire, une compétence qui a été mise en pratique et a fait ses preuves, elle se rapproche de la véridiction du parrèsiaste : l'un et l'autre ont pour ambition de transmettre en termes clairs une vérité importante pour celui auquel elle est communiquée. Mais le parrèsiaste se distingue du technicien par l'élément du risque : celui qui enseigne et celui qui apprend sont tenus l'un à l'autre par le dire-vrai, qui est l'occasion d'une rupture du lien qui unit celui qui prodigue et celui qui reçoit des conseils. Où placer Socrate ? Sa véridiction ne porte ni sur le destin – à la différence du prophète –, ni sur ce que sont les choses – à la différence du sage –, ni sur une compétence – à la différence du technicien –, ni sur une décision urgente, voire périlleuse – à la différence du parrèsiaste. Il tient néanmoins à la prophétie par la mission qu'il a reçue des dieux, à la sagesse par le retrait et l'endurance, à l'enseignement par le soin mis à s'assurer de la compréhension de ce qu'il communique. Mais surtout, Socrate définit une *parrêsia* spécifique, qui noue l'un avec l'autre le dire-vrai de soi et le dire-vrai à l'autre : être au service des autres, c'est les inviter à avoir le courage de se soucier d'eux-mêmes, c'est-à-dire à se rapporter à eux comme il se rapporte à lui, selon ce qu'est l'âme.

La *parrêsia* socratique est spécifique en se distinguant de la *parrêsia* politique : Socrate ne donne pas de conseils à la cité en participant à ses instances délibératives et en risquant la mort pour lui dire la vérité, alors que Solon s'adresse à la cité comme simple citoyen pour s'opposer à la volonté de Pisistrate d'exercer la tyrannie en déclarant : « Je suis plus sage que ceux qui n'ont pas compris les mauvais desseins de Pisistrate, et je suis plus courageux que ceux qui les connaissent et se taisent par peur »[1]. Certes, Socrate a accepté de courir le risque de la mort à deux reprises, lorsque, convoqué sous la démocratie à être pritane quand est venu le tour de sa tribu d'exercer la pritanie, il s'oppose à la volonté de l'Assemblée de condamner les généraux des Arginuses, et lorsque, sous le gouvernement des Trente, il refuse d'obéir à l'ordre de procéder à l'arrestation de Léon de Salamine. Mais, si Socrate déclare qu'il s'abstient de donner des conseils à la cité parce qu'« il n'est aucun homme qui puisse éviter de périr pour peu qu'il s'oppose généreusement par de nobles raisons à […] l'assemblée populaire, et pour peu qu'il s'attache à empêcher, dans sa cité, les injustices et les illégalités »[2], ce n'est pas qu'il refuse de dire publiquement la vérité à ses concitoyens

1. Diogène Laërce, *Vies, doctrines et sentences des philosophes illustres*, Livre I, § 49, cité par M. Foucault, *Le courage de la vérité*, Leçon du 15 février, *op. cit.*, p. 70.

2. Platon, *Apologie de Socrate*, 31d-e, cité par M. Foucault, *ibid.*, p. 71.

par manque de courage – il en fait la preuve –, c'est qu'il envisage autrement le courage de dire le vrai : être utile à la cité, c'est accomplir la mission que le dieu lui a confiée en prenant en charge un certain exercice du dire-vrai, une *parrêsia* que Foucault nomme « éthique ».

> [...] La mission de Socrate [...] [est] très différente, dans son déroulement, sa forme et son objectif, de la *parrêsia* politique, de la véridiction politique. [...] Elle a une autre forme, un autre objectif. Cet autre objectif, c'est [...] de faire en sorte que les gens s'occupent d'eux-mêmes, que chaque individu s'occupe de soi en tant qu'être raisonnable ayant, à la vérité, un rapport fondé sur l'être même de son âme. Et c'est en cela que l'on a maintenant une *parrêsia* sur l'axe de l'éthique. La fondation de l'*êthos* comme étant le principe à partir duquel la conduite pourra se définir comme conduite raisonnable en fonction même de l'être de l'âme, c'est bien de cela qu'il est question dans cette nouvelle forme de *parrêsia*[1].

Tel est le résultat auquel Foucault parvient après avoir dessiné le quadrilatère des figures de la véridiction et avoir examiné la conduite de Socrate exposée dans *L'apologie*, donc avant d'engager la lecture du *Phédon.*

Pourquoi avoir inversé l'ordre de la lecture? Pourquoi avoir considéré la lecture que Foucault propose du *Phédon* avant d'avoir envisagé les protocoles de la lecture, c'est-à-dire la problématisation de la *parrêsia*? Posons la question en ces termes : comment comprendre l'absence du terme *parrêsia* dans le *Phédon*, alors que le terme et la notion sont souvent présents dans les

1. M. Foucault, *Le courage de la vérité*, Leçon du 15 février 1984, *op. cit.*, p. 79-80.

dialogues de Platon, tout spécialement dans le *Lachès*, dans lequel « une sorte de pacte parrèsiastique [...] est explicitement formulé au début du dialogue »[1] ? La glose des dernières paroles de Socrate bute sur la difficulté d'envisager la présence dans l'âme de fausses opinions en termes de maladie et, corrélativement, leur résorption en termes de guérison. Cette difficulté, que Dumézil réduit par la convocation d'un corpus qui n'est pas platonicien, Foucault la réduit, en première instance par la référence à deux moments du dialogue, en seconde instance par la problématisation de l'*epimeleia* : la résorption des fausses opinions est une forme spécifique du souci de soi, ou de ce qui est proprement soi, l'âme. La prise au sérieux de la famille sémantique et des modes d'usage de l'*epimeleia* constitue le fil rouge de la lecture que Foucault propose du *Phédon.* S'agissant de la *parrêsia*, l'absence du terme ne signifie évidemment pas que le dire-vrai adressé par Socrate aux disciples n'est pas à l'œuvre dans le *Phédon.* Mais comment comprendre l'articulation de la *parrêsia* et de l'*epimeleia heautou*? Selon quels modes Socrate reconnaît-il être engagé à l'égard des disciples ? Sous quelles formes s'acquitte-t-il de la dette qu'il a contractée à leur égard étant donné la mission qui lui a été confiée ? L'idée est qu'il convient, non seulement de développer, mais aussi de reprendre la glose proposée par Foucault. L'idée est également que la distinction, posée au départ, des considérations « épistémologique » et « alèthurgique » des discours demande à être réexaminée.

1. M. Foucault, *Le courage de la vérité*, Leçon du 22 février 1984, *op. cit.*, p. 113.

Développer la glose de la *parrêsia* socratique proposée par Foucault, c'est aller au-delà de la compréhension de l'*homologia* à laquelle se tient Foucault, celle d'une « espèce de pacte selon lequel, lorsqu'une vérité aura été découverte, tout le monde la reconnaîtra »[1]. À la toute fin du cours de l'année précédente, Foucault, commentant le *Gorgias*, déclare que l'*homologia*, l'identité de discours chez deux interlocuteurs, constitue une « épreuve de vérité » aux conditions suivantes : si ce que dit l'un peut être dit par l'autre, c'est que l'un et l'autre pensent qu'est vrai ce qu'ils disent, c'est aussi qu'ils sont liés l'un avec l'autre par un sentiment de bienveillance et font l'un et l'autre preuve de courage. L'*epistemê*, l'*eunoia* et la *parrêsia* sont impliquées par l'*homologia*, qui distingue le dialogue socratique de « la rhétorique, c'est-à-dire cet usage du langage qui permet de l'emporter sur les autres et de les réunir, par persuasion, à l'unité [d'un] commandement, dans la forme [d'une] supériorité affirmée »[2]. Or, l'*homologia* reçoit bien dans le *Phédon* le statut d'un pacte ou d'un engagement, mais ne sont pas seulement en cause les conditions requises pour que le discours mené en commun soit le lieu de l'entente, et non pas l'instrument de la supériorité de l'un sur l'autre : reconnaître être engagé par le *logos*, c'est pour les interlocuteurs reconnaître devoir se conduire conformément à ce qui a été scellé par le discours. C'est pourquoi Socrate déclare aux disciples qu'ils n'ont pas à l'heure de sa mort d'engagement à prendre pour se conduire en ayant le souci d'eux-mêmes, parce que le

1. M. Foucault, *Le courage de la vérité*, Leçon du 15 février 1984, *op. cit.*, p. 100.

2. M. Foucault, *Le gouvernement de soi et des autres*, Leçon du 9 mars 1983, *op. cit.*, p. 344. Foucault commente *Gorgias*, 486d *sq.*

pacte qu'ils ont conclu avec Socrate vaut ou doit valoir pour la conduite qui sera la leur après sa mort.

> C'est en ayant souci de vous-mêmes que tout ce que vous pourrez faire procurera de la joie, à moi et aux miens, et à vous aussi, même si à présent vous ne prenez pas d'engagement [*kan mê nun homologêsête*]. Mais si vous n'avez pas souci de vous-mêmes, si vous n'acceptez pas de vivre en suivant, comme à la trace, ce que nous avons dit aujourd'hui et dans le passé, alors, même si vous avez pris tous les engagements possibles, en y mettant, dans la circonstance présente, toute l'intensité possible, vous n'en serez pas plus avancés[1].

Pourquoi les disciples n'ont-ils pas à exprimer maintenant l'engagement de se conduire en ayant le souci d'eux-mêmes? Si suffit le consentement – ce que signifie également l'*homologia* – que les disciples ont donné au discours mené en commun sur le souci de soi, ce n'est pas que le consentement passé constitue une garantie, c'est que Socrate donne sa confiance, alors même que les disciples peuvent ou pourront ne pas être à la hauteur de ce que leur demande l'*epimeleia heautou*. La *parrêsia* socratique est spécifique, non seulement en ce que, investi par les dieux, Socrate énonce aux disciples comment ils ont à se conduire étant donné ce qu'est l'âme, mais aussi en ce qu'il est l'être de la *pistis*, de la confiance, dont est solidaire l'appel au courage : la condition pour que la confiance de Socrate ne soit pas déçue est que les disciples ne se laissent pas abattre. Or, le courage semble précisément manquer aux disciples qui se laissent envahir par l'affliction et laissent couler

1. Platon, *Phédon*, 115b-c, trad. fr. de M. Dixsaut, GF-Flammarion, 1991, p. 304-305.

les larmes, comme s'ils n'avaient pas compris, non seulement ce qu'ils doivent à Socrate – qu'il leur a transmis comment se conduire –, mais aussi qu'ils lui doivent la sérénité dont lui-même fait preuve.

> « Mais que faites-vous donc ? Vous êtes vraiment étonnants ! Enfin, si j'ai renvoyé les femmes, c'est surtout pour cette raison, pour éviter semblables fausses notes ! Car j'ai entendu dire qu'il faut mourir avec des paroles de bon augure. Allons, restez calmes, et ayez du courage ». Alors, pris de honte, nous réussîmes à nous retenir de pleurer[1].

Ces paroles sont les dernières avant la prière ultime de ne pas négliger ce qui est dû à Asclépios. Par celle-ci, Socrate affirme être lié avec ses disciples par ce qui les engage, eux et lui, à l'égard des dieux ; par celles-là, Socrate affirme que les disciples doivent reconnaître être liés avec lui par ce qui les engage à l'égard d'eux-mêmes. Placer la confiance du côté de Socrate et le courage du côté des disciples, c'est envisager une remarquable inversion de la charge du courage. Le courage n'est pas relié au devoir de dire le vrai aux disciples, puisque l'entente est établie par le *logos*. En revanche, le courage est relié à l'écoute du dire-vrai, qui risque de ne pas être entendu par des êtres d'affects, et non seulement de raison. Si le lien peut être rompu, ce n'est pas que les auditeurs risquent de se détourner de celui qui leur parle. Ou plutôt, si les auditeurs se détournent de celui qui leur parle, c'est qu'ils se détournent d'eux-mêmes, de ce qu'ils se doivent s'ils ont pris en vérité la parole. Pour Socrate, le danger ne vient pas de ceux avec lesquels il est engagé par le *logos*, mais de ceux qui, extérieurs au

1. *Ibid.*, 117e, p. 308.

lien discursif, ne comprennent ni la mission divine ni le bienfait humain du discours de vérité.

Il y a davantage à retenir de l'élément de la confiance. La confiance ne scelle pas seulement le rapport de celui qui doit la vérité et de ses disciples, rapport qui n'est pas exclusivement discursif mais pratique – avoir confiance dans la conduite qui sera celle des disciples – ; la confiance scelle aussi le rapport des interlocuteurs avec ce qui est visé par le *logos*, l'immortalité de l'âme. Que veut dire nous entendre sur ce qu'il en est de l'âme ? Considérer que l'affirmation de l'immortalité de l'âme est un *kalos kindunos*. Un risque qui vaut la peine d'être couru, non pas parce que nous avons de « nombreuses chances » de gagner, mais parce que nous engageons ce qui est décisif : affirmer que l'âme est immortelle, c'est comprendre que le souci que nous avons ici de notre âme est sans équivalent, sans commune mesure avec les autres occupations, celles qui donnent du prix au corps.

> [...] C'est exactement pour ces raisons (celles que je viens d'exposer) qu'il faut tout mettre en œuvre pour, en cette vie, participer à l'excellence et à la pensée : le prix à remporter est beau et l'espérance noble. Certes, prétendre à toute force qu'il en va exactement comme je viens de le dire, cela ne convient pas à un homme qui a quelque intelligence. Mais qu'il en aille ainsi, ou à peu près ainsi, de nos âmes et de leurs séjours – si du moins l'âme est vraiment une chose immortelle – voilà au contraire, me semble-t-il, ce qu'il convient de soutenir, voilà le risque que doit courir celui qui croit qu'il en est ainsi. Car c'est un risque qui vaut la peine d'être couru[1].

1. Platon, *Phédon*, 114c-e, *op. cit.*, p. 303.

L'immortalité de l'âme n'est pas une « thèse » qui garantirait le sérieux du souci de soi, mais « l'hypothèse » qui, tout en donnant un sens au souci de soi, reçoit par lui en retour, non pas une garantie, mais un témoignage : c'est comme si l'épreuve de l'âme, l'application de l'âme à se détacher du corps et à se concentrer sur elle, guidée par l'affirmation de son immortalité, valait aussi pour la preuve qu'elle n'est pas. Certes, est en question l'homogénéité du discours portant sur l'immortalité de l'âme, c'est-à-dire la possibilité de tracer une ligne de démarcation entre ce qui relève d'un discours rationnel, « inébranlable », et ce qui relève d'un discours « vraisemblable », du discours convenable étant donné ce qui est considéré. À quel moment le *logos* est-il pris en relais par le *muthos* ? Le discours « narratif » visant le séjour des âmes dans l'Hadès est selon le vraisemblable. Mais, en deçà de cette « histoire », le discours visant la déliaison de l'âme lors de la décomposition du corps est déjà du ressort du vraisemblable. « Quand la mort approche l'homme, c'est vraisemblablement ce qu'il y a de mortel en lui qui meurt, mais ce qu'il y a d'immortel s'éloigne et s'en va, intact et sans corruption, après avoir cédé la place à la mort »[1]. Est du ressort du *logos* le discours argumentatif visant la distinction des propres de l'âme et du corps, la distinction de l'immortel et du mortel, de l'intelligible et du non-intelligible, de ce dont la forme est une et de ce dont la forme est multiple, de ce qui est indissoluble et de ce qui est sujet à se dissoudre, de ce qui demeure identique à soi et de ce qui ne demeure pas identique à soi, discours qui établit que l'âme est « apparentée » à la première espèce et le corps

1. *Ibid.*, 106e, p. 291.

à la seconde[1]. Mais pourquoi Socrate juge-t-il opportun de déclarer à l'issue du discours visant le séjour des âmes dans les demeures d'Hadès : « si du moins l'âme est immortelle », reprenant ce qu'il a énoncé avant d'en venir à ce « récit », et pour rendre raison de la nécessité de recourir à ce discours : « Si vraiment l'âme est immortelle, elle réclame certainement qu'on prenne soin d'elle non seulement pour ce temps que dure ce que nous appelons vivre, mais pour la totalité du temps, et il y aurait dès lors, semble-t-il, un risque terrible à ne pas prendre soin d'elle »[2] ? Même pour ceux qui, réunis par le *logos*, établissent ce qu'est l'âme, la proposition théorique qu'est l'immortalité de l'âme est convertie en position pratique, en règle de conduite par les éléments du risque et de la confiance : il faut prendre sur nous le danger et être guidé par l'espérance de la vie de l'âme après sa déliaison d'avec le corps.

Par la réunion de la *pistis*, la confiance exprimée par celui qui dit ce qu'est l'âme à égard de ceux qui ont à se conduire conformément au discours, du *tharros*, le courage d'affirmer la valeur du discours sur l'âme pour se conduire, et de la *megalê elpis*, l'espérance en la vie de l'âme désincorporée, est exprimée la spécificité du rapport qui unit celui qui est au service de tiers et de ceux qui bénéficient de la vérité qu'il leur délivre : la confiance est celle de Socrate à l'égard de ceux qui auront le courage de ne pas être négligents, et ceux-ci ont le courage de donner leur confiance à la vérité de ce qui est dit et de se conduire conformément à cette vérité. Le cercle n'est pas seulement celui de la thèse

1. Platon, *Phédon*, 78b-80b, *op. cit.*, p. 239-243.
2. *Ibid.*, 107c, p. 292.

de l'immortalité de l'âme et de la conduite guidée par le souci de soi, il est aussi celui de la confiance et du courage : confiance dans le courage de l'autre et courage d'avoir confiance en soi et dans le discours de l'autre sur soi.

Revenons à la distinction des deux modes de l'examen, l'analyse des « structures épistémologiques » et des « formes alèthurgiques » des discours. Nous comprenons que Foucault neutralise l'attention portée sur le rapport du souci de soi et de l'immortalité de l'âme, parce qu'il ne s'agit pas d'envisager le mode d'établissement de la proposition, l'argumentation développée, la formulation, l'examen et la réduction d'objections : n'est pas en question la prétention à la vérité de la proposition selon laquelle l'âme est immortelle. Ou plutôt, la prétention à la vérité de la thèse est prise au sérieux comme pratique de véridiction, c'est-à-dire pour les modes du rapport que des sujets entretiennent avec eux-mêmes et avec des tiers comme « sujets disant la vérité », non seulement comme sujets disant la vérité à eux-mêmes et à des tiers, mais comme sujets disant la vérité sur eux grâce à l'intervention de tiers. Au terme de l'examen, Foucault noue le courage socratique à dire-vrai – qui l'expose à la mort –, la provocation des autres à se soucier d'eux-mêmes et le souci des dieux pour les hommes afin qu'ils se soucient d'eux-mêmes en conférant au sacrifice dû à Asclépios le statut d'un nœud symbolique.

> Tous ces fils viennent se nouer une dernière fois dans ce sacrifice du coq. C'est cette mission, concernant le soin de soi-même, qui a conduit Socrate à la mort. C'est ce principe du « s'occuper de soi-même » qu'il lègue, par-delà sa mort, aux autres. Et c'est aux dieux,

bénéfiques pour ce soin de soi-même, qu'il adresse sa dernière pensée[1].

Qu'est-ce qui nous surprend dans la neutralisation de l'intérêt accordé à l'immortalité de l'âme ? Non pas que Foucault laisse en suspens le mode d'examen, d'établissement et de discussion de la proposition, mais qu'il ne fasse pas intervenir le rapport établi par les interlocuteurs avec la proposition pour élucider le rapport qu'ils établissent entre eux comme sujets réunis par la vérité. Foucault est silencieux au sujet du risque qu'est l'affirmation de l'immortalité de l'âme, le risque considéré par Foucault étant celui de la mort chez l'être qui a la prétention de dire-vrai. Foucault est également silencieux s'agissant du courage d'affirmer l'immortalité de l'âme, le courage considéré par Foucault étant celui de dire-vrai, également celui d'être à la hauteur de l'injonction de se soucier de soi. Et Foucault n'examine pas comment la confiance intervient au sein du pacte qui lie les interlocuteurs. Or, le risque et le courage visent aussi l'immortalité de l'âme, et c'est elle qui est en cause dans la confiance exprimée par Socrate. L'immortalité de l'âme n'est pas seulement l'objet du discours de vérité, elle est étroitement reliée à l'acte de dire-vrai, ainsi qu'aux conditions et aux conséquences de sa réception.

Il faut distinguer la résistance à l'admission de l'immortalité de l'âme et les objections opposées à son établissement. Celles-ci, ainsi les thèses défendues par Simmias et Cébès, sont intégrées à l'examen et leur discussion contribue à l'approfondissement de la compréhension de ce qu'est l'âme.

1. M. Foucault, *Le courage de la vérité*, Leçon du 15 février 1984, *op. cit.*, p. 105.

> Si […] l'un des points évoqués […] fait difficulté, n'hésitez pas à dire ce que vous avez à dire, à reprendre la recherche selon une méthode qui vous paraîtra meilleure et à me prendre à votre tour comme collaborateur, si vous pensez qu'avec mon aide il y aura un peu plus de chances de sortir de ces difficultés[1].

Celle-là, frontale et non pas ponctuelle, est aussi le fait de ceux qui donnent leur consentement à l'immortalité de l'âme, mais qui, pour des « raisons » extérieures à l'argumentation – leur appréhension de la mort –, ont besoin d'être rassurés. D'un côté, lorsqu'il est sommé par Socrate de choisir entre « la proposition […] qui dit qu'apprendre c'est se ressouvenir [et] celle qui dit qu'une âme est une harmonie », Simmias opte pour la première en fonction de la procédure argumentative adoptée en commun et que requiert ce qui est examiné :

> Je préfère de beaucoup la première, […] car l'autre m'est venue sans démonstration, je lui trouvais de la vraisemblance, elle me semblait convenir à la chose – c'est d'ailleurs à partir de ce genre de considération que la plupart des hommes se forment une opinion. […] En revanche, le raisonnement concernant la réminiscence et le fait d'apprendre a été formulé en se fondant sur une hypothèse qui mérite d'être reçue[2].

D'un autre côté, ce ne sont pas seulement ceux qui se fient aux opinions qui sont heurtés par la proposition visant ce qu'est la mort. Cébès le dit « en riant » :

> […] Considère-nous comme des gens peureux, et tâche de nous persuader ; ou plutôt, considère que ce n'est pas nous qui avons peur, mais que peut-être, à l'intérieur

1. Platon, *Phédon*, 84c-d, *op. cit.*, p. 251.
2. *Ibid.*, 92c-d, p. 265.

> de nous aussi, il y a comme un enfant qu'effraient ces sortes de choses; et c'est lui que tu dois essayer de persuader pour l'empêcher d'avoir peur de la mort comme d'un croque-mitaine[1].

Chez ceux-là mêmes qui établissent ce qu'est la mort, c'est-à-dire la séparation de l'immortel et du mortel, subsiste une peur d'enfant, une peur qui les pousse à se lamenter et à se rebeller devant la perspective de ne pas pouvoir échapper à la mort, une peur que Socrate juge « déconcertante » pour qui a compris que la séparation de l'âme et du corps est ce à quoi il s'applique sa vie durant : « avoir tout au long de sa vie cette unique chose à cœur, et, au moment même où elle arrive, se révolter contre ce que l'on avait précisément à cœur et à quoi on s'appliquait depuis longtemps »[2]. C'est pour répondre à cette peur qu'il en est appelé à « ce qu'on raconte ». À ce que l'on raconte du croque-mitaine, et qui est source de peur, il faut opposer ce que l'on raconte sur les demeures d'Hadès. D'où la modification du régime discursif, non plus argumentatif, progressif et élaboré en commun, mais narratif, imagé et transmis par ouï-dire. Or, la modification du régime discursif peut être envisagée d'un double point de vue, eu égard à ce qui est visé par le discours et eu égard à ceux qui usent du discours. Sous le premier point de vue, est en cause la faiblesse du *logos*, à laquelle suppléent le récit et l'image; sous le deuxième point de vue, est considérée la faiblesse du rapport avec la vérité de sujets qui ont besoin d'être persuadés de ce qu'ils ont par ailleurs établi. La persuasion n'est alors pas l'instrument d'un sujet qui, faisant passer pour vrai

1. Platon, *Phédon*, 77e, *op. cit.*, p. 238.
2. *Ibid.*, 64a, p. 212.

ce qui ne l'est pas, impose sa supériorité ; persuader, c'est pour un sujet qui prend en compte l'infériorité des sujets à l'égard de ce qu'ils doivent à la vérité, contribuer par le vraisemblable à faire accepter le vrai. Retenons que la distinction de l'examen « épistémologique » et de l'examen « alèthurgique » des discours est pertinente jusqu'à un certain point, jusqu'au point où, pour rendre intelligible la construction d'un discours, la procédure de l'examen, le mode de la prise en charge d'un objet, il est nécessaire de faire intervenir le statut du sujet en tant qu'il est ou non apte à dire et à recevoir le vrai, ou en tant qu'il en est ainsi apte. Les sujets réunis ici par le *logos* sont définis par l'*homologia* en tant qu'elle suppose l'*epistemê*, l'*eunoia* et la *parrêsia*, ils sont aussi des êtres de peur, et c'est avec cette peur que le rapport discursif compose : faire confiance à ceux qui ont le courage de surmonter leur peur, avoir le courage de faire confiance à celui qui délivre de la peur.

Reprenons ces différents points : la neutralisation de la peur chez ceux qui sont néanmoins disposés à écouter un discours de vérité et à prendre part à sa construction, la neutralisation de la confiance qui unit Socrate avec ses disciples et qui doit les unir avec lui, l'abaissement du risque qui ne concerne pas seulement la menace pesant sur celui qui tient un discours de vérité, le statut restrictif conféré au pacte qui unit par le discours de vérité ceux qui se font confiance. On dira que ces neutralisations et restrictions dépendent du fait que les propositions concernant ce qu'est la mort ne sont pas en tant que telles considérées par Foucault, puisque l'intérêt concernant le mode de construction du discours est neutralisé. Sans doute, mais si la neutralisation a pour effet de réduire la compréhension de ce qu'il en est du gouvernement de soi et du mode de constitution des sujets en tant qu'ils disent, non seulement la vérité, mais la vérité sur eux-mêmes, la neutralisation est dommageable. Les disciples sont des sujets qui se gouvernent en ayant le souci d'eux-mêmes, c'est-à-dire en devant avoir le souci d'eux-mêmes avec la peur des enfants qu'ils sont également, et ils se représentent comme sujets de vérité en accordant de l'importance à la confiance que celui qui les aide à se conduire exprime à leur égard. Pourquoi, alors que Foucault déclare d'une manière générale et liminaire qu'intéresse l'examen « l'articulation entre les modes de véridiction, les techniques de gouvernementalité et les pratiques de soi », d'une manière particulière et conclusive que l'exercice du dire-vrai de Socrate et son application à ce que les autres aient le souci d'eux-mêmes constituent « un ensemble très serré dont les fils s'entrecroisent tout au long de la série de la mort de Socrate », ne pas envisager le rapport que les sujets entretiennent avec les propositions en tant qu'elles sont ces propositions et, inversement, qu'elles sont ainsi établies étant donné le rapport que les sujets entretiennent avec leur objet ? Pourquoi ne pas interroger le pacte de ceux qui sont engagés les uns à l'égard des autres par le souci qui leur est commun, le souci de soi, et qui tient par le discours visant ce qu'est la mort alors que, inversement, le discours sur la mort est constitué selon les caractères ou les dispositions de ceux qui nouent le pacte, la peur, le courage, la confiance ? La « négligence » de l'examen nous semble liée à l'hypothèse de Foucault : la pratique discursive qui réunit Socrate et les disciples est une conduite de guérison des maux constitués par les « fausses opinions », hypothèse qui invite à intégrer la pratique discursive aux « activités par lesquelles on s'occupe de quelqu'un » sans pour autant réduire sa spécificité. Mais, si la visée de la pratique discursive est l'application aux fausses opinions – hypothèse mise à l'épreuve par la considération des rapports des trois dialogues du « cycle de la mort de Socrate » –, ce qui est en propre considéré par Socrate et ses disciples dans le *Phédon* n'est pas pris au sérieux : la mort en tant d'une part qu'elle est ordinairement source d'affection, de lamentation et de rébellion, en tant d'autre part qu'elle reçoit par l'examen le statut qui est le sien, la séparation de l'immortel et du mortel. Que la pratique de véridiction soit en rapport avec l'état de ceux qui s'engagent dans cette pratique et qu'elle doive tenir compte à la fois de leur aptitude à ne pas se laisser emporter par leurs affections et de leur résistance à s'approprier le discours de vérité, permet de comprendre que la confiance est l'élément architectonique du rapport de Socrate et des disciples, de chaque disciple avec lui-même et du rapport de ceux qui examinent avec ce qui est examiné. Abaisser la pertinence de l'hypothèse selon laquelle la reconnaissance de la dette à l'égard d'Asclépios a partie liée avec l'exercice de la réduction des fausses opinions, est-ce pour autant reprendre l'idée selon laquelle la convocation du dieu guérisseur est l'aveu ultime et intime de la maladie qu'est la vie? Si tel est le cas, le souci de soi est-il l'asile illusoire ou illusionniste de la faiblesse vitale, ou sa métamorphose?

CHAPITRE X

QU'EST-CE QU'UN TRAVAIL AUX LIMITES DE SOI ?

Au moment d'engager l'examen des rapports de la psychiatrie et de l'espace asilaire, Michel Foucault indique que le « point de départ » de l'examen coïncide avec le « point d'arrivée » de l'*Histoire de la folie à l'âge classique*, le début du XIXe siècle, et tient à déclarer qu'il avait alors « fait appel, implicitement ou explicitement, à trois notions qui [lui] paraissent des serrures rouillées avec lesquelles on ne peut pas avancer beaucoup »[1]. De quelles notions s'agit-il ? De la violence, de l'institution et de la famille. En quoi la charge explicative de la violence est-elle faible ? En ce qu'elle invite à envisager le pouvoir en termes physiques, donc à restreindre le mode d'exercice du pouvoir, et corrélativement à exclure du champ d'investigation des lieux dans lesquels le pouvoir ne passe pas par la violence, tout en laissant penser que l'usage de la violence est exclusif d'un exercice rationnel du pouvoir. En quoi la notion d'institution n'est-elle pas pertinente ? En ce qu'elle induit l'idée d'une stabilité des rapports de ceux qu'elle réunit, alors que « l'important,

1. M. Foucault, *Le pouvoir psychiatrique*, Leçon du 7 novembre 1973, *op. cit.*, p. 15.

ce n'est [...] pas les régularités institutionnelles, mais beaucoup plus les dispositions de pouvoir, les réseaux, les courants, les relais, les points d'appui, les différences de potentiel qui caractérisent une forme de pouvoir [...] »[1]. S'agissant de la famille, ou plutôt du modèle familial, le danger tient à la tentation de poser les rapports de pouvoir en fonction d'une figure directive, alors que « ce n'est pas vrai que ce soit l'image ou le personnage du père que le médecin tente de réactiver à l'intérieur de l'espace asilaire »[2]. Faire seulement de la violence l'un des modes de l'exercice du pouvoir, ne poser d'emblée ni la stabilité ni l'organisation des rapports de pouvoir, mais chercher à cerner le jeu mobile des positions tactiques, « la stratégie [des] rapports de pouvoir et [des] affrontements qui se déroulent dans la pratique psychiatrique »[3], telle est l'exigence de l'examen en 1973. Et Foucault précise : « L'individu n'est, me semble-t-il, que l'effet du pouvoir en tant que le pouvoir est une procédure d'individualisation »[4].

Au début du cours de l'année 1983, Foucault marque un arrêt visant à mettre en perspective le travail accompli pour décider de la forme que prendra son avancée. L'examen des procédures de la subjectivation est bien engagé, et l'on pourrait opposer à l'affirmation de 1973 la question que le cours de 1982 entend prendre en charge : « Dans quelle forme d'histoire se sont noués en Occident les rapports de ces deux éléments, qui ne

1. M. Foucault, *Le pouvoir psychiatrique*, Leçon du 7 novembre 1973, *op. cit.*, p. 16.

2. *Ibid.*, p. 17.

3. *Ibid.*, p. 18.

4. *Ibid.*, p. 17.

relèvent pas de la pratique, de l'analyse historienne habituelle, le "sujet" et la "vérité" ? »[1]. Il ne s'agit plus d'affirmer que le pouvoir constitue une procédure d'individualisation, mais de chercher comment le sujet se constitue en fonction de l'injonction d'énoncer, non seulement la vérité, mais la vérité sur lui. Or, le « repérage général » auquel Foucault procède envisage le parcours accompli, non pas en termes d'opposition ni de discontinuité, mais comme des variations affectant le traitement de « foyers d'expériences ». Quels sont ces foyers ? Ils ne sont pas déterminables indépendamment des axes de recherche qu'ils requièrent, mais en ce qu'ils sollicitent spécifiquement ces axes, en ce que leur identification passe par la mise en évidence de l'articulation singulière des axes. Quels sont ces axes ? « Les formes de savoirs possibles », « la normativité de comportements », « les modes d'être de sujets ». Par ce repérage, Foucault remonte en deçà de ce qu'il a développé dans son enseignement au Collège de France, puisqu'il identifie ce qu'il a « essayé d'analyser il y a bien longtemps, quelque chose comme la folie » au titre de foyer pertinent d'expérience. L'*Histoire de la folie à l'âge classique* constitue le point de butée du repérage rétrospectif, non pas une butée négative en ce qu'il aurait été usé de concepts d'une faible valeur opératoire – comme il était envisagé en 1973 –, mais une butée positive en ce que le traitement d'un foyer d'expérience a exigé le recours aux trois axes de recherche. En quoi la folie est-elle déterminable par l'articulation de ces axes ? En ce que se sont constitués à partir de la folie

1. M. Foucault, *L'herméneutique du sujet*, Leçon du 6 janvier 1982, *op. cit.*, p. 4.

des savoirs médicaux, psychiatriques, psychologiques, sociologiques, en ce qu'elle est qualifiée comme « déviance » à partir de normes de comportements et qu'elle « définit la constitution d'un certain mode d'être du sujet normal, en face et par rapport au sujet fou »[1]. Foucault poursuit l'appréhension rétrospective de son travail en déclarant que des objets ont été ensuite déterminés par la séparation des axes de recherche, ou par le privilège donné à l'un d'entre eux, sans marquer une rupture dans son parcours par l'enseignement au Collège de France. Ainsi, le privilège accordé à « l'axe de la formation des savoirs » a commandé l'intérêt accordé aux formations discursives de l'âge classique que sont l'histoire naturelle, la grammaire générale et l'analyse des richesses – et nous reconnaissons l'objet découpé par *Les mots et les choses* –, le privilège conféré aux « matrices normatives de comportement » a dirigé l'intérêt donné aux rapports de pouvoir et à la construction du concept de gouvernementalité – et nous reconnaissons le parcours suivi de 1970 à 1979, de *La volonté de savoir* à *Naissance de la biopolitique* – ; et la fixation sur « les formes de subjectivation » a organisé à partir de 1980, à partir de *Du gouvernement des vivants*, la détermination de la constitution du sujet par les techniques de soi.

En quoi ce regard rétrospectif général permet-il de décider de ce qui est à l'ordre du jour ? Il ne va pas être question de définir un nouvel axe de recherche, un axe négligé ou occulté, qui permettrait d'identifier un objet ou un foyer inédit d'expérience, mais de reprendre ce qui

1. M. Foucault, *Le gouvernement de soi et des autres*, Leçon du 5 janvier 1983, *op. cit.*, p. 5.

a été examiné. « C'est un petit peu ce re-parcours des chemins déjà suivis que je voudrais faire cette année, en reprenant un certain nombre de points [...] »[1]. Rebrousser chemin pour effectuer sur les objets déterminés par le privilège accordé à l'un des axes de recherche ce qu'avait tenté pour la folie l'*Histoire de la folie à l'âge classique* – à supposer que ce qui est rétrospectivement affirmé soit conforme au travail effectué –? Oui, il va s'agir de reprendre en fonction de l'articulation des trois axes de recherche un objet étudié par le privilège accordé à l'un des axes, mais non pas de reprendre tous les objets. Ce qui est à l'ordre du jour est de reconsidérer l'examen des « modes d'être de la subjectivité » en tant que la constitution du sujet implique des pratiques de véridiction et concerne le gouvernement de soi et des autres.

> [...] En posant la question du gouvernement de soi et des autres, je voudrais essayer de voir comment le dire-vrai, l'obligation et la possibilité de dire vrai dans les procédures de gouvernement peuvent montrer comment l'individu se constitue comme sujet dans le rapport à soi et dans le rapport aux autres. Le dire-vrai, dans les procédures de gouvernement et la constitution d'un individu comme sujet pour lui-même et pour les autres : c'est un peu de cela que je voudrais parler cette année[2].

Reprendre l'examen des modes de la constitution du sujet en tant qu'elle implique des pratiques de véridiction et concerne le gouvernement de soi et des autres? La reprise est en fait une poursuite, puisque,

1. *Ibid.*, p. 8.
2. *Ibid.*, Leçon du 12 janvier 1983, p. 42.

avant même l'injonction d'envisager la constitution du sujet par l'articulation des trois axes, l'examen a porté sur la constitution du sujet par le dire-vrai sur soi, l'autoalèthurgie, et la direction de soi par l'adoption d'exercices spécifiques de mise à l'épreuve de soi.

L'examen de l'articulation des modes de la subjectivation, de la véridiction et du gouvernement de soi et des autres est solidaire du « déplacement » que rappelle le cours, passer d'une « théorie du sujet » à l'analyse des « différentes formes par lesquelles l'individu est amené à se constituer lui-même comme sujet »[1], déplacement solidaire du refus affirmé à plusieurs reprises au Collège de France, le refus du statut opératoire conféré aux « universaux » que seraient le pouvoir, le gouvernement, la vérité, le sujet : « Non pas [...] interroger les universaux en utilisant comme méthode critique l'histoire, mais partir de la décision de l'inexistence des universaux pour demander quelle histoire on peut faire »[2]. L'historicité des formes de la constitution du sujet est envisagée en fonction d'une ambition généalogique. Sans doute l'ambition généalogique est-elle moins forte que lors de l'examen des rapports de pouvoir, puisqu'il s'agit moins, comme lorsqu'était en cause l'apparition de la pratique pénitentiaire ou de l'État de police, de mettre en évidence les connexions qui rendent intelligible l'apparition d'une réalité stable, que d'identifier des seuils historiques à partir desquels la subjectivation est

1. M. Foucault, *Le gouvernement de soi et des autres*, Leçon du 5 janvier 1983, *op. cit.*, p. 6.

2. M. Foucault, *Naissance de la biopolitique*, Leçon du 10 janvier 1979, *op. cit.*, p. 5. *Cf.* également *Du gouvernement des vivants*, Leçon du 30 janvier 1980, *op. cit.*, p. 78.

indexée d'une manière stable à un « régime de vérité », seuils à partir desquels reçoit une forme, sinon pérenne du moins persistante, la « spiritualité », c'est-à-dire « la recherche, la pratique, l'expérience par lesquelles le sujet opère sur lui-même les transformations nécessaires pour avoir accès à la vérité »[1].

Or, si l'examen identifie deux seuils historiques remarquables, celui des conduites d'aveu et celui du souci de soi, l'enjeu est d'envisager la continuation en termes de réactivation : non seulement rendre intelligibles les modes historiques de la subjectivation – c'est l'objectif, plus que l'enjeu de l'examen –, mais décider de la possible reprise, de l'activation des modes par lesquels le sujet est impliqué ou affecté par un régime de vérité. Et l'analyste sépare à cet égard le souci de soi et les conduites d'aveu. D'une part :

> Il [le cynisme] a posé une question très grave, ou plutôt il a donné, me semble-t-il, son tranchant au thème de la vie philosophique en posant la question suivante : la vie, pour être vraiment la vie de vérité, ne doit-elle pas être une vie autre, une vie radicalement et paradoxalement autre ? […] C'est une question à valeur philosophique importante et à portée historique assez longue[2].

Il ne faut pas seulement comprendre le cynisme comme une inflexion remarquable du mode de la subjectivation qu'est le souci de soi, le moment qui envisage le « témoignage de la vérité » non pas

1. M. Foucault, *L'herméneutique du sujet*, Leçon du 6 janvier 1982, p. 16.

2. M. Foucault, *Le courage de la vérité*, Leçon du 14 mars 1984, *op. cit.*, p. 226.

simplement comme le courage de dire le vrai sur soi mais comme l'instauration de la « vraie vie », mais aussi comme ce qui interpelle celui qui l'examine, au point qu'il assume le risque de « l'anachronisme » : envisager le moment cynique en lui appliquant la notion de la « vie militante, la vie de combat et de lutte contre soi et pour soi, contre les autres et pour les autres »[1]. Assumer l'anachronisme, ce n'est pas seulement considérer que « le cynisme a été la matrice, au point de départ d'une longue série de figures historiques que l'on peut retrouver dans l'ascétisme chrétien [...] [jusqu'au] militantisme révolutionnaire du XXe siècle »[2], c'est reconnaître être impliqué, sinon dans les formes que les cyniques ont données à la « vraie vie », du moins par la question qu'ils ont placée à l'ordre du jour de la conduite, qui est aussi ou encore l'ordre de notre jour. Et, d'autre part, examiner les conduites d'aveu, ce n'est pas seulement faire la lumière sur le remplacement, au sein du christianisme primitif, de la confiance, « confiance dans le salut, confiance qu'on va être entendu de Dieu, que l'on est proche de Dieu, que l'âme s'ouvre à Dieu », par un principe d'obéissance, le « principe d'une obéissance tremblante, dans laquelle le chrétien aura à craindre Dieu, à reconnaître la nécessité de se soumettre à la volonté de Dieu, à la volonté de ceux qui représentent Dieu »[3], c'est considérer la « demande » adressée à ceux qui prennent en charge des actes d'obéissance d'avouer quels ils sont, envisager un rapport fort entre l'injonction de l'autoalèthurgie liée aux actes d'aveu et le maintien

1. M. Foucault, *Le courage de la vérité*, Leçon du 21 mars 1984, *op. cit.*, p. 261.
2. *Ibid.*, p. 263-264.
3. *Ibid.*, Leçon du 28 mars 1984, p. 304.

de rapports de pouvoir. Ce n'est ni supposer la nécessité des rapports de pouvoir, qui passeraient pour nous par le maintien des conduites d'aveu, ni proposer l'horizon d'une absence de rapports de pouvoir, mais faire de « la non-acceptabilité du pouvoir » l'hypothèse du travail. Hypothèse de travail qui est une « attitude théorico-pratique ».

> [...] Il ne s'agit pas d'avoir en point de mire, au terme d'un projet, une société sans rapport de pouvoir. Il s'agit au contraire de mettre le non-pouvoir ou la non-acceptabilité du pouvoir, non pas au terme de l'entreprise, mais au début du travail, sous la forme d'une mise en question de tous les modes selon lesquels effectivement on accepte le pouvoir. [...] Il s'agit d'une attitude théorico-pratique concernant la non-nécessité de tout pouvoir [...][1].

Définir une attitude théorico-pratique et non seulement théorique, c'est impliquer celui qui examine dans ce qu'il examine : il est intéressé à l'autoalèthurgie en tant que le non-pouvoir n'est pas seulement une hypothèse qui va permettre de faire la lumière sur les formes que prennent les consentements donnés aux pouvoirs, mais en tant qu'il est lui-même concerné par la « non-nécessité du pouvoir ».

Quel statut donner à l'implication du sujet qui examine les modes de la subjectivation dans l'objet de l'examen ? En quoi est-il engagé par la recherche ? L'analyste est engagé, non seulement comme sujet concerné par les formes prises par la subjectivation, mais aussi en tant que

1. M. Foucault, *Du gouvernement des vivants*, Leçon du 30 janvier 1980, *op. cit.*, p. 76-77.

ce qu'il retient de la subjectivation constitue un élément moteur de « résistance » à l'exercice de pouvoirs.

> […] C'est peut-être une tâche urgente, fondamentale, politiquement indispensable, que de constituer une éthique du soi, s'il est vrai après tout qu'il n'y a pas d'autre point, premier et ultime, de résistance au pouvoir politique que dans le rapport de soi à soi. […] Si on prend la question du pouvoir, du pouvoir politique, en la replaçant dans la question plus générale de la gouvernementalité […], si on entend par gouvernementalité un champ stratégique de relations de pouvoir, dans ce qu'elles ont de mobile, de transformable, de réversible, […] la réflexion sur cette notion de gouvernementalité ne peut pas ne pas passer, théoriquement et pratiquement, par l'élément d'un sujet qui serait défini par le rapport de soi à soi [1].

Est envisagé un pouvoir sur soi irréductible, d'une part au pouvoir sur un autre, d'autre part au pouvoir d'un autre sur soi. « [La culture de soi] définit […] le rapport de pouvoir indépendamment de toute corrélation statutaire et de tout exercice de pouvoir sur les autres. Elle l'isole du champ des autres relations de pouvoir ; elle ne lui donne d'autre appui ni d'autre finalité que la souveraineté à exercer sur soi » [2]. Remarquable inversion des accents : alors que la gouvernementalité constituait le pôle de stabilité de pouvoirs mobiles et transitoires et permettait de définir une séquence historique en rendant raison de la cohésion de pouvoirs par le statut conféré à l'État, le rapport de soi avec soi est le pôle de stabilité

1. M. Foucault, *L'herméneutique du sujet*, Leçon du 17 février 1982, p. 241.

2. Dossier « Gouvernement de soi et des autres », cité par l'éditeur de *L'herméneutique du sujet*, p. 520.

à partir duquel analyser la gouvernementalité comprise comme ensemble de rapports de pouvoir mobiles.

Faut-il dire : d'une part la prise en charge de « la vie de vérité » dont témoignent les cyniques, d'autre part une « éthique du soi » comme « résistance première au pouvoir politique »? Non, l'expérience éthique archaïque continuée ou réactivée par-delà les formes de la subjectivation reliées aux conduites d'aveu est pour le sujet actuel qu'est l'analyste le point d'appui de la résistance au pouvoir politique. Faut-il penser qu'une « éthique du soi » rend intelligible les résistances que l'exercice des pouvoirs a rencontrées dans l'histoire? Non, le concept de résistance au pouvoir n'est pas plus une unité générale de subsomption que ne l'est celui de pouvoir : il revient au généalogiste d'étudier à quelles conditions et selon quelles formes des « contre-conduites », telles contre-conduites, se sont mises en place, ainsi s'agissant de l'exercice du pouvoir ecclésial, de l'organisation de l'État de police ou du développement du pouvoir psychiatrique. Faut-il penser que, si l'éthique du soi constitue actuellement un point de résistance, celle-ci vise exclusivement l'exercice du pouvoir politique? Non, le champ des relations de pouvoirs visé par la notion de résistance inclut des pouvoirs locaux et spécifiés par leurs exercices et leurs effets.

Est pour Foucault à l'ordre du jour l'élaboration d'un « art de se gouverner » qui est exercé en étant un « art de résistance », en tant que son exercice implique de ne pas consentir à ce qui est insupportable à ce que pose le souci de soi. À cet art de se gouverner, Foucault, nous le savons, donne le nom d'art de l'inservitude volontaire.

> [...] Si la gouvernementalisation, c'est bien ce mouvement par lequel il s'agissait dans la réalité même d'une pratique sociale d'assujettir les individus par des mécanismes de pouvoir qui se réclament d'une vérité, [...] je dirais que la critique, c'est le mouvement par lequel le sujet se donne le droit d'interroger la vérité sur ses effets de pouvoir et le pouvoir sur ses discours de vérité ; la critique, ce sera l'art de l'inservitude volontaire, celui de l'indocilité réfléchie[1].

Sans doute Foucault parle-t-il de « l'art de l'inservitude volontaire » pour définir le projet critique qui est celui de l'*Aufklärung*, mais c'est aussi, ou précisément, qu'il considère être, comme sujet d'analyse, le contemporain de l'*Aufklärung* : celle-ci n'est pas seulement une époque de la pensée ou de la détermination, mais définit un *êthos* auquel l'analyste reconnaît être relié, ou qui lui permet de se reconnaître comme sujet de pensée et de détermination. « L'expérience éthique fondamentale » associée aux cyniques, que le sujet de l'examen entend réactiver par-delà les modes de la subjectivation déposés par les conduites d'aveu, expérience éthique qui engage le sujet à résister au pouvoir politique, est-elle exprimée par l'*êthos* de l'*Aufklärung*, en tant qu'elle définit pour le sujet un exercice de la pensée et de la détermination ? L'*êthos* de l'*Aufklärung* – ou l'*Aufklärung* comme *ethos* – définit-il un art de se gouverner comme art de l'inservitude volontaire ? La notion d'un art *de* l'inservitude volontaire est-elle bien formée ? L'inservitude est-elle ce à quoi l'art de gouverner s'applique, du strict ressort de l'exercice du sujet, ou bien la conséquence de l'art

1. M. Foucault, « Qu'est-ce que la critique ? » dans *Qu'est-ce que la critique ?* suivi de *La culture de soi*, *op. cit.*, p. 39.

de se gouverner, la volonté du sujet dès lors qu'il est en rapport avec des pouvoirs ? Et l'indocilité est-elle l'*êthos* du sujet qui se gouverne, ou l'attitude réfléchie du sujet pris dans le jeu des relations de pouvoir ? L'hypothèse est que l'inservitude volontaire et l'indocilité réfléchie ne sont pas constitutives du « rapport de soi à soi » du sujet, mais sont déductibles de la constitution du sujet éthique, étant données les conditions actuelles de l'exercice de l'art de se gouverner.

En quoi l'*êthos* de l'*Aufklärung* constitue-t-il le critique en sujet éthique ? Qu'est-ce qu'être un sujet critique ? C'est être rapporté à soi par ce qui est déjà constitué, du déjà-constitué qui, historique, est multiple et contingent et, sous cette forme, est de l'ordre du nécessaire pour le rapport à soi. Pourquoi le rapport de soi à soi est-il « éthique » ? Parce que revient au sujet un souci « critique », au sens où il est de son ressort de « faire l'analyse de nous-mêmes en tant qu'êtres historiquement déterminés »[1], en comprenant cette analyse comme « une critique pratique dans la forme du franchissement possible »[2]. La critique n'est pas la séparation, la discrimination de ce que nous constituons – une part « transcendantale » qui ne relèverait pas de l'historique – et de ce qui nous détermine historiquement, mais pose doublement la question du « passage à la limite », comme la question de « ce qui fait » que nous pensons, agissons, nous comportons ici et maintenant ainsi et comme la question de ce qu'il est possible ou souhaitable de modifier ou de bouleverser. La critique est de part

1. M. Foucault, « Qu'est-ce que les Lumières ? » dans *Dits et écrits*, t. 2, *op. cit.*, texte n° 339, p. 1391.

2. *Ibid.*, p. 1393.

en part historique : « L'expérience théorique et pratique que nous faisons de nos limites et de leur franchissement possible est toujours elle-même limitée, déterminée et donc à recommencer »[1]. Mais si la critique n'excède pas l'historique et si elle est « à recommencer », elle vaut comme attitude ou comme *êthos*, elle est une « attitude expérimentale », un exercice continué et polymorphe d'autonomie, ou plutôt d'autonomisation du sujet qui, en disqualifiant la prétention d'accéder à un savoir unitaire et global de ce qu'est le présent, engage le critique à un travail qui comporte deux parts complémentaires :

> […] Cette attitude historico-critique doit être aussi une attitude expérimentale. Je veux dire que ce travail fait aux limites de nous-mêmes doit d'un côté ouvrir un domaine d'enquêtes historiques et de l'autre se mettre à l'épreuve de la réalité et de l'actualité, à la fois pour saisir les points où le changement est possible et souhaitable et pour déterminer la forme précise à donner à ce changement[2].

La part des enquêtes historiques, c'est ce qui est pris en charge par l'archéologie et la généalogie, la première visant « à traiter les discours qui articulent ce que nous pensons, disons et faisons comme autant d'événements historiques », la seconde dégageant « de la contingence qui nous a fait être ce que nous sommes la possibilité de ne plus être, faire ou penser ce que nous sommes, faisons ou pensons »[3] : montrer le sérieux historique de ce que nous faisons, disons et pensons, c'est-à-dire

1. M. Foucault, « Qu'est-ce que les Lumières ? » dans *Dits et écrits*, t. 2, *op. cit.*, p. 1394.
2. *Ibid.*, p. 1393.
3. *Ibid.*

les raisons d'être de son établissement, et comprendre que si la nécessité est historique, elle est perméable à la modification, mais aussi en quels lieux elle est modifiable. Et il revient au critique d'ajointer les deux parts, les enquêtes historiques et la mise à l'épreuve du réel et de l'actualité, en ne se contentant pas de prendre la mesure du caractère historique de ce qui vaut pour nous comme des nécessités, mais en rapportant la contingence historique à la mesure d'actions possibles ou souhaitables. Le critique est renvoyé aux limites par les enquêtes historiques : en prenant la mesure historique de ce qui est pour nous du déjà-constitué, il convertit en limites ce que nous pourrions penser être des « bornes ». Et en rapportant ce qui nous limite à la mesure de l'action, il invite au franchissement des limites.

En quoi le « travail aux limites de nous-mêmes » est-il une attitude expérimentale, c'est-à-dire un exercice? Non seulement par sa part théorique, évidemment laborieuse, mais aussi, et peut-être surtout, par la mise à l'épreuve pratique de ce qui est retenu de la part théorique. Pourquoi la part théorique ne suffit-elle pas au critique? Précisément parce qu'il est constitué en sujet éthique par l'*êthos* philosophique qu'est la critique, « épreuve historico-pratique des limites que nous pouvons franchir, et donc comme travail de nous-mêmes sur nous-mêmes en tant qu'être libres »[1]. C'est parce que le gouvernement de soi a pour enjeu la liberté, « la constitution de nous-mêmes comme sujets autonomes »[2], qu'il est mis à l'épreuve par du déjà-constitué que la part théorique de l'exercice permet d'envisager sur le mode

1. *Ibid.*, p. 1394.
2. *Ibid.*, p. 1391.

du modifiable. Le rapport du gouvernement de soi et du réel est une épreuve en tant que le réel « résiste », mais aussi en ce que « le travail sur nos limites [...] [est] un labeur patient qui donne forme à l'impatience de la liberté »[1]. En quoi le réel résiste-t-il ? Foucault nomme la désillusion à l'égard de « la grande promesse, ou le grand espoir du XVIIIe siècle [...], la croissance simultanée et proportionnelle de la capacité technique à agir sur les choses, et de la liberté des individus les uns par rapport aux autres »[2]. En lieu et place d'un accord de la puissance sur les choses et d'une entente des individus, « l'intensification des relations de pouvoir » qui entrave leur émancipation.

Néanmoins, la difficulté nous semble la suivante : une chose envisager le statut de l'analyste, et donc son engagement dans l'objet de son examen, en termes d'*êthos* impliquant un travail double ; autre chose déterminer le statut du sujet éthique, enjeu théorico-pratique de l'examen, dans les mêmes termes. Nous comprenons qu'en conférant à l'analyste le statut de critique et en attribuant à la critique la qualité d'un *êthos*, l'analyste est élevé à la qualité de sujet éthique auquel la part théorique de l'exercice est nécessaire, mais non pas suffisante. Mais, si est en cause la compréhension du sujet éthique en tant qu'il établit un « rapport de soi à soi », est-il en mesure de travailler aux limites de soi sans la part théorique de l'exercice ? Ou bien, le sujet éthique est l'*Aufklärer* qu'est le généalogiste-archéologue, mais qu'en est-il des sujets qui ne prennent

1. M. Foucault, « Qu'est-ce que les Lumières ? » dans *Dits et écrits*, t. 2, *op. cit.*, p. 1397.

2. *Ibid.*, p. 1394.

pas en charge, pour une raison ou une autre, les enquêtes historiques ? Ou bien, le généalogiste-archéologue est un sujet éthique parmi d'autres, mais comment ne pas comprendre sa singularité en termes d'excellence ? Cette difficulté, nous pouvons aussi la repérer dans la mise en rapport de la proposition selon laquelle l'*êthos* philosophique est une « épreuve historico-pratique des limites que nous pouvons franchir, et donc comme travail de nous-mêmes sur nous-mêmes en tant qu'être libres » et de l'affirmation selon laquelle « ce travail fait aux limites de nous-mêmes doit d'un côté ouvrir un domaine d'enquêtes historiques et de l'autre se mettre à l'épreuve de la réalité et de l'actualité, à la fois pour saisir les points où le changement est possible et souhaitable et pour déterminer la forme précise à donner à ce changement ». Dans la première proposition, le sujet concerné excède l'analyste, et il revient à chacun de s'appliquer à lui-même pour s'affranchir des limitations que sa situation historique lui impose, étant entendu que c'est en tant que le sujet a le souci de soi que les contraintes sont pour lui des limitations insupportables. Et n'est-ce pas ce à quoi Foucault pensait lorsqu'il déclarait « qu'il n'y a pas d'autre point, premier et ultime, de résistance au pouvoir politique que dans le rapport de soi à soi »[1] ? L'engagement de l'analyste dans l'objet de l'examen n'enveloppe pas la prétention d'être le sujet éthique, ni son excellence, mais signifie qu'il s'applique à identifier les conditions de la constitution d'une « éthique du soi » et ses possibles effets pratiques. Dans la deuxième proposition, le sujet concerné par

1. M. Foucault, *L'herméneutique du sujet*, Leçon du 17 février 1982, p. 241.

le travail est l'analyste, et l'objet du travail n'est pas lui-même mais ses contemporains. « Le travail fait aux limites de nous-mêmes ». Dans un cas, est visé le sujet qui, s'appliquant à lui, prend la mesure des nécessités qui s'imposent à lui et s'emploient à s'en affranchir ; dans l'autre cas, est visé un sujet qui, s'intéressant à d'autres, convertit les nécessités qu'il s'emploie à connaître en lieux d'actions possibles, proposant des « points de résistance », étant compris que « le point, premier et ultime, de résistance », ce sont les sujets de « l'éthique du soi ».

Il est possible de lever l'équivoque du « travail fait aux limites de nous-mêmes » et du « travail de nous-mêmes sur nous-mêmes » en retenant l'articulation et la communauté des sujets. L'articulation : les sujets sont aidés par un sujet singulier à modifier la compréhension qu'ils ont des contraintes qu'ils subissent, un sujet singulier est conforté dans l'aide que les enquêtes procurent par le souci que les sujets ont d'eux-mêmes. La communauté : si tous, nous sommes intéressés par le franchissement des limites, c'est que nous sommes des êtres de « courage », le courage, non seulement de savoir, mais de résister. Nous pouvons alors envisager l'inservitude volontaire et l'indocilité réfléchie en ces termes : la première est déductible du souci de soi, dès lors que les sujets, étant supposés des êtres de courage, ne donnent pas leur consentement à des pouvoirs à n'importe quel prix, la seconde est l'*êthos* permanent de la distinction de l'acceptable et de l'inacceptable. Et si le généalogiste-archéologue entre en communication avec ses contemporains, non pas pour les inviter à être dirigés par le souci qu'ils ont d'eux-mêmes, ni pour les guider dans leur application, mais pour leur procurer des points d'appui, n'est-ce pas qu'il entend passer avec ses contemporains un pacte, comme une réactivation du pacte parrèsiastique ? Chez les Anciens, le pacte passait entre des sujets singuliers, la question posée étant celle du risque pris par celui « qui montre son courage en disant la vérité envers et contre tout [quand] celui auquel cette *parrêsia* est adressée devra montrer sa grandeur d'âme en acceptant qu'on lui dise la vérité »[1]. Ne faut-il pas déplacer les accents et penser que le courage de la vérité est commun à l'archéologue et à ceux qu'il ne connaît pas mais avec lesquels il reconnaît être lié par l'actualité, et qu'au courage de la vérité il donne une forme « critique », invitant les sujets à interroger la vérité sur ses effets de pouvoir et les pouvoirs sur leurs effets de vérité? L'expérience éthique fondamentale n'est pas seulement celle que l'archéologue a attachée aux cyniques, également celle qui s'est nouée dans les alliances de discours des Anciens.

Le regard rétrospectif porté en 1983 retient la notion de foyer d'expérience, dont le traitement passe par l'articulation des axes de recherche que sont les formes de savoir, les normes de comportement et les modes de subjectivation. Le travail aux limites de soi est un exercice qu'il est possible de mettre en rapport avec ce que Foucault appelait, du temps des *Mots et les choses*, « l'expérience du dehors ». Dans les deux cas, l'expérience est une mise à l'épreuve du sujet, confronté à ce qu'il ne constitue pas. Mais être rapporté aux limites, c'est dans un cas se constituer en sujet éthique,

1. M. Foucault, *Le courage de la vérité*, Leçon du 1er février 1984, p. 14.

dans l'autre cas affronter le péril d'une « disparition du sujet ». De quoi s'agissait-il ? Foucault prenait au sérieux un « effacement » du sujet par le langage, à la fois ce dont parle la littérature et ce qui parle en elle. En libérant « l'être du langage », la littérature se libère du sujet, ou plutôt le met « hors de soi », le place dans un dehors dont il a une « expérience inédite ». « On savait bien depuis Mallarmé que le mot est l'inexistence manifeste de ce qu'il désigne : on sait maintenant que l'être du langage est le visible effacement de celui qui parle »[1]. Le sujet ne disparaît pas purement et simplement, il n'intervient pas non plus au seul « titre » que lui reconnaissait Mallarmé, « exécuteur dans une pure cérémonie du Livre où le discours se composerait de lui-même »[2], mais il est poussé par le langage hors de soi, dans un « vide » que lui aménage le langage sans lui donner les mots pour le dire.

> [...] La littérature [...] s'est donnée comme expérience : comme expérience de la mort (et dans l'élément de la mort), de la pensée impensable (et dans sa présence inaccessible), de la répétition (de l'innocence originaire, toujours là au terme le plus proche du langage et toujours plus éloigné) ; comme expérience de la finitude (prise dans l'ouverture et la contrainte de cette finitude)[3].

L'expérience du dehors, c'est ce qui est narré selon des modes différents par la littérature, c'est aussi ce qui met en question le sujet de la narration : par ce qu'il

1. M. Foucault, « La pensée du dehors » dans *Dits et écrits*, t. 1, *op. cit.*, texte n° 38, p. 565.

2. M. Foucault, *Les mots et les choses*, chapitre IX, « L'homme et ses doubles », Paris, Tel-Gallimard, 1990 [1966], p. 317.

3. *Ibid.*, chapitre X, « Les sciences humaines », p. 395.

narre, le sujet est porté vers ce qui excède le langage – ainsi l'extériorité muette de la mort – et comme sujet narratif, il est « porté à la limite », à la limite de ce qui est au pouvoir du langage et qui est pourtant essentiel au langage, l'ouverture à ce pour quoi le discours n'a pas de mots. Dire que le sujet est porté à la limite, c'est comprendre qu'il perd son statut de responsable et d'organisateur du discours, d'« auteur » ; et si le langage est porté à la limite, il révèle ce qu'il est, une dispersion des signes dans ce qu'ils disent sans pouvoir le dire.

> La littérature, ce n'est pas le langage se rapprochant de soi jusqu'au point de sa brûlante manifestation, c'est le langage se mettant au plus loin de lui-même ; et si en cette mise « hors de soi », il dévoile son être propre, cette clarté soudaine révèle un écart plutôt qu'un repli, une dispersion plutôt qu'un retour des signes sur eux-mêmes[1].

Pourquoi rapporter le travail aux limites de soi à « l'expérience du dehors » dont Foucault avait fait le paradoxal privilège du sujet qui, ouvert à ce qui est essentiel au langage, est mis hors de lui par les mots qui lui manquent ? Dans les deux cas, « on doit échapper à l'alternative du dehors et du dedans ; il faut être aux frontières »[2], mais être aux frontières s'entend différemment. L'expérience du dehors : le sujet narratif est porté hors de soi, mais c'est le langage qui, hors de soi, le porte à la limite. Le travail aux limites de soi : le sujet éthique n'est pas porté hors de soi, il est porté à soi,

1. M. Foucault, « La pensée du dehors », dans *Dits et écrits*, t. 1, *op. cit.*, p. 548.

2. M. Foucault, « Qu'est-ce que les Lumières ? », dans *Dits et écrits*, t. 2, *op. cit.*, p. 1393.

mais c'est l'histoire qui porte le sujet à la limite. Sans doute faut-il parler dans les deux cas d'épreuve du sujet, mais l'expérimentation qu'est le travail aux limites de soi fait l'épreuve du réel et de l'actualité, quand l'expérience du dehors s'épuise dans le pouvoir ambigu du langage. Prendre la mesure de la promotion du sujet éthique par la distance qui le sépare du sujet éprouvé par ce à quoi l'ouvre le langage, c'est aussi demander comment le sujet éthique est éprouvé par l'atroce, ce reste qui n'accède ni à la réalité de l'œuvre littéraire ni à la qualité du foyer problématique, « l'histoire minuscule [des] existences, de leur malheur, de leur rage ou de leur incertaine folie »[1].

1. M. Foucault, « La vie des hommes infâmes », dans *Dits et écrits*, t. 2, *op. cit.*, texte n° 198, p. 239.

TABLE DES MATIÈRES

Achevé d'imprimer en août 2025
sur les presses de
La Manufacture - Imprimeur – 52200 Langres
Tél. : (33) 325 845 892
N° imprimeur 250568 – Dépôt légal : août 2025
Imprimé en France